Strukturwandel und Beschäftigungsdynamik

AF893407

Europäische Hochschulschriften
Publications Universitaires Européennes
European University Studies

Reihe V
Volks- und Betriebswirtschaft

Série V Series V
Sciences économiques, gestion d'entreprise
Economics and Management

Bd./Vol. 2839

PETER LANG
Frankfurt am Main · Berlin · Bern · Bruxelles · New York · Oxford · Wien

Robert Stehrer

Strukturwandel und Beschäftigungsdynamik

Langfristige Trends und komplexe Modellierung sozio-ökonomischer Transformationen

PETER LANG
Europäischer Verlag der Wissenschaften

Die Deutsche Bibliothek - CIP-Einheitsaufnahme

Stehrer, Robert :

Strukturwandel und Beschäftigungsdynamik :
langfristige Trends und komplexe Modellierung sozio-
ökonomischer Transformationen / Robert Stehrer. - Frankfurt
am Main ; Berlin ; Bern ; Bruxelles ; New York ; Oxford ; Wien :
Lang, 2002
(Europäische Hochschulschriften : Reihe 5, Volks- und
Betriebswirtschaft ; Bd. 2839)
ISBN 3-631-37933-1

ISSN 0531-7339
ISBN 3-631-37933-1

© Peter Lang GmbH
Europäischer Verlag der Wissenschaften
Frankfurt am Main 2002
Alle Rechte vorbehalten.

Das Werk einschließlich aller seiner Teile ist urheberrechtlich geschützt. Jede Verwertung außerhalb der engen Grenzen des Urheberrechtsgesetzes ist ohne Zustimmung des Verlages unzulässig und strafbar. Das gilt insbesondere für Vervielfältigungen, Übersetzungen, Mikroverfilmungen und die Einspeicherung und Verarbeitung in elektronischen Systemen.

www.peterlang.de

Gewidmet meinen Eltern in Dankbarkeit

Vorwort

Diese Arbeit ist eine überarbeitete und verkürzte Version meiner Dissertation, die ich an der Johannes Kepler Universität Linz, Österreich, schrieb. Der Ausgangspunkt war eine frühere Beschäftigung mit dem Thema 'Technischer Fortschritt und Beschäftigungsprobleme', wobei theoretische Erklärungsansätze zur 'technologischen Arbeitslosigkeit' und empirische Arbeiten zu diesem Thema im Mittelpunkt standen. Eine der Schlussfolgerungen daraus war, dass dynamische Entwicklungen nicht mit statischen Gleichgewichtsmodellen aber auch nicht mit dynamischen und multi-sektoralen 'steady-state' Modellen adäquat behandelt werden können. Weiters wurde klar, dass die Auswirkungen eines wie auch immer verursachten Strukturwandels auch von Arbeitsmarktinstitutionen abhängig sind, was der Problematik zusätzliche Komplexität verleiht.

Im Rahmen eines post-gradualen Studiums am Institut für Höhere Studien (IHS), Wien, Abteilung für Soziologie, konnte ich mich dann einerseits in die Thematik von Strukturwandel und Beschäftigungsdynamik weiter vertiefen, mich aber auch andererseits, insbesondere durch Dr. Karl Müller, alternativen Ansätzen zuwenden, die unter dem Begriff 'Komplexe Modelle' zusammengefasst werden können. Einen wesentlichen Schwerpunkt meiner Tätigkeit bildete dabei eine Modellapplikation zum Thema der Beschäftigungsdynamik, was den zweiten Teil dieser Arbeit bildet. Im Anschluss daran entstanden in Zusammenarbeit mit o.Univ.-Prof. Dr. M. Landesmann zunächst an der Johannes Kepler Universität Linz, Abteilung für Ökonomische Theorie und Quantitative Wirtschaftsforschung, und daran anschließend an einem international ausgerichteten wirtschaftswissenschaftlichen Forschungsinstitut, dem Wiener Institut für Internationale Wirtschaftsvergleiche (WIIW), unter anderem verschiedene Arbeiten zum Themenkreis technischer Fortschritt, Internationalisierung und Beschäftigung. Aus dieser Zusammenarbeit resultierte eine Arbeit, die den Beitrag des sektoralen Wandels zur Entwicklung der

Arbeitslosigkeit untersucht. Eine Fortführung und Erweiterung dieser Arbeiten wird im ersten Teil dieser Arbeit dargestellt.

Ich möchte mich daher an dieser Stelle insbesondere bei den beiden obengenannten Personen, o.Univ.-Prof. Dr. Michael Landesmann (Universität Linz und WIIW) und Dr. Karl Müller (IHS), für die Zusammenarbeit und Unterstützung bedanken, ohne die diese Arbeit nicht in dieser Form zustande gekommen wäre. Ebenfalls bedanken möchte ich mich auch bei Prof. Dr. Günther Haag, Universität Stuttgart, Abteilung für theoretische Physik und Steinbeis-Transferzentrum Applied Systems Analysis (STASA), und Prof. Dr. Klaus Troitzsch, Universität Koblenz, Institut für Sozialwissenschaftliche Informatik, für ihre Hilfe und Kommentare im Rahmen meines Aufenthaltes am Institut für Höhere Studien in Wien. Neben den vielen Kolleginnen und Kollegen, die ich in dieser Zeit kennen lernte, möchte ich mich insbesondere bei Dr. Josef Fersterer bedanken, der mir bei statistischen und ökonometrischen Fragen immer zur Verfügung stand. Besondere Hilfe leistete er mir auch beim Schreiben dieser Arbeit mit LaTeX 2_ε.

Wien, 26. September 2001

Inhaltsverzeichnis

5 Die Beschreibung komplexer Systeme

6 Mastergleichungsmodell

7 Prognosen und Szenarien

III Appendix

A Mathematischer Anhang

Kapitel 1

Einleitung

1.1 Die Zukunft der Arbeit und ihr prophezeites Ende

Das in letzter Zeit oft prophezeite 'Ende der Arbeit' oder der 'arbeitslosen Arbeitsgesellschaft' wird nicht so schnell kommen, wie von einigen Autoren erwartet oder befürchtet wird. Die immer aufflammenden Debatten über die Apokalypse einer arbeitslosen Gesellschaft (siehe vor allem Rifkin, 1995) sieht vor allem in der rasanten Produktivitätsentwicklung der 'dritten industriellen Revolution' die Ursachen für einen raschen und tiefgreifenden Wandel der Gesellschaftsstruktur. Andere Autoren machen auch eine verstärkte Internationalisierung ('Globalisierung') der Wirtschaft für die derzeitige angespannte Lage auf den Arbeitsmärkten (vor allem in Europa) und den damit verbundenen Problemlagen verantwortlich. Die damit verbundenen Hinweise und Prophezeiungen auf einen grundlegenden Wandel der Struktur der Erwerbstätigkeit sind dabei jedoch keineswegs unbedingt neu oder originell. So gab es ähnliche Diskussionen schon zu Beginn der 80er-Jahre, beispielsweise mit dem Begriff der 'Risikogesellschaft', anhand dessen bereits grundlegende Wandlungen in der 'Arbeitsgesellschaft' analysiert wurden (siehe Beck, 1986). Was allerdings in der neueren Literatur und speziell bei den jetzt an prominenter Stelle vertretenen Autoren als originär erscheint, sind dreierlei 'Fakten': *Erstens*, die Unausweichlichkeit der Trends, *zweitens*, die Geschwindigkeit in der sich dieser Strukturwandel vollziehen sollte oder, wie oftmals nur an Fallbeispielen dargelegt wird, bereits vollzieht und, *drittens*, die globale Dimension dieses Wandels.

Kernpunkte der Auseinandersetzung sind dabei immer wieder die Debatten um die Auswirkungen der Informations- und Kommunikationstechnologien einerseits und den Auswirkungen einer fortschreitenden Internationalisierung von Ökonomien andererseits (vergleiche Martin und Schumann, 1996). Die Hinweise darauf, dass dieser Wandel gegenwärtig oder zukünftig wesentlich schneller, dramatischer und dynamischer verläuft oder verlaufen wird als bis jetzt, werden zwar oft behauptet, jedoch nicht unbedingt entsprechend empirisch belegt. Die Schlussfolgerungen werden oftmals nur aus vereinzelten Fallstudien oder durch 'Hochrechnen' kurzfristiger Trends abgeleitet. Eine langfristige Perspektive oder die Anwendung eines geeigneten Modellrahmens wird für die Ableitung der zukünftigen Trends in der populären Literatur nicht in Anspruch genommen.

Mit diesen Bemerkungen sollte aber nicht verleugnet werden, dass es einen Wandel in Wirtschaft und Gesellschaft gibt, der jedoch den marktwirtschaftlich orientierten Gesellschaftssystemen inhärent ist und somit nicht *per se* Anlass zu einer Dramatisierung der aktuellen Vorgänge geben muss.

1.2 Motivation

Die beiden letztgenannten Punkte der längerfristigen Perspektive einerseits und einer modellmäßigen Untersuchung der gegenwärtigen Trends andererseits, sind die zentralen Ansatzpunkte dieser Arbeit. In dieser Arbeit wird der Verlauf des Strukturwandels von Beschäftigung, Erwerbsbereichen und auch Nicht-Erwerbsbereichen näher untersucht. Im Mittelpunkt stehen dabei erstens detaillierte Untersuchungen und internationale Vergleiche zum Verlauf des Strukturwandels von Beginn der 60er Jahre bis in die Gegenwart. Der erste Teil der Arbeit 'Wandel der Beschäftigungsstrukturen und Arbeitslosigkeit' ist als Bestandsaufnahme langfristiger Trends der Beschäftigung und Bevölkerungsstrukturen sowie des Zusammenhanges mit dem Phänomen persistent hoher Arbeitslosigkeit zu sehen. Im zweiten Teil wird ein Modellansatz zur Analyse und Prognose langfristiger Entwicklungsdynamiken komplexer, interdependenter Systemen vorgestellt und dessen Anwendung anhand eines konkreten Beispiels auch demonstriert. Damit soll den bestehenden Zukunftsszenarien ein modellmäßig entwickeltes Instrumentarium zur Seite gestellt werden, das ermöglicht aus derzeitigen Trends Rückschlüsse auf die zukünftigen Entwicklungen zu ziehen.

Die Motivation für diese Arbeit ist demnach durch zwei Interessen gekennzeichnet, die im Verlauf der Beschäftigung mit dieser Thematik kointegrierten. Die erste Motivation ist die Auseinandersetzung mit den Themen 'Strukturwandel und Beschäftigung' oder 'Strukturwandel der Beschäftigung', die in unterschiedlichsten Zusammenhängen immer wieder Anlass zu Debatten geben. Diese Zusammenhänge können thematisch beispielsweise in Form von 'Technischer Fortschritt und Beschäftigung' oder 'Internationalisierung und

Beschäftigung' oder auch als Auseinandersetzung mit 'Katastrophen- bzw. Endzeitvisionen' wie sie in Schlagworten der 'arbeitslosen Arbeitsgesellschaft' oder dem vielzitierten 'Ende der Arbeit' zum Ausdruck kommen, gegeben sein.

Die zweite Motivation ist durch ein allgemeines Interesse an dynamischer, nichtlinearer und komplexer evolutionärer Modellierung von ökonomischen und gesellschaftlichen Phänomenen[1] und deren Anwendungsmöglichkeit auf Prozesse sozio-ökonomischer Transformationen gegeben. Diese Motivation kommt hier in der Applikation eines synergetischen Modellansatzes auf Fragen der langfristigen Entwicklung von Sozialstrukturen und Beschäftigung zum Ausdruck. Der Schwerpunkt dieser Arbeit liegt dabei auf der langfristigen Entwicklung von Aggregaten, die nach Sektoren oder sozio-ökonomischen Statusgruppen gebildet werden können. Weniger diskutiert werden dabei andere Aspekte des Wandels der Beschäftigung, die in einer Änderung der Arbeitsorganisation, Qualifikationsanforderungen oder der Änderung individueller Lebensläufe ('Fragmentierung der Erwerbsbiographien'), Häufung von Risikolagen, etc. bestehen können.

Diese Arbeit soll demnach beitragen, die Abläufe wirtschaftlicher und sozialer Dynamiken und langfristiger Transformationen besser zu verstehen und somit gegenwärtige Trends besser interpretieren und abschätzen zu können. Weiters wird auch die Möglichkeit einer formalen Darstellung und modellmäßigen Untersuchung komplexer dynamischer Prozesse auf dem Gebiet der Sozialwissenschaften mittels einer bislang noch wenig angewandten Methode anhand eines konkreten Beispiels gezeigt, wobei auch die Problematik eines derartigen Ansatzes diskutiert wird.

1.3 Aufbau und Überblick

Die Arbeit gliedert sich im wesentlichen in zwei große Teile. **Teil I 'Strukturwandel der Beschäftigung und Arbeitslosigkeit'** besteht aus zwei Kapiteln, die eine deskriptive Analyse des Strukturwandels beinhalten und zeigen, inwieweit Strukturwandel beziehungsweise die Änderung der Rate des Beschäftigungsabbaus und -absorption auf sektoraler Ebene zur Erklärung der Entwicklung der Arbeitslosigkeit beitragen können.

Kapitel 2 *'Struktur und Entwicklung der Beschäftigung'* gibt einen Überblick über die verschiedenen Bereiche der Thematik des Strukturwandels der

[1] Derartige Forschungsansätze, die mit den vier C's (Cybernetics, Catastrophes, Chaos, Complexity) zusammengefasst werden können, haben in den letzten Jahren und Jahrzehnten immer mehr Eingang in den Wissenschaften und insbesondere auch in die Sozial- und Wirtschaftswissenschaften gefunden.

Beschäftigung, wobei hauptsächlich internationale Daten aus der Labour Force Statistics (OECD) herangezogen und verglichen werden. Dieser Überblick beschreibt erstens die Entwicklungen in den OECD-Ländern in der Periode 1960-1997 und bringt einen Literaturüberblick über die unterschiedlichen Problemfelder. Im Vergleich zur Brisanz und politischen und sozialen Wichtigkeit des Themas, gibt es allerdings nur relativ wenige Arbeiten auf diesem Gebiet der (langfristigen) Strukturwandlungen von Beschäftigung, was mit der Komplexität der Zusammenhänge, der *per definitionem* dynamischen Abläufe mit entsprechenden Problemen der Modellierung und schließlich der Inadäquatheit des vorrangig angewandten ökonomischen Instrumentariums, das hauptsächlich statisch-komparative Analysen zulässt oder nur einfache Dynamiken aggregierter Variablen beziehungsweise gleichmäßiges sektorales Wachstum analysiert, zu tun hat. Im ersten Abschnitt des Kapitels wird auf die Entwicklung verschiedener demographischer Werte, unterschiedlicher Beschäftigungskennzahlen und der Arbeitslosigkeit eingegangen. Im zweiten Abschnitt dieses Kapitels werden die sektoralen Änderungen untersucht. Der Schwerpunkt der Argumentation in diesem Teil liegt somit auf der längerfristigen Entwicklung der sekundären und tertiären Sektoren, wobei vor allem nicht nur Gemeinsamkeiten der Entwicklungen in allen Ländern gesucht, sondern vielmehr auch Unterschiede in den Entwicklungspfaden gezeigt werden. In Kapitel 3 *'Strukturwandel und Arbeitslosigkeit'* wird aufbauend auf Kapitel 2 der Zusammenhang zwischen Strukturwandel und der Arbeitslosigkeit näher untersucht. Dabei werden die Deindustrialisierungsprozesse (der Abbau von Arbeitsplätzen im Manufakturbereich) den Tertiarisierungsmustern (vermehrte Arbeitsnachfrage in den Dienstleistungssektoren) gegenübergestellt. Besonderes Augenmerk bei der Erklärung der Arbeitslosigkeit kommt dabei auch den zeitlich unterschiedlichen Mustern dieses Umstrukturierungsprozesses zu. Dabei wird gezeigt, dass in vielen Ländern die Abnahme der Beschäftigung im Manufaktursektor nicht graduell oder kontinuierlich verläuft, sondern vielmehr Trendbrüche (signifikante Änderungen der Wachstumsraten der Beschäftigungsanteile) aufweist, die nicht durch entsprechend höhere Wachstumsraten in den Dienstleistungssektoren, und hier insbesondere dem der relativen Größe nach vergleichbaren Wohlfahrtssektor aufgefangen werden können. Im Gegenteil zeigt sich sogar, dass einige (hauptsächliche europäische) Länder besonders in diesem potentiell arbeitsabsorbierenden Sektor zum Zeitpunkt der verstärkten Deindustrialisierung einen signifikanten Rückgang der Wachstumsraten der Beschäftigung aufweisen. Das wird mit Hilfe von Tests auf Trendbrüche (Tests auf Parameterkonstanz) und Spline-Regressionen ökonometrisch getestet. Dieses Muster eines verstärkten Rückgangs der Arbeitsnachfrage im Manufaktursektor und eines mehr oder minder gleichzeitigen Rückgangs des Wachstums der Arbeitsnachfrage in den Dienstleistungsbereichen führt zu einem Anstieg der Rate der Arbeitslosigkeit. Die Wichtigkeit dieses Zusammenhang wird im dritten Teil dieses Kapitels ausführlich untersucht und für verschiedene Zeitperioden mittels Regressionsanalysen untersucht.

Teil II 'Komplexe Modellierung sozio-ökonomischer Transformationen' schließt dann an die deskriptiven Arbeiten in Kapitel 2 an und argumentiert, dass Beschäftigungssysteme und langfristige Transformationen dieser in einem umfassenden Rahmen analysiert werden sollten. Dabei wird davon ausgegangen, dass die Thematik des Strukturwandels der Beschäftigung viele Facetten aufweist, die sowohl genuin ökonomischer Natur sein können aber auch in anderen Bereichen, wie Institutionen, dem globalen Umfeld, Wertewandel, Sozialstruktur, etc. zu finden sind. Es wird auch darauf hingewiesen, dass es vieler detaillierter Studien bedarf, die großteils auch vorliegen, um die unterschiedlichen Effekte in ihrer relativen Wichtigkeit, ihres Zusammenhanges und ihres relativen Einflusses zu erklären. Verschiedene in diesem Zusammenhang wichtige Aspekte wurden bereits im ersten Teil diskutiert. Ohne die Nützlichkeit und Wichtigkeit derartiger Detailstudien und -untersuchungen in Frage stellen zu wollen, wird im Weiteren ein anderer Zugang zu dieser Problematik gewählt, nämlich die Modellierung langfristiger Tendenzen mittels dynamischer Multi-Komponentensysteme.

Dabei wird vor allem auf die langfristige Dynamik der Bewegungen von Personen zwischen einzelnen sozio-ökonomischen Gruppen, in denen eine Bevölkerung unterteilt werden kann, Bezug genommen. Die zwölf sozio-ökonomischen Gruppen, die dabei unterschieden werden, umfassen die gesamte Bevölkerung ab dem 15. Lebensjahr und werden in die Gruppen *Unselbständig Erwerbstätige* (Angestellte, Arbeiter, Lehrlinge und Beamte), *Selbständig Erwerbstätige* (Gewerbe, Freie Berufe, Land- und Forstwirtschaft), *Ausbildungsbereich* (Schule und Studium), *Arbeitslosigkeit* sowie die Bereiche *Haushalte* und *Pension* zusammengefaßt. Zusätzlich werden Eintritte (Übertritte aus dem Pflichtschulbereich und Immigration) in und Austritte (durch natürlichen Tod und Emigration) aus dem gesamten System berücksichtigt. Langfristige Dynamik heißt in diesem Sinn, dass sich Änderungen und Strukturwandlungen in den individuellen Anpassungsprozessen in Form von Mobilität zwischen verschiedenen Gruppen (zum Beispiel Beschäftigung, Arbeitslosigkeit, Inaktivität, etc.) widerspiegeln müssen. Das Konvolut an unterschiedlichen Faktoren für den Wandel resultiert aus einer Fülle von subjektiven Entscheidungen, die sich im Kontext dieses Ansatzes als Verbleib in einem Bereich oder als Übergang von einem Bereich in den anderen realisieren müssen. Stehen nun Daten der getätigten Entscheidungen (das heißt des Wechsels zwischen 'Zuständen' oder des Verbleibs in einem 'Zustand') zur Verfügung, lässt sich auf die wichtigen Entscheidungsfaktoren rückschließen, die wiederum auf individueller, institutioneller oder aggregierter Ebene liegen können. Die Vielzahl der individuellen (realisierten) Entscheidungen muss also das Gesamtkonvolut an wichtigen Einflüssen (subjektexogener und subjektiver Natur) widerspiegeln.

Als empirische Grundlage der Untersuchung werden dabei Daten, die aus der österreichischen Arbeitskräftegesamtrechnung gewonnen werden, analysiert. Kapitel 4 *'Netzwerkdynamik der Beschäftigung'* erläutert diese Sichtweise anhand von komplexen Darstellungen des Arbeitsmarktes und von Beschäftigungssystemen. Daran anschließend werden die Daten der österreichischen Arbeitskräftegesamtrechnung, die das Wechselverhalten zwischen verschiedenen sozio-ökonomischen Statusgruppen abbilden, gezeigt und deskriptiv analysiert.

Im Anschluss daran wird ein allgemeines Modell gezeigt, mit dem derartige dynamische Netzwerkmodelle analysiert und empirisch untersucht werden können. Kapitel 5 *'Die Beschreibung komplexer Systeme'* bietet eine Einführung in eine Methode komplexer, dynamischer Modellierung (Mastergleichungsmodell), die es ermöglicht, interdependente Ströme zwischen Netzwerkknoten zu analysieren. Dieses Modell eignet sich insbesondere auch für empirische Analysen und langfristigen Prognosen, was in den beiden letzten Kapiteln anhand der Bevölkerungsströme dargestellt wird. Im sechsten Kapitel *'Mastergleichungsmodell'* wird dieses Modell anhand der Daten, die in Kapitel 4 erläutert wurden, empirisch untersucht und ökonometrisch geschätzt.

Das letze Kapitel *'Prognosen und Szenarien'* schließt mit Simulationsstudien und Szenarien, die mittels dieses Modellansatzes errechnet werden können. Aufbauend auf den statistischen Untersuchungen des vorhergehenden Kapitels werden Simulationsstudien und Szenarienanalysen reportiert, die die langfristigen Effekte demographischer Änderungen, von Migrationsbewegungen und Arbeitsnachfrageschocks sowie von langfristigen Änderungen der wirtschaftlichen Dynamik auf die Entwicklung der Bevölkerungsstruktur zeigen.

Teil I

Wandel der Beschäftigungsstrukturen und Arbeitslosigkeit

Kapitel 2

Struktur und Entwicklung der Beschäftigung

2.1 Einleitung

Im ersten Teil dieser Arbeit steht die Entwicklungen der längerfristigen Bevölkerungs- und Beschäftigungsstrukturen im Mittelpunkt, wobei diese zunächst deskriptiv analysiert werden. Im folgenden Abschnitt 2.2 werden in einer deskriptiven Analyse von insgesamt neunundzwanzig OECD-Ländern die Entwicklungen verschiedener Beschäftigungskennzahlen und im darauffolgenden Abschnitt 2.3 die sektoralen Entwicklungen in der Periode 1960-1995 analysiert. Dabei zeigt sich, dass die meisten Länder zu ähnlichen Strukturen konvergieren, wobei aber die zeitlichen Trajektorien teilweise große Unterschiede aufweisen. Weiters wird betont, dass die Entwicklung unterschiedlich in den Sektoren und nicht kontinuierlich über der Zeit ist. Einen weiteren Aspekt, der vorwiegend in den europäischen Ländern in den beiden letzten Dekaden ein wirtschafts- und sozialpolitisches Problem darstellt, ist die stark angestiegene und seitdem persistent hohe Arbeitslosigkeit, deren Entwicklung ebenfalls in diesem Kapitel behandelt wird. In Kapitel 3 wird darauf aufbauend ein Aspekt betont, der in der Literatur bislang wenig berücksichtigt wurde und dem sektoralen Wandel in der Erklärung der Arbeitslosigkeit - vor allem in den europäischen Ländern - breiten Raum gibt.

Kapitel 2 und 3 beinhalten eine Beschreibung der mittel- und langfristigen empirischen Tendenzen hinsichtlich der Entwicklung von Beschäftigung und Beschäftigungsstrukturen. Weniger wird dabei darauf eingegangen, welche Faktoren diesen Entwicklungen zugrundeliegen, beziehungsweise wie die Unterschiede zwischen den Ländern und den oft nicht kontinuierlichen zeitlichen Entwicklungen erklärt werden können. Aufgrund der Vielfalt der Themen und

Bereiche, die dabei zur Diskussion stehen würden, können diese nur überblicksmäßig behandelt werden; teilweise kann auch nur auf die entsprechende Literatur verwiesen werden. Das gilt vor allem auch für die theoretischen Erklärungsansätze, die über die standardmäßigen ökonomischen Modelle hinausgehen. Ohne diese unterschiedlichen Konzepte im Detail zu diskutieren, wird hier vor allem ihre empirische Relevanz zur Erklärung dieser wichtigen Fragen diskutiert und zusammengefasst.

Dabei drängt sich ein Vergleich mit den von verschiedenen 'Modernisierungstheoretikern' aufgezeigten wahrscheinlichen - oder besser hypothetisierten - Entwicklungstendenzen und Zukunftsszenarien auf. Die Debatte um die Krise der Arbeitsgesellschaft erreichte ihren ersten Höhepunkt zu Beginn der 80er-Jahre als die Arbeitslosigkeit auf für Europa in der Nachkriegszeit nicht gekannte Höhen stieg. Obwohl das Problem der steigenden beziehungsweise persistenten Arbeitslosigkeit keineswegs verharmlost werden sollte, zeigen die Resultate, die auf längerfristigen aggregierten Daten beruhen, dass es keineswegs Anzeichen von einem generellen 'Ende der Arbeit' (Rifkin, 1995) gibt, oder davon, dass immer weniger Menschen im Erwerbsleben beziehungsweise in einem Abhängigkeitsverhältnis als Lohn- beziehungsweise Gehaltsempfänger (Offe, 1982) stehen - eher das Gegenteil davon. In diesem Kapitel soll daher die Analyse der empirisch beobachtbaren mittel- und längerfristigen Trends im Vordergrund stehen, um diese Diskussion um die 'Krise der Arbeitsgesellschaft' (Offe, 1982) beziehungsweise um das prognostizierte 'Ende der Arbeit', wie in Rifkin (1995) postuliert, auf eine empirisch fundierte und längerfristige Grundlage zu stellen. Damit soll den oft zu lesenden Katastrophenszenarien, die sich beispielsweise wie folgt lesen,

> Wir stehen am Beginn tiefgreifender sozialer und technologischer Umwälzungen, wie sie die Geschichte noch nicht gesehen hat. Vielleicht werden schon bald Millionen von Menschen weniger lang arbeiten müssen [...], während ihr Wohlstand stetig wächst. Vielleicht führt die technische Revolution aber auch zu weltweiten Wirtschaftskrisen [...]. Wie in den 20er-Jahren stehen wir kurz vor einer Katastrophe. (Rifkin, 1995, S. 63)

entgegengewirkt werden ohne die jeweiligen Probleme zu verharmlosen. Es muss aber betont werden, dass in der vorliegenden Arbeit Tendenzen und Trends vor allem auf dem Makroniveau analysiert werden, das heißt der Bereich der individuellen und subjektiven Ebene nur am Rande behandelt wird. Die Ergebnisse verschiedener Studien, dass sich immer mehr Menschen in prekären Beschäftigungsverhältnissen befinden und in vielen Ländern die subjektive Einschätzung eines Verlustes des Arbeitsplatzes gestiegen ist (Beck,

1986), können daher durchaus kompatibel mit den hier gezeigten Entwicklungen sein. Das gilt vor allem für das Problem der Arbeitslosigkeit und dem Abdrängen oder Verbleib in verschiedenen Nicht-Beschäftigungsformen oder prekären Arbeitsverhältnissen, wovon vor allem bestimmte Gruppen verstärkt betroffen sind (z.B. Langzeitarbeitslosigkeit, Personen mit geringem Ausbildungsniveau, Alters- und Jugendarbeitslosigkeit, Anstieg der Teilzeitarbeit bei Frauen, etc.).

2.2 Vergleich und Entwicklung von Beschäftigungskennzahlen

In diesem Abschnitt werden die Veränderungen wichtiger demographischer Größen und Beschäftigungskennzahlen dargestellt und deren Entwicklung über die Zeit und zwischen den Länder verglichen. Datengrundlage dafür ist die 'Labour Force Statistics' (LFS) der OECD für die Periode 1960-1997. Diese Datenbasis gewährleistet am besten den Anspruch auf Vergleichbarkeit zwischen den verschiedenen Ländern und über die Zeit. Die verfügbaren Zeitreihen sind jedoch nicht für alle Länder und alle Variablen gleich. Auf mögliche Einschränkungen aufgrund des Datensatzes wird an der jeweiligen Stelle hingewiesen.

Das Ländersample umfasst dabei neunundzwanzig OECD Länder, die in Tabelle 2.2.1 aufgelistet sind.[1] Für eine übersichtlichere Darstellung werden die Länder in neun Gruppen zusammengefasst.[2] Diese Gruppen umfassen, wie aus Tabelle 2.2.1 hervorgeht, zehn nordeuropäische Länder, EU1, drei skandinavische Länder, EU2, fünf südeuropäische Länder (inklusive Irland und Island), EU3 und drei osteuropäische Länder, EU4.[3] Die Türkei wird gesondert angeführt da dieses Land in einigen Bereichen eine nicht den anderen europäischen Ländern vergleichbare Entwicklung aufweist. Weitere Gruppen sind noch die USA und Kanada, AMN, Australien und Neuseeland, OCE,

[1]Deutschland ist ab 1989 inklusive Ostdeutschland und die Tschechische Republik ab 1992 ohne die Slowakische Republik.

[2]Aufgrund der Heterogenität der Länder ist jede Einteilung in gewissem Sinne willkürlich. Aus diesem Grund werden in den Abbildungen im Haupttext nur die Werte für die Ländergruppen gezeigt. Aus Gründen der Übersichtlichkeit werden die Werte für die Türkei, Mexiko und Korea nicht in den Graphiken gezeigt, sehr wohl wird aber die Entwicklung dieser Länder im Text berücksichtigt.

[3]In dieser Arbeit werden daher nur jene osteuropäischen Länder berücksichtigt, die in der LFS-Statistik enthalten sind (Tschechische Republik, Ungarn und Polen). Für einen Überblick über die Beschäftigungsentwicklung in den anderen osteuropäischen Ländern siehe den halbjährlich erscheinenden 'Central European countries employment and labour market review'.

Gruppe	Land	Abkürzung
AMN	Kanada	CAN
	USA	USA
EU1	Österreich	AUT
	Belgien	BEL
	Schweiz	CHE
	Deutschland	DEU
	Dänemark	DNK
	Frankreich	FRA
	Großbritannien	GBR
	Italien	ITA
	Luxemburg	LUX
	Niederlande	NLD
EU2	Finland	FIN
	Norwegen	NOR
	Schweden	SWE
EU3	Spanien	ESP
	Griechenland	GRC
	Irland	IRL
	Island	ISL
	Portugal	PRT
EU4	Tschechische Republik	CZE
	Ungarn	HUN
	Polen	POL
EU5	Türkei	TUR
JPN	Japan	JPN
LD1	Korea	KOR
LD2	Mexiko	MEX
OCE	Australien	AUS
	Neuseeland	NZL

Tabelle 2.2.1: OECD-Länder

Japan, JPN, und zwei Aufholländer dieser Periode, nämlich Korea und Mexiko. Diese beiden Länder werden aufgrund der geographischen Lage und der unterschiedlichen Entwicklung getrennt behandelt. Der Grund, dass hier alle Länder berücksichtigt und teilweise gesondert behandelt werden, ist, dass interessante Vergleiche über Entwicklungsprozesse möglich sind, die ansonsten - bei ähnlichen Ländern - nicht möglich wären.

Die Daten ermöglichen eine Disaggregation der gesamten Bevölkerung in sozio-ökonomische Gruppen und Bevölkerungsgruppen, die in Tabelle 2.2.2 aufgelistet sind. In dieser Tabelle sind auch die jeweiligen Abkürzungen angegeben, die im Text verwendet werden. Liest man die Tabelle von rechts nach links, kann die gesamte Bevölkerung zunächst demographisch in Personen, die jünger als 15 Jahre sind, Personen im Alter von 15-64 und Personen, die älter als 64 Jahre sind, eingeteilt werden. Da in dieser Arbeit vor allem die Entwicklung der Beschäftigungsgruppen im Mittelpunkt stehen, wird die Gruppe der Personen im Alter von 15-64 Jahren weiter - in Bezug auf Erwerbstätigkeit - in 'Inaktive Personen' (OLF15_64) - das sind Personen, die nicht erwerbstätig und nicht als arbeitslos gemeldet sind (z.B. Hausarbeit, Karenz, Bildung, etc.) und aktive Erwerbspersonen eingeteilt. Letztere werden als 'Total Labour Force' (TLF) bezeichnet und lassen sich wiederum in erwerbstätige (TE) und arbeitslose Personen (UN) gliedern. Die erwerbstätigen Personen können schließlich noch in unselbständige Beschäftigte und Selbständige (inklusive der mithelfenden Familienangehörigen) eingeteilt werden, wobei die Selbständigen noch in Selbständige im Agrarbereich und im Nicht-Agrarbereich unterteilt werden. Die Gruppe der unselbständig Beschäftigten wird in Abschnitt 2.3 noch weiter in neun Wirtschaftssektoren gegliedert.

2.2.1 Demographische Entwicklung

2.2.1.1 Bevölkerungswachstum und Arbeitsangebot

Einer der wichtigsten langfristigen Faktoren für die Entwicklung von Beschäftigungsniveau und -struktur und somit des Arbeitsangebotes allgemein ist die Wachstumsrate der Gesamtbevölkerung. Diese Rate wird vor allem durch die Fertilitäts- und Mortalitätsraten und Migrationsbewegungen determiniert. Mittelfristig wichtiger für die Entwicklung des Arbeitsangebotes ist aber erstens das Wachstum der arbeitsfähigen Bevölkerung (Bevölkerung zwischen 15 und 64 Jahren) und zweitens die Entwicklung der Partizipationsrate. Tabelle 2.2.3 zeigt die Wachstumsraten der gesamten Bevölkerung (TOTPOP), der Bevölkerung im Alter von 15 bis 64 Jahren (POP15_64), der Anzahl der inaktiven Personen im Alter von 15 bis 64 Jahren (OLF15_64) und die Wachstumsrate der erwerbstätigen und arbeitslosen Personen, in den

<table>
<tr><td>Unselbständig Beschäftigte
(EMP)</td><td rowspan="2">Gesamte
Beschäftigung
(TE)</td><td rowspan="3">Total Labour
Force
(TLF)</td><td rowspan="4">Bevölkerung
15 - 64
(POP15_64)</td><td rowspan="6">Gesamte
Bevölkerung
(TOTPOP)</td></tr>
<tr><td>Selbständige
(SEMP)</td></tr>
<tr><td rowspan="4"></td><td>Arbeitslose
(UN)</td></tr>
<tr><td rowspan="3"></td><td>Out-of-Labour
Force 15-64
(OLF15_64)</td></tr>
<tr><td rowspan="2"></td><td>Bevölkerung < 15
(POP15)</td></tr>
<tr><td>Bevölkerung > 64
(POP64)</td></tr>
</table>

Tabelle 2.2.2: Bevölkerungsgruppen

einzelnen Ländern (Angaben der exponentiellen Wachstumsrate in % p.a.). Weiters wird die Wachstumsrate der Partizipationsrate (PART), die als Anteil der erwerbstätigen Personen im Alter von 15-64 Jahren an der Bevölkerung im Alter von 15-64 Jahren definiert ist, angegeben.[4] Die Wachstumsrate für die gesamte Bevölkerung ist in allen Ländern positiv, wobei diese jedoch nicht in allen Fällen signifikant von Null verschieden ist. Allerdings erkennt man große Unterschiede zwischen den europäischen und nicht-europäischen Ländern. Während erstere mit weniger als 1 % p.a. sehr geringe Zuwachsraten aufweisen (Ausnahmen sind die Türkei und Island), wächst die Bevölkerung in den nicht-europäischen Länder um durchschnittlich mehr als 1 %; Ausnahme ist Japan, wo die Bevölkerung mit 0.86 % gewachsen ist und somit im europäischen Durchschnitt liegt. Die stärksten Bevölkerungszuwächse weisen in diesem Zeitraum die Türkei mit 2.28 % und Mexiko mit 2.17 % auf.

Für die Entwicklung des Arbeitsangebotes ist weiters - wie bereits oben erwähnt - das Wachstum der *Bevölkerung im erwerbsfähigen Alter*, das nach OECD-Definition mit 15 bis 64 Jahren angenommen wird, eine wichtige Bestimmungsgröße. Diese Wachstumsrate ist in allen Ländern im betrachteten Zeitraum höher als die der Gesamtbevölkerung (mit Ausnahme von Polen und Schweden). Die Entwicklung des tatsächlichen Arbeitsangebotes ist weiters abhängig von der Entwicklung der *Partizipationsrate* der 15-64jährigen Personen. Die Wachstumsrate der Partizipationsrate für die einzelnen Länder ist in Spalte PART aufgelistet. In den Ländern Frankreich, Luxemburg, Griechenland, Irland, Island, Spanien und Türkei weist die Partizipationsrate eine sinkende Tendenz auf, in Österreich, Deutschland, Italien und Finnland ist diese mehr oder weniger konstant, die restlichen Länder zeigen steigende Partizipationsraten. Die Spalte OLF15_64 zeigt die *Wachstumsrate der inaktiven Bevölkerung* dieser Altersgruppe. Die Anzahl der inaktiven Personen im Alter von 15-64 Jahren ist in den Ländern Frankreich, Irland, Spanien, Griechenland, Türkei, Tschechische Republik und Polen stärker gewachsen als die Bevölkerung dieser Altersgruppe, in Österreich, Deutschland und Italien ungefähr gleich stark und in allen übrigen Ländern ist die Anzahl der

[4] Wenn nicht anders angegeben, werden alle Wachstumsraten in dieser Arbeit durch OLS-Regression der logarithmierten Zeitreihen auf eine Zeitvariable t ermittelt.

$$\ln(VAR^c_{i,t}) = \hat{\alpha}^c_i + \hat{\phi}^c_i t + \epsilon^c_{i,t}$$

wobei $VAR^c_{i,t}$ die jeweilige Variable zum Zeitpunkt t und i für Aggregate, Sektoren etc. steht, $\hat{\alpha}^c_i$ ist die Konstante und $\hat{\phi}^c_i$ die Wachstumsrate. $\epsilon^c_{i,t}$ bezeichnet den Fehlerterm. Der Index c bezeichnet das jeweilige Land. Durch die OLS-Regression wird der Effekt kurzfristiger Schwankungen minimiert, die bei alternativen Berechnungen der Wachstumsrate, bei denen nur zwei Zeitpunkte (Anfangs- und Endwert) berücksichtigt werden, zu Verzerrungen führen können.

	Wachstumsraten				
Land	**TOTPOP**	**POP15_64**	**OLF15_64**	**PART**	**TLF**
CAN	1.37	1.87	0.35	0.67	2.52
USA	1.03	1.34	-0.12	0.58	1.92
AUT	0.29	0.52	0.54	-0.01	0.51
BEL	0.24	0.41	0.26	0.10	0.51
CHE	0.56	0.75	-0.12	0.21	0.88
DEU	0.86	1.06	1.03	0.01	1.07
DNK	0.32	0.47	-0.99	0.42	0.89
FRA	0.62	0.83	1.02	-0.10	0.73
GBR	0.24	0.31	-0.09	0.14	0.45
ITA	0.36	0.52	0.53	-0.01	0.42
LUX	0.67	0.79	-0.80	0.69	1.47
NLD	0.77	1.62	0.42	0.40	1.57
FIN	0.38	0.53	0.41	0.04	0.57
NOR	0.52	0.61	-1.29	0.75	1.36
SWE	0.41	0.28	-0.71	0.29	0.57
ESP	0.72	0.95	1.08	-0.09	0.79
GRC	0.68	0.79	1.01	-0.13	0.68
IRL	0.81	1.11	1.61	-0.28	0.83
ISL	1.15	1.58	-1.18	0.80	2.30
PRT	0.41	0.64	-0.28	0.44	1.14
CZE	0.11	0.43	0.66	-0.03	0.53
HUN	0.06	n.a.	n.a.	n.a.	n.a.
POL	0.66	0.64	2.73	n.a.	n.a.
TUR	2.28	2.74	6.06	-1.24	1.49
JAP	0.86	0.98	0.60	0.13	1.11
KOR	1.40	1.82	0.39	0.87	2.58
MEX	2.17	3.02	1.25	1.41	3.66
AUS	1.49	1.81	0.74	0.47	2.13
NZL	1.06	1.45	0.35	0.50	1.96

Tabelle 2.2.3: Wachstumsraten

Inaktiven weniger stark gestiegen und in einigen Ländern (Schweiz, Dänemark, Norwegen, Schweden, Portugal und den USA) sogar absolut gesunken (negative Wachstumsrate).

Die letzte Spalte (TLF) zeigt noch die Wachstumsrate der gesamten Beschäftigten (Unselbständig und Selbständig Beschäftigte und arbeitslose Personen). Die Wachstumsrate der TLF setzt sich dabei definitionsgemäß aus der Wachstumsrate der Bevölkerung im Alter von 15-64 Jahren und der Wachstumsrate der Partizipationsrate zusammen. In allen Ländern zeigt sich, dass die Wachstumsrate der Bevölkerung einen wesentlich größeren Einfluss auf die Wachstumsrate der gesamten Beschäftigten hat, als die Entwicklung der Partizipationsrate. Somit lässt sich ein Teil des unterschiedlichen Wachstums der Beschäftigung zwischen europäischen und nicht-europäischen Ländern, der vor allem in der Gegenüberstellung der Arbeitsmarktperformance zwischen Europa und den USA immer wieder genannt wird, mit den unterschiedlichen Wachstumsraten der Bevölkerung erklären und nicht generell auf die geringeren Anstiege der Partizipationsraten zurückführen. Und schließlich bedeutet ein Anstieg der Beschäftigten und Arbeitslosen noch keineswegs, dass tatsächlich alle Personen beschäftigt sind, da in dieser Kategorie eben auch arbeitslose Personen enthalten sind. Dieser Aspekt wird in Abschnitt 2.2.2 genauer ausgeführt, wo dann noch auf die Unterschiede hinsichtlich der Größe des Arbeitsangebotes zwischen den Ländern näher eingegangen wird.

2.2.1.2 Entwicklung der Altersstruktur

Eine wichtige, durch das oben beschriebene Bevölkerungswachstum beeinflusste Größe ist zunächst die demographische Entwicklung Wie bereits in Tabelle 2.2.2 gezeigt, kann zwischen drei Altersgruppen unterschieden werden:

1. Personen, die jünger als 15 Jahre sind (POP15)
2. Personen, im Alter zwischen 15 und 64 Jahren (POP15_64)
3. Personen, die älter als 64 Jahre sind (POP64)

Abbildung 2.2.1 zeigt die jeweiligen Anteile dieser drei Gruppen (relativ zur gesamten Bevölkerung) für die Jahre 1960, 1970, 1980, 1990 und 1995. Dabei wurden die Länder nach den in Tabelle 2.2.1 angegebenen Gruppen zusammengefasst.[5] Panel A zeigt den Anteil der Personen unter 15 Jahren an der

[5]Die Werte in den Graphiken entsprechen den arithmetischen Mittelwerten der jeweiligen länderspezifischen Anteile. Diese Formulierung beinhaltet demnach keine Gewichtung der Länder nach Größe.

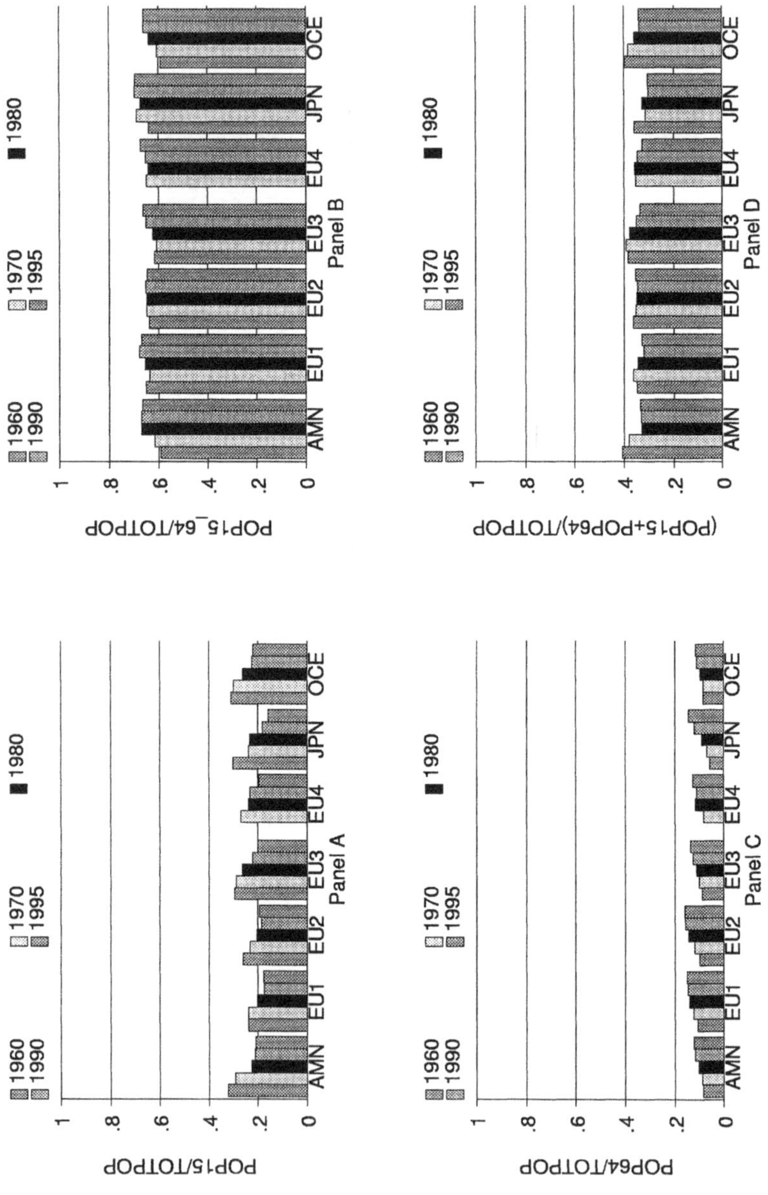

Abbildung 2.2.1: Anteile von Altersgruppen an der gesamten Bevölkerung

gesamten Bevölkerung. Dieser Anteil liegt nun in allen Ländergruppen bei durchschnittlich 20-25 %. Erwähnenswerte Ausnahmen sind Korea mit ungefähr 30 % und die Türkei mit einem Anteil von 40 % im Jahr 1975 und cirka 30-35 % im Jahr 1995. In allen Ländern, mit Ausnahme der Gruppe der osteuropäischen Länder, ist der Anteil in den letzten 20 Jahren gesunken oder zumindest konstant geblieben. Die Gruppe der Personen im Alter von 15-64 weist in den meisten Ländergruppen einen Anteil von etwa 70 % der gesamten Bevölkerung auf (siehe Panel B). Diese Anteile sind in den letzten 20 Jahren von ungefähr 60 auf 70 % angestiegen, mit Ausnahme der osteuropäischen Länder. Den geringsten Anteil weist die Türkei mit nur 60 % auf. Panel C zeigt die Anteile der Personen, die älter als 64 Jahre sind, an der gesamten Bevölkerung. Hier weisen die skandinavischen Länder (EU2) mit etwa 15 % und die Ländergruppe EU1 mit cirka 13 % die höchsten Werte auf. Die anderen Länder weisen einen Anteil von cirka 10-12 % auf, in Korea und Mexiko ist dieser Anteil unter 5 %. Der Anteil der Personen über 64 Jahren weist somit einen leicht steigenden Trend in fast allen Ländern auf. Diese Tendenz der 'Veralterung der Bevölkerung' wird vor allem hinsichtlich der Probleme bei der Finanzierung von Pensionssysteme oder Änderungen des Pensionseintrittsalters immer wieder thematisiert. Da dadurch der Anteil der in den Arbeitsmarkt eintretenden jüngeren und meist qualifizierteren (oder hinsichtlich der sich ändernden Technologien und Anforderungen besser qualifizierten) Personen abnimmt, müssen ältere Arbeiter verstärkt qualifiziert werden, um die notwendige Qualifizierung der Arbeitskräfte zu gewährleisten. Andererseits ergeben sich dadurch mittel- und langfristige Auswirkungen auf die zur Zeit angespannte Arbeitsmarkt- und Beschäftigungssituation, die sich dadurch in Europa langfristig entspannen beziehungsweise sogar zu einem Unterangebot an Arbeitskräften führen könnte. Panel D in Abbildung 2.2.1 zeigt schließlich noch den Anteil der nicht erwerbsfähigen Bevölkerung (Personen jünger als 15 und älter als 64 Jahre) an der Gesamtbevölkerung. Diese Kennzahl liegt zwischen 0.3 und 0.4 und weist in den meisten Ländern eine sinkende Tendenz auf.

Als wichtiger Indikator für die Entwicklung der Altersstruktur wird häufig der 'old age-dependency ratio' verwendet, der als Anteil der über 64-jährigen an der erwerbsfähigen Bevölkerung definiert ist. Abbildung 2.2.2 zeigt die Entwicklung dieser Kennzahl in der Periode 1960-1995. Hier sind zunächst einmal die Größenunterschiede zwischen den Ländern bemerkenswert. Die höchsten Verhältnisse weisen die skandinavischen und nordeuropäischen Staaten mit 0.25 beziehungsweise 0.23 auf, dahinter liegen die süd- und osteuropäischen Länder und Japan. Deutlich geringere Werte weisen die amerikanischen Staaten und Neuseeland auf und die geringsten Werte die Türkei, Mexiko und Korea mit cirka 0.075. Weiters interessant ist die

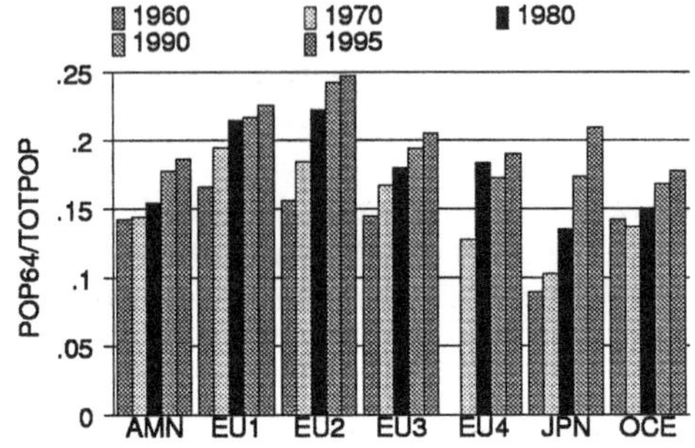

Abbildung 2.2.2: Entwicklung des 'old-age dependency ratios'

Entwicklungstendenz. Alle Ländergruppen (mit Ausnahme der Türkei, Mexikos und Koreas) weisen einen Anstieg dieses 'old-age dependency ratios' auf, wobei der Anstieg insbesondere in Japan besonders dramatisch ist. In der Job-Study OECD (1994, S. 24ff) wird ein Überblick über Projektionen dieser Kennzahl gegeben. Obwohl das Durchschnittsalter der Bevölkerung steigt und da die Anzahl jüngerer Personen, die ins erwerbsfähige Alter kommen, in den 80er Jahren in den meisten Ländern den Höhepunkt erreichte und daher zu sinken beginnt, wird mit einer mittelfristigen Verlangsamung der Wachstumsrate der gesamten Beschäftigung in den meisten Ländern gerechnet. Der Effekt der steigenden Partizipationsraten, wobei der Anstieg vorwiegend auf den die steigende Erwerbsbeteiligung von Frauen zurückzuführen ist, auf das Beschäftigungswachstum wird dabei durch den Anstieg des Anteils von Altersgruppen mit geringeren Partizipationsraten teilweise kompensiert werden. Es wird aber noch immer davon ausgegangen, dass das Beschäftigungswachstum das Bevölkerungswachstum übersteigen wird.

2.2.1.3 Migration

Einen weiteren wichtigen Aspekt der Bevölkerungsentwicklung stellen die internationalen Migrationsbewegungen dar, eine Thematik, die zur Zeit äußerst kontrovers diskutiert wird. Die meisten Studien zeigen, dass Immigration die Größe und Struktur einer Bevölkerung nur relativ kurzfristig stark beeinflussen. In den meisten Fällen zeigt sich, dass es über die Zeit zu einheitlicheren Mustern zwischen der inländischen Bevölkerung und den immigrierten Personen kommt. Das gilt beispielsweise für die Fertilitätsraten, die sich zwischen aus- und inländischer Bevölkerung angleichen. Ebenfalls scheint die Integration in den Arbeitsmarkt nur kurzfristig ein Problem darzustellen, da sich beispielsweise die Arbeitslosenraten und Lohnsätze mit der Länge des Aufenthaltes an das Niveau der Inländer angleichen. Das ist natürlich abhängig von Zugangsmöglichkeiten beziehungsweise -beschränkungen zu institutionellen Einrichtungen, insbesondere Bildungschancen, die jedoch häufig aus sozialen und politischen Gründen für Immigranten erschwert sind.

An dieser Stelle soll nur ein Vergleich zwischen den Ländern präsentiert werden, um die Größenordnungen der Anteile und Zu- und Abwanderungsströme zu verdeutlichen, und weniger auf die ökonomischen Aspekte von Immigration eingegangen werden. Die Auswirkungen von Immigration auf ökonomische Variablen und nationale Arbeitsmärkte wurden in einer großen Anzahl von Studien diskutiert und dabei mit den Auswirkungen einer Handelsliberalisierung verglichen. Für eine ausführliche Diskussion der ökonomischen Effekte, die im Zuge des NAFTA-Abkommens zwischen Mexiko und den USA vor allem im US-amerikanischen Raum heftig diskutiert wurden, siehe beispielsweise Borjas (1994) und Borjas (1995) und Borjas et al. (1992). Im europäischen Raum steht derzeit vor allem die Abschätzung der Migrationsströme von Ost- nach Westeuropa im Zuge einer EU-Erweiterung im Vordergrund der Debatte. Einen langfristigen Überblick über die großen Migrationsströme in Europa seit Ende des ersten Weltkrieges bietet Münz (1995). Zimmermann (1992) und Faini et al. (1999) zeigen empirische und theoretische Aspekte von Migrationsbewegungen auf.

In allen Veröffentlichungen wird jedoch auf die Schwierigkeit internationaler Vergleiche hingewiesen, da Erhebungsmethoden und Definitionen zwischen den Ländern stark unterschiedlich sind. Einen umfassenden Überblick über Migration und Migrationspolitik im OECD-Bereich bietet der (seit mehr als zwanzig Jahren jährlich erscheinende) OECD-Bericht über internationale Migration (OECD, 1999). Tabelle 2.2.4 zeigt die Anteile der ausländischen Bevölkerung an der gesamten Bevölkerung im Jahr 1991 und die Nettomigration in der Periode 1981-1990 in Prozenten der Gesamtbevölkerung 1981. Innerhalb Europas verzeichnen Luxemburg mit cirka 25 % (33 %) und die Schweiz mit cirka 17 % (20 %) die höchsten Anteile an ausländischer im Vergleich zur gesamten Bevölkerung (zur Gesamtbeschäftigung). Allerdings gibt es große Unterschiede zwischen den Ländern (mit einem Minimum von 0.7 % in Spanien bis zu einem Maximum von 17 % in Luxemburg). Die Anteile waren in den 80er-Jahren in den meisten Ländern relativ konstant oder nur leicht wachsend; am stärksten stieg der Anteil in Australien, Deutschland, der Schweiz, Luxemburg und den nordamerikanischen Ländern. Der Anstieg der Immigration in Westeuropa lässt sich dabei vor allem auf den Zusammenbruch des kommunistischen Regimes in den osteuropäischen Ländern im Jahr 1989 zurückführen.

	Anteil an Ausländern		Nettomigration 1981-90
	in % der TOTPOP 1991	in % der TLF 1991	in % der TOTPOP 1981
CAN	15.6	21.9	2.6
USA	7.9	9.3	2.8
AUT	6.6	9.0	1.5
BEL	9.2	7.4	0.1
CHE	17.6	20.1	2.9
DNK	3.5	n.a.	0.8
DEU	8.7	8.9	4.6
FRA	6.5	6.2	1.0
GBR	3.1	3.3	0.4
ITA	1.5	1.5	1.4
LUX	27.9	27.9	3.6
NLD	4.8	3.9	1.8
FIN	0.7	n.a.	0.9
NOR	3.5	n.a.	1.4
SWE	5.6	5.6	2.0
GRC	n.a.	n.a.	2.7
IRL	n.a.	n.a.	-6.1
ISL	n.a.	n.a.	0.1
PRT	n.a.	n.a.	-3.7
ESP	0.9	0.4	0.0
TUR	n.a.	n.a.	1.3
JAP	0.9	0.7	-0.1
AUS	22.7	25.8	7.3
NZL	n.a.	n.a.	-1.0
KOR	n.a.	n.a.	n.a.
MEX	n.a.	n.a.	n.a.

Tabelle 2.2.4: Migrationsströme und -stocks (OECD, 1994)

2.2.2 Beschäftigungskennzahlen

Nachdem im vorigen Abschnitt die demographische Entwicklung der Bevölkerung und Aspekte des Arbeitsangebotes diskutiert wurden, werden in diesem Abschnitt nun Kennzahlen zur Beschäftigungsentwicklung zusammengefasst, wobei wiederum einerseits die Entwicklung über die Zeit als auch ein Vergleich über die oben definierten Ländergruppen gezeigt wird. In diesem Zusammenhang wird analysiert, ob und inwieweit die Beschäftigungsstrukturen über die Zeit zwischen den Ländern konvergieren oder divergieren. Als einfaches Maß dafür kann der Variationskoeffizient (Verhältnis von Standardabweichung zu Mittelwert) berechnet werden.

Dieser Abschnitt behandelt, erstens, die Entwicklung und Struktur der Erwerbs- und Nicht-Erwerbstätigkeit und der Arbeitslosigkeit im Verhältnis zur erwerbsfähigen Bevölkerung, gibt, zweitens, einen Überblick über die Entwicklung der selbständig Beschäftigten, drittens, über temporäre und Teilzeitbeschäftigung und, viertens, über Partizipations- und Nicht-Erwerbstätigkeitsraten. Die Entwicklung dieser Kennzahlen ist natürlich sowohl von der Arbeitsnachfrageseite als auch von der Arbeitsangebotsseite beeinflusst. Daher wird abschließend noch einmal die Angebotsseite näher betrachtet und ein alternatives Angebotsmaß angegeben.

2.2.2.1 Erwerbs-, Nicht-Erwerbstätigkeit und Arbeitslosigkeit

Im Folgenden werden die Kennzahlen dargestellt, die die Anteile verschiedener Bevölkerungsgruppen relativ zur erwerbsfähigen Bevölkerung (Bevölkerung zwischen 15 und 64 Jahren, POP15_64) nach Art der Erwerbstätigkeit zeigen. Die Bevölkerung im Alter von 15-64 Jahren wird dazu in vier Gruppen unterteilt (siehe dazu auch Tabelle 2.2.2):

1. Unselbständig Beschäftigte (EMP)

2. Selbständig Beschäftigte inklusive der mithelfenden Familienangehörigen (SEMP)

3. Personen, die dem Arbeitsmarkt zur Verfügung stehen, aber ohne Beschäftigung sind, das sind arbeitslose Personen (UN), die zur Gruppe der erwerbstätigen Personen (TLF) gezählt werden[6]

4. Personen im Alter von 15-64 Jahren, die nicht in Erwerbstätigkeit stehen. (OLF15_64)

[6]Es ist zu beachten, dass die hier verwendete Kennzahl UN/POP15_64 nicht der üblichen Definition der Arbeitslosenrate UN/TLF entspricht. Letztere wird in Abschnitt 2.2.3 behandelt.

Die Entwicklung dieser vier Gruppen in den jeweiligen Ländergruppen sind in Abbildung 2.2.3 zu sehen. Es lassen sich deutliche Unterschiede zwischen den Ländern beziehungsweise den Ländergruppen, sowohl was die Struktur als auch die Entwicklung betrifft, erkennen. Für die nordamerikanischen Ländern (AMN) zeigt sich ein starker Anstieg der unselbständig Beschäftigten von cirka 50 % im Jahr 1960 auf cirka 65 % im Jahr 1995, mit einem leichten Rückgang von 1990 bis 1995, der vor allem auf einen Anstieg der nicht erwerbstätigen Personen zurückzuführen ist. Der Anstieg der Rate der Erwerbstätigen lässt sich vorwiegend auf einen Rückgang der nicht erwerbstätigen Personen zurückführen, deren Rate von ungefähr 35 % auf knapp über 20 % fiel. Die selbständig Beschäftigten machen einen Anteil von cirka 8 % aus, der relativ stabil ist. Schließlich ist ein Anstieg des Anteils der arbeitslosen Personen an der erwerbsfähigen Bevölkerung zu verzeichnen.

Die Ländergruppe EU1 hingegen zeigt einen wesentlich geringeren Anstieg beim Anteil der unselbständig Beschäftigten von ebenfalls cirka 50 % auf 55 %. Der Anteil der selbständig Beschäftigten ist von 1960 bis 1980 von knapp 20 auf durchschnittlich 10 % gesunken und seither relativ stabil, liegt aber über dem Anteil der selbständig Beschäftigten in Nordamerika. Weiters fiel der Anteil der Gruppe der inaktiven Personen von 33 auf 27 % wesentlich geringer als in Nordamerika. Für diese Ländergruppe ist weiters ein deutlicher Anstieg des Anteils der arbeitslosen Personen relativ zur erwerbsfähigen Bevölkerung in den 70er-Jahren und am Beginn der 80er-Jahre zu sehen, der dann relativ stabil ist, jedoch zu Beginn der 90er-Jahre einen weiteren leichten Anstieg erfährt.

Die skandinavischen Länder (EU2) weisen neben Japan den höchsten Anstieg des Beschäftigungsanteils auf, der allerdings in den 90er-Jahren auf cirka 60 % gesunken ist, was vor allem auf einen Anstieg der arbeitslosen Personen und der nicht erwerbstätigen Personen zurückgeführt werden kann. Die selbständig Beschäftigten sanken von knapp 20 % auf cirka 8 %, was mit den Werten der nordeuropäischen vergleichbar ist. Der Anteil der inaktiven Personen ist allerdings im Vergleich zu diesen geringer und liegt bei cirka 20 %, mit einem leichten Anstieg in den 90er-Jahren.

Eine etwas andere Struktur beziehungsweise Entwicklung weist die Gruppe der südeuropäischen Länder (EU3) auf. Während der Beschäftigungsanteil bei ungefähr nur 45 % liegt, ist der Anteil der selbständig Beschäftigten mit 18 % noch relativ hoch. Auch der Anteil der unselbständig Beschäftigten liegt mit mehr als 30 % über dem europäischen Durchschnitt, allerdings mit sinkender Tendenz. Die arbeitslosen Personen machen einen Anteil von cirka 8 % der erwerbsfähigen Bevölkerung aus. Dieser liegt damit etwas über dem europäischen Durchschnitt.

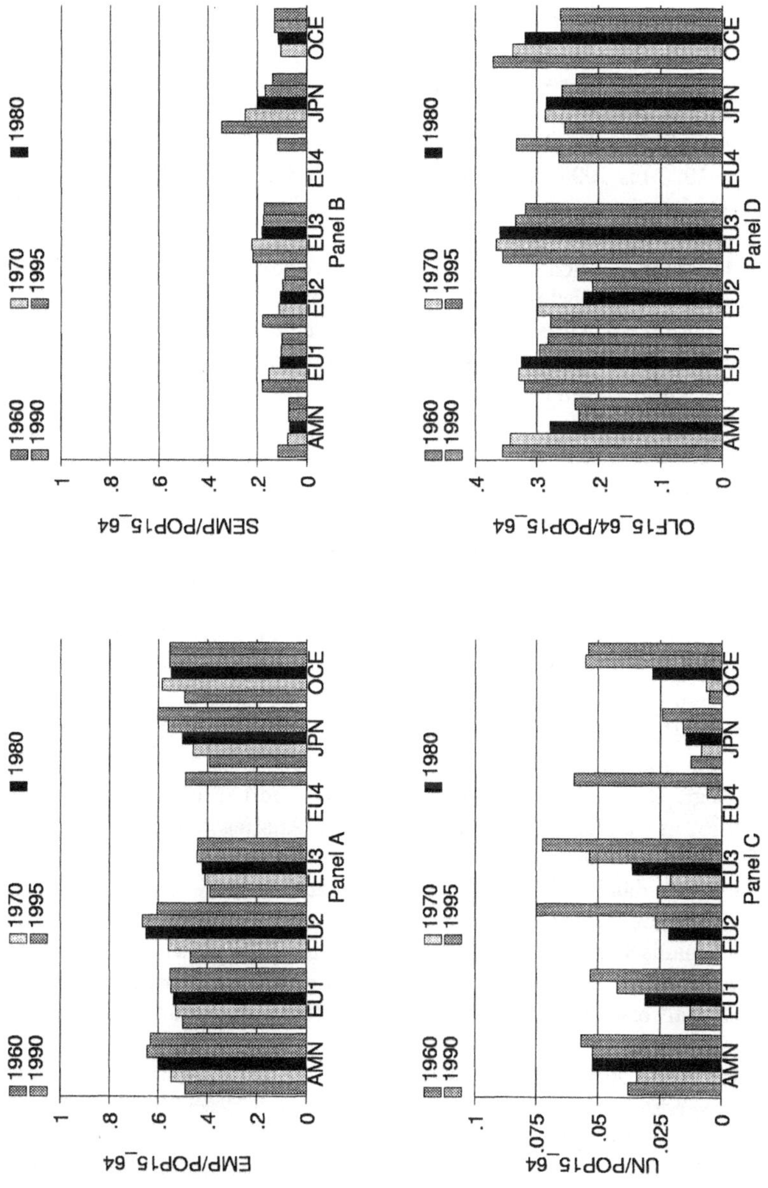

Abbildung 2.2.3: Beschäftigungskennzahlen

Die drei osteuropäischen Länder (EU4) weisen - hinsichtlich der Beschäftigung - eine sehr ähnliche Struktur wie die anderen europäischen Länder auf. Der Anteil der unselbständig Beschäftigten beträgt ungefähr 55 % und jener der selbständig Beschäftigten liegt bei cirka 9 %. Bemerkenswert ist vor allem der Anstieg der Arbeitslosigkeit und der Anstieg der inaktiven Personen von 1990 bis 1995, wobei ersterer mehr oder weniger dem europäischen Durchschnittsniveau entspricht, letzterer allerdings höher und im Bereich der südeuropäischen Länder liegt.

In Japan zeigen sich die dramatischsten Veränderungen in dieser Periode. Der Anteil der unselbständig Beschäftigten stieg von nicht ganz 40 auf etwa 60 %, während der Anteil der selbständig Beschäftigten von 35 auf cirka 15 % fiel, somit aber noch höher liegt als in den anderen entwickelten Ländern. Der Anteil der arbeitslosen Personen ist jedoch relativ gering, während der Anteil der inaktiven Bevölkerung bei ungefähr 25 % und somit im Durchschnitt der anderen Länder liegt.

Schließlich können die drei Länder, die sich in dieser Periode in einem früheren Entwicklungsstadium befunden haben, analysiert werden. Alle drei weisen relativ geringe Raten der unselbständig Beschäftigten auf, wobei Korea mit 40 % ungefähr dem südeuropäischen Niveau entspricht. Mexiko verzeichnet eine starken Anstieg von 20 auf 35 % in den 90er Jahren, während die Türkei bei cirka 20 % relativ stabil ist (mit sinkender Tendenz). Der Anteil der arbeitslosen Personen ist in Korea und Mexiko auf relativ geringem Niveau, während dieser für die Türkei dem europäischen Durchschnitt entspricht. Korea und Mexiko weisen weiters noch Anteile der selbständig Beschäftigten von cirka 25 % auf, der in der Türkei mit 35 % noch wesentlich höher liegt. Die Inaktivitätsrate ist in Mexiko mit cirka 45 %, aber fallend von 55 %, am höchsten, was ungefähr dem Anstieg der unselbständig Beschäftigten entspricht; Korea weist hier einen Anteil von cirka 35 % auf. Das einzige Land, das langfristig einen steigenden Anteil der inaktiven Personen aufweist, ist die Türkei, wo dieser bei mehr als 40 % liegt.

Die ozeanischen Staaten zeigen ähnliche Strukturen wie die europäischen Länder. Bemerkenswert ist der Rückgang der nicht erwerbstätigen Personen, der sich teilweise in einem Anstieg der Selbständigenquote aber auch der Arbeitslosigkeit niederschlug.

Wie bereits oben erwähnt, lässt sich der Variationskoeffizient als Hinweis auf Konvergenz oder Divergenz hinsichtlich der Beschäftigungsstrukturen zwischen Ländergruppen interpretieren. Tabelle 2.2.5 zeigt die Variationskoeffizienten für die in Abbildung 2.2.3 gezeigten Variablen für den Zeitraum 1960-1995. Die Variationskoeffizienten werden dabei für das gesamte Sample und eine Gruppe bestehend aus AMN, EU1, EU2, JPN und OCE gezeigt. Dieses Gruppe umfasst diejenigen Länder, die zu Beginn der Untersuchungs-

Variationskoeffizient für Anteile and POP15_64				
OECD-Länder				
Jahr	**EMP**	**SEMP**	**UN**	**OLF15_64**
1960	0.246	0.392	0.905	0.224
1965	0.164	0.425	1.095	0.193
1970	0.250	0.372	0.720	0.214
1975	0.203	0.387	0.649	0.186
1980	0.245	0.452	0.609	0.239
1985	0.271	0.455	0.609	0.251
1990	0.276	0.528	0.611	0.282
1995	0.252	0.514	0.504	0.268
Entwickelte Länder				
Jahr	**EMP**	**SEMP**	**UN**	**OLF15_64**
1960	0.163	0.422	0.765	0.182
1965	0.150	0.469	0.829	0.170
1970	0.146	0.397	0.778	0.169
1975	0.139	0.353	0.657	0.174
1980	0.148	0.372	0.596	0.225
1985	0.168	0.338	0.545	0.245
1990	0.144	0.298	0.519	0.230
1995	0.149	0.286	0.465	0.228

Tabelle 2.2.5: Konvergenz und Divergenz von Beschäftigungskennzahlen

periode einen vergleichbaren Entwicklungsstand aufweisen oder rasch aufgeholt haben. Daher werden die südeuropäischen Länder nicht berücksichtigt.

Für den Anteil der unselbständig Beschäftigten liegt der Variationskoeffizient für alle Länder höher als für die entwickelteren Länder und weist eine konstante beziehungsweise leicht steigende Tendenz auf, während die Tendenz für die entwickelteren Länder fallend ist. Hinsichtlich der selbständig Beschäftigten zeigt sich ebenfalls, dass der Koeffizient ansteigt, für die entwickelteren Länder jedoch stark fällt, nämlich von 0.422 auf 0.286. Beim Anteil der arbeitslosen Personen an der arbeitsfähigen Bevölkerung deutet der Variationskoeffizient auf einen Konvergenzprozess sowohl bei allen OECD-Ländern als auch bei den entwickelten Ländern hin, wobei der Koeffizient für letztere Gruppe geringer ist. Diese Konvergenz ist nicht zu verwechseln mit der unterschiedlichen Arbeitslosenrate, die im Querschnittsvergleich der Länder sehr unterschiedlich ist und im Abschnitt 2.2.3 behandelt wurde. Nimmt man die Gesamtbevölkerung als Basis, ist zu beachten, dass auch die 'Out-of-

Labour-Force'-Bereiche, in die Personen wechseln können, eine Rolle spielen. Dieser Anteil der inaktiven Personen zeigt einen Trend zur Divergenz. Wiederum ist der Koeffizient für alle Länder höher als für die entwickelteren Länder.

2.2.2.2 Struktur und Entwicklung der selbständig Beschäftigten

Wie in Abbildung 2.2.3 zu sehen ist, machen die Selbständigen einen Anteil von ungefähr 10 bis 20 % der Bevölkerung aus, wobei es allerdings größere Unterschiede zwischen den Ländern gibt. Wie oben bereits beschrieben, ist der Anteil in den meisten Ländern in der betrachteten Periode gesunken oder konstant geblieben. Diese Entwicklung lässt sich vor allem den Agrarbereich zurückführen. Abbildung 2.2.4 zeigt die Selbständigenquote, wobei zwischen dem Agrar- und dem Nicht-Agrarbereich unterschieden wird. Die beiden Grafiken auf der linken Seite in Abbildung 2.2.4, Panel A und C, zeigen den Anteil der Selbständigen im Agrarbereich relativ zur erwerbsfähigen Bevölkerung und relativ zur gesamten Beschäftigten. Die beiden Abbildungen auf der rechten Seite, Panel B und D, zeigen den Anteil der Selbständigen im Nicht-Agrarbereich an diesen beiden Gruppen. Im Folgenden beziehen sich die Angaben immer auf die unteren beiden Abbildungen, also als Anteile an der Zahl der gesamten Beschäftigung. Der Anteil der selbständig Beschäftigten im landwirtschaftlichen Bereich liegt in den nordamerikanischen, den europäischen Staaten der Gruppe EU1 und den skandinavischen Staaten, in Japan und den ozeanischen Staaten zwischen 2 und 4 %. Einen nur geringfügig höheren Anteil weisen die osteuropäischen Staaten mit ungefähr 5 % auf. Den höchsten Anteil verzeichnet die Türkei mit mehr als 15 %, Korea und Mexiko liegen bei 7 beziehungsweise 11 %. Bemerkenswert ist weiters, dass der Anteil in allen Ländern (mit Ausnahme der Türkei und Mexikos) sinkt, was den Rückgang der Selbständigenquote in Abbildung 2.2.3 teilweise erklärt.

Bei den selbständig Beschäftigten im nicht-landwirtschaftlichen Bereich liegt der Anteil zwischen 5 und 10 %. Ausnahmen davon sind die Gruppe der südlichen europäischen Länder (EU3), Ozeanien und die Türkei, die zwischen 10 und 15 % liegen. Einen weitaus höheren Anteil verzeichnen Korea und Mexiko mit fast 20 %. Die USA weisen geringere Raten als die europäischen Länder auf und liegen im Bereich der skandinavischen Staaten. Bemerkenswert ist die Trendumkehr zu Beginn 80er-Jahre, von wo an die Anzahl der Selbständigen im Nicht-Agrarbereich stärker wächst als die Anzahl der gesamten Beschäftigung und arbeitslosen Personen. Davon ausgenommen ist Japan, das eine fallende Tendenz aufweist. Gründe für diese Trendumkehr können sein, dass beispielsweise Firmen Arbeit auslagern ('contracting out

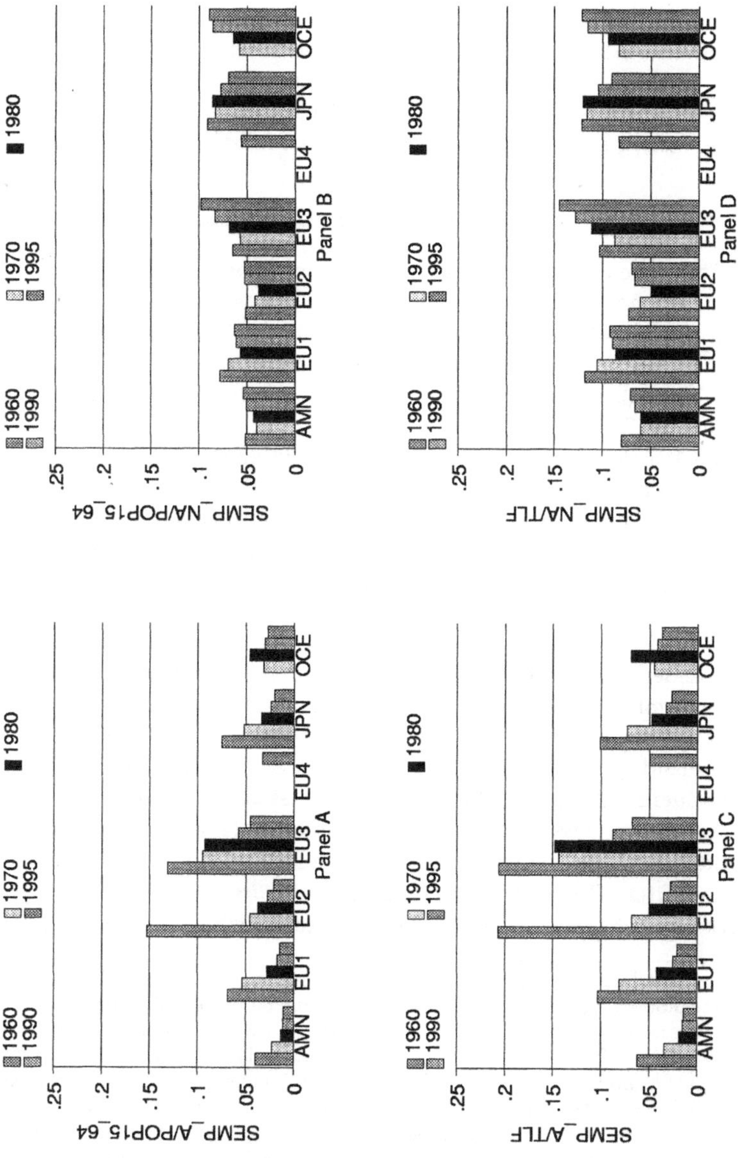

Abbildung 2.2.4: Entwicklung der Selbständigen im Agrar- und Nicht-Agrarbereich

of work'), was keinen Nettozuwachs an Beschäftigung bedeutet. Weiters kann die gesunkene Arbeitsnachfrage beziehungsweise die gestiegene Arbeitslosigkeit als 'push'-Faktor wirken, was durch entsprechende Programme verschiedener Länder, die als 'pull'-Faktor wirken, gefördert wird. Ein weiterer Grund für den Anstieg ist der gestiegene Anteil des Dienstleistungssektors.[7]

2.2.2.3 Temporäre und Teilzeit-Beschäftigung

Ein immer wieder zur Diskussion stehender Aspekt ist die steigende Anzahl an Personen (insbesondere Frauen), die nur teilzeitbeschäftigt sind oder zeitlich befristete (temporäre) Arbeits- und Beschäftigungsverhältnisse aufweisen.[8] In der 'OECD-Job Study' (OECD, 1994) wird ebenfalls auf die steigende Wichtigkeit der *Teilzeitbeschäftigung* hingewiesen. In einigen Länder (Neuseeland, Belgien, Frankreich und Irland) ist sogar in der Periode 1970-1990 die Wachstumsrate der Beschäftigung geringer als die Wachstumsrate der Teilzeitbeschäftigung, in Deutschland und Großbritannien annähernd gleich hoch. Den höchsten Anteil an Teilzeitbeschäftigung weisen die Niederlande mit ungefähr 35 % im Jahr 1992 auf, gefolgt von Norwegen und Japan mit cirka 25 %. Hohe Anteile zeigen auch Australien (mit einem starken Anstieg seit 1979), Japan, die nordischen Länder mit Ausnahme Finnlands und die angelsächsischen Länder. Die geringsten Anteile haben die südeuropäischen Länder (Portugal, Spanien, Italien und Griechenland) mit 5 % Anteil an der gesamten Beschäftigung, was vor allem auf die geringe Partizipationsrate der Frauen zurückgeführt wird. Die anderen europäischen Länder liegen im Mittelfeld zwischen 10 und 15 %. Bemerkenswert ist, dass der Anteil in allen Ländern ansteigend oder zumindest konstant war. Allerdings wird darauf hingewiesen, dass Teilzeitbeschäftigung oftmals 'unfreiwillig' ist und vor allem in Niedriglohnbereichen zu finden sind.

Eine weitere Form der Beschäftigung sind *befristete Arbeitsverträge*. Hier variiert der Anteil an der Gesamtbeschäftigung zwischen 5 und 15 % in den

---

[7]Einen Überblick über die Thematik der Entwicklung der selbständig Beschäftigten gibt Blanchflower (1998); siehe aber Pfeiffer (1994) und de Wit (1993). Blanchflower (1998) findet einen negativen Einfluss der Arbeitslosenraten auf die Selbständigenquote in den OECD-Ländern auf dem Makroniveau, allerdings keine eindeutige Evidenz (zwischen den Ländern) auf Mikroniveau. Evans und Leighton (1989) finden einen schwach positiven Einfluss von Arbeitslosigkeit. Weitere positive Zusammenhänge gibt es zwischen den Variablen Alter und Arbeitsmarkt- beziehungsweise Berufserfahrung und Ausbildung. Männer zeigen höhere Eintrittswahrscheinlichkeiten als Frauen. Schließlich zeigen Evans und Jovanovic (1989), dass Liquiditätsbeschränkungen beziehungsweise Vermögen einen wichtigen Faktor in der Entscheidung selbständig zu werden, darstellen.

[8]Dieser Aspekt der immer weitergehenden Destandardisierungen von Arbeitsverträgen wird insbesondere von Beck (1986, Kapitel IV) betont.

OECD Ländern, wobei die Zahl in manchen Ländern höher liegt (z.B. Spanien und Australien). Im allgemeinen gibt es jedoch keine Anzeichen dafür, dass die Anteile über die Zeit gestiegen sind (OECD, 1994).

Diese beiden Formen können allerdings nicht unbedingt mit einem Anstieg von 'prekären' Beschäftigungsverhältnissen (also gering bezahlte und mit hohem Arbeitsplatzverlusts- beziehungsweise Arbeitslosigkeitsrisiko behafteten Arbeitsplätzen) gleichgesetzt werden. Weiters sind in der gleichen Zeit verschiedene andere, nicht standardisierte und 'prekäre' Beschäftigungsverhältnisse zurückgegangen (vor allem in den landwirtschaftlichen Bereichen und Saisonarbeit).

2.2.2.4 Partizipations- und Nicht-Erwerbstätigkeitsraten

Eine wesentliche Kennzahl für die strukturelle Entwicklung ist die Partizipationsrate, das ist der Anteil der erwerbstätigen und arbeitslosen Personen an der erwerbsfähigen Bevölkerung. Allerdings sind mit diesem Konzept einige methodische Probleme verbunden, da verschiedene Gruppen der Bevölkerung (z.B. Studenten, Hausfrauen oder auch -männer, etc.), die - bei entsprechender Arbeitsnachfrage - potentiell zur Verfügung stehen würden, nicht berücksichtigt werden. Ähnliches gilt auch für in Pension befindliche Personen, die noch arbeiten könnten oder würden (z.B. Frühpension). In diese 'enge Definition des Arbeitsangebotes' fallen daher nur die unselbständig und selbständig Beschäftigten als auch die arbeitslosen Personen (vergleiche Tabelle 2.2.2 oben).

In Tabelle 2.2.3 wurden bereits die Wachstumsraten der Partizipationsraten in den einzelnen Ländern gezeigt, da diese eine wichtige Determinante des Arbeitsangebotes darstellt. Dort wurde darauf hingewiesen, dass langfristig die Wachstumsrate der erwerbsfähigen Bevölkerung einen größeren Einfluss hat, als die Entwicklung der Partizipationsrate. Abbildung 2.2.5 zeigt die Entwicklung der Partizipationsraten von 1960 bis 1995. Die Partizipationsrate erreichte in den entwickelteren Ländern zwischen 75 und 80 % der erwerbsfähigen Bevölkerung und stieg in allen Ländern über den betrachteten Zeitraum an, wobei in den nordamerikanischen Länder (AMN) und den skandinavischen Staaten (EU2) zu Beginn der 90er-Jahre ein leichter Rückgang bemerkbar ist. Die europäischen Staaten zeigen nur einen sehr geringen Anstieg auf durchschnittlich 70 %. Die Partizipationsrate in den osteuropäischen Staaten (EU4) liegt noch deutlich unter dem Durchschnitt. Ähnliches gilt für Korea und Mexiko, die allerdings starke Anstiege verzeichnen. Die Türkei liegt bei ungefähr 60 %. Tabelle 2.2.6 zeigt die Variationskoeffizienten für die gesamte OECD und den entwickelteren Ländern. Über die Zeit gibt es eine leichte, jedoch nicht einheitliche Tendenz zu einer Divergenz für die

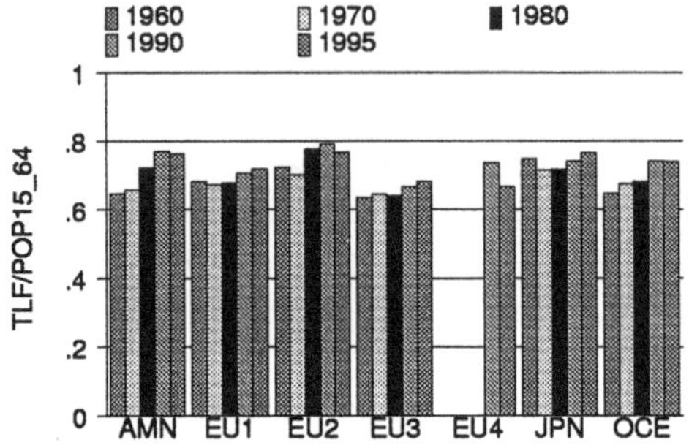

Abbildung 2.2.5: Partizipationsraten

gesamte Ländergruppe und keine langfristige Tendenz für die kleinere Gruppe der Länder. Allerdings ist der Koeffizient für die entwickelteren Länder durchgehend geringer, was darauf hinweist, dass sich die Bevölkerungsstrukturen mit zunehmendem ökonomischen Entwicklungsstand angleichen.

Die Trends in der Partizipationsrate lassen sich hinsichtlich verschiedener Merkmale der Bevölkerungsgruppen differenzieren, wie in OECD (1994) betont wird: In der Entwicklung der Partizipationsraten gibt es, erstens, einen starken Unterschied zwischen Männern und Frauen: Mit Ausnahme der Türkei stiegen die Partizipationsraten der Frauen in allen Ländern an, während die der Männer sogar leicht zurückging, wobei jedoch der Anstieg der Rate bei den Frauen den Rückgang bei den Männern überkompensierte. Allerdings liegt die Partizipationsrate bei den Frauen in den meisten Ländern weiterhin unter der der Männer. Ein Teil der Unterschiede in den Variationskoeffizienten kann mit der unterschiedlichen Partizipationsrate der Frauen erklärt werden. Eine zweite Differenzierung nach Qualifikation ist möglich. Bei den Männern fiel die Partizipationsrate am stärksten bei den gering qualifizierten Personen. Bei den Frauen sind erstens die Differenzen zwischen den Partizipationsraten nach Ausbildungsniveau größer (mit Ausnahme Japans) und der Anstieg der Partizipationsrate der Frauen war in allen Ländern auf die höheren Ausbildungsniveaus konzentriert, obwohl es für alle Qualifikationsniveaus Steigerungen gab. Die Gründe für diesen Anstieg liegen einerseits im sozio-ökonomischen Umfeld (Erweiterung der Ausbildungsmöglichkeiten, Kindererziehung, weitere soziale Faktoren (Akzeptanz), etc.), andererseits gibt es aber einen Zusammenhang mit der verstärkten Arbeitsnachfrage im Dienstleistungsbereich, wobei eine beiderseitige Kausalität möglich ist. In OECD (1994) wird gezeigt, dass die Partizipationsrate der Frauen in entwickelteren Ländern vor allem im Dienstleistungssektor ansteigt.

	Variationskoeffizient der Partizipationsrate	
Jahr	**OECD-Länder**	**Entwickelte Länder**
1960	0.099	0.078
1965	0.092	0.081
1970	0.088	0.077
1975	0.088	0.084
1980	0.103	0.094
1985	0.114	0.101
1990	0.116	0.084
1995	0.109	0.079

Tabelle 2.2.6: Konvergenz und Divergenz der Partizipationsraten

Die Entwicklung der Partizipationsrate kann auch einen Einfluss auf die Höhe der Arbeitslosigkeit haben. Rowthorn und Glyn (1990) zeigen, dass die Partizipationsrate jedoch bei sinkender (weniger stark wachsender) Arbeitsnachfrage, ebenfalls sinkt (weniger stark wächst). Auf den Zusammenhang zwischen der Entwicklung der Partizipationsrate und der Arbeitslosigkeit wird im nächsten Kapitel näher eingegangen. Eine weitere Behandlung dieses Themas findet man in Elmeskov und Pichelmann (1989).

Die Partizipationsrate gibt an, wie viele Personen dem Arbeitsmarkt grundsätzlich zur Verfügung stehen. Allerdings wird das tatsächliche Arbeitsangebot vor allem in Rezessionszeiten dadurch unterschätzt, da Personen von Nicht-Erwerbstätigkeit in Erwerbstätigkeit wechseln können oder Personengruppen nicht länger als arbeitslos gelten, da sie aufgrund rechtlicher Regelungen in der Statistik nicht aufscheinen. Nicht-Erwerbstätigkeit kann dabei durchaus verschiedenste Gründe haben, angefangen von Hausarbeit, Karenz, etc. oder Ausbildung (Humankapitalinvestitionen), aber auch eine freiwillige Entscheidung zwischen Arbeit und Freizeit beinhalten. Eine weitere Form 'unfreiwilliger Nicht-Erwerbstätigkeit' wäre beispielsweise eine frühzeitige Pensionierung. Und schließlich lässt sich ein Zusammenhang mit länger andauernder Arbeitslosigkeit herstellen: Personen, die länger arbeitslos sind, können in Nicht-Erwerbstätigkeitsbereiche wechseln. Aus diesen Gründen lässt sich eine weitere Kennzahl angeben, die Nicht-Beschäftigungsrate, die alle Personen beinhaltet, die entweder arbeitslos oder inaktiv sind. Die Anteile der beiden Gruppen wurden bereits in Abbildung 2.2.3 gezeigt.

Interessant ist eine Aufgliederung nach Alter und Geschlecht, wobei es - obwohl diese Kennzahl zwischen den Ländern teilweise stark unterschiedlich ist - Ähnlichkeiten hinsichtlich der Struktur und den Trends gibt: Nach dem Merkmal Alter ist diese Rate für Personen zwischen 25 und 54 Jahren ('prime working age') am geringsten und höher für jüngere und ältere Personen. Der Anteil der jüngeren Personen zwischen 15 und 25 Jahren an dieser Gruppe stieg dabei in den letzten Jahren beträchtlich an (mit Ausnahme von Deutschland, Japan, den Niederlanden und Großbritannien). Dies kann einerseits eine höhere Jugendarbeitslosigkeit andererseits aber auch einen Anstieg beziehungsweise Verlängerung der Ausbildung zur Ursache haben. Weiters gab es einen starken Anstieg der Nicht-Erwerbstätigkeit der Personen im Alter von 55 bis 64 Jahren, hier insbesondere für Männer, wobei der Übergang vor allem von Erwerbstätigkeit in Formen der Nicht-Erwerbstätigkeit (Frühpension) und nicht in Arbeitslosigkeit stattfand (vergleiche OECD, 1994).

Die Raten der Nicht-Erwerbstätigkeit für die Personen im Alter von 15 bis 54 Jahren hingegen zeigen für Männer einen Anstieg von 5-10 % im Jahr 1972 auf durchschnittlich 15 % mit Ausnahme Japans mit 4 %, wobei vor allem der Rückgang der Nachfrage nach gering qualifizierten Personen ausschlaggebend ist. Bei den Frauen hingegen zeigt sich ein wesentlich anderes Bild. Lag die Rate im Jahr 1972 noch zwischen 45 und 60 %, wobei diese in den nordischen Staaten bei 35 % lag, sank sie auf Werte zwischen 25-30 % in Nordamerika und 40 % in Europa. Die nordischen Staaten weise 20 % auf.

2.2.3 Arbeitslosigkeit

Neben der Entwicklung der Erwerbs- und Partizipationsraten stellt die Arbeitslosenrate einen der wichtigsten Indikatoren für die Arbeitsmarktsituation in den Ländern dar. In dieser Arbeit wird vor allem auf die Entwicklung und Struktur der Arbeitslosigkeitsrate eingegangen. Die unterschiedlichen Erklärungsansätze werden jedoch nicht diskutiert werden.[9] Da die Arbeitslosenrate zwischen den Ländern und auch innerhalb der Ländergruppen sehr unterschiedlich ist, werden die Zahlen für jedes Land in Tabelle 2.2.7 gezeigt. Am Beginn der untersuchten Periode lag die Arbeitslosenrate in den meisten europäischen Ländern bei nur durchschnittlich 2 %, wobei Italien mit mehr als 9 % die mit Abstand höchste Rate aufwies. Deutlich über diesem europäischen Durchschnittsniveau lagen auch die USA und Kanada mit 6-7 %.

[9] Einen Überblick über Ursachen der Arbeitslosigkeit im europäischen Kontext bietet beispielsweise Bean (1994). Die unterschiedlichen Sichtweisen und Erklärungsansätze drücken sich in einer Artikelserie in *The Economic Journal* des Jahres 1998 aus, wo unterschiedliche Ansätze diskutiert werden. Phelps und Zoega (1998) betonen die Wichtigkeit der 'natürlichen Rate der Arbeitslosigkeit' in der Erklärung der Entwicklung innerhalb der OECD-Staaten. Eine post-keynesianische Sichtweise der Ursachen Arbeitslosigkeit wird in Davidson (1998) geboten. Nickell (1998) und Nickell (1997) fokussieren auf institutionelle Arbeitsmarktgegebenheiten, die die unterschiedliche hohe Arbeitslosenraten zwischen den Ländern zumindest teilweise erklären.

Land	1960	1965	1970	1975	1980	1985	1990	1995
CAN	.077	.042	.064	.076	.083	.116	.089	.105
USA	.066	.053	.055	.093	.078	.079	.061	.061
AUT			.020	.022	.022	.042	.038	.043
BEL	.044	.022	.024	.055	.097	.151	.108	.161
CHE					.002			
DEU	.013	.007	.007	.047	.037	.091	.070	.091
DNK	.026	.015	.009	.060		.083	.095	.078
FRA	.021	.021	.032	.050	.076	.122	.102	.130
GBR	.015	.013	.024	.036	.062	.131	.064	.100
ITA	.094	.084	.080	.082	.104	.142	.154	.165
LUX				.002	.008	.018	.012	.026
NLD				.061	.070	.124	.086	.082
FIN	.023	.020	.025	.027	.056	.059	.040	.197
NOR	.016	.012	.010	.027	.020	.030	.060	.055
SWE		.014	.017	.018	.022	.030	.018	.086
ESP	.038	.042	.040	.062	.158	.289	.209	.287
GRC					.054	.147	.126	.171
IRL			.083	.100	.097	.221	.177	.152
ISL		.002	.016	.006	.003	.010	.021	.057
PRT	.026	.035	.035	.068	.112	.123	.064	.097
CZE								.046
HUN								.119
POL								
TUR				.184	.186	.158	.182	.158
JPN	.031	.019	.018	.027	.028	.035	.027	.038
KOR								.032
MEX							.061	.093
AUS	.019	.018	.019	.053	.070	.093	.085	.099
NZL							.096	.077
OECD	.035	.027	.032	.055	.066	.104	.085	.107

Tabelle 2.2.7: Arbeitslosigkeitsraten

Dieses Muster änderte sich kaum bis zum Beginn der 70er-Jahre, beziehungsweise bis zu den Auswirkungen des Ölpreisschocks im Jahr 1973. Ab diesem Zeitpunkt begannen die Arbeitslosenraten in allen Ländern zu steigen, wobei allerdings einige Länder, vor allem Österreich, Luxemburg, die nordischen Staaten, Island und Japan weiterhin sehr geringe Raten beibehielten. Bis zum Beginn der 80er-Jahre verzeichnen jedoch die meisten europäischen Länder starke Anstiege, wobei sich die Arbeitslosenraten in manchen Ländern mehr als verdoppeln (von 1975 bis 1985), allerdings einige Länder noch immer geringere Raten als dem US-Niveau aufweisen (Österreich, Luxemburg, die nordischen Staaten und Island). Die höchsten Arbeitslosenraten weisen vor allem die südeuropäischen Länder mit Raten von über 20 % auf. Unterschiedlich ist jedoch die Entwicklung seit Mitte der 80er-Jahre. Während in den USA die Arbeitslosenrate eine fallende Tendenz aufweist, ist die Tendenz der Arbeitslosenrate in den europäischen Staaten entweder steigend oder konstant. Ausnahmen davon sind die Niederlande und Irland, die ebenfalls eine fallende Tendenz aufweisen. Hier ist jedoch bemerkenswert, dass viele Länder von 1985 auf 1990 eine fallende Arbeitslosenrate aufweisen, dass also ab Beginn der 90er-Jahre ein neuerlicher Anstieg der Arbeitslosigkeit zu verzeichnen ist.

Zumindest seit dem zweiten Ölpreisschock ist somit die Arbeitslosigkeit in Europa eines oder sogar das zentrale ökonomische Problem. Dabei ist vor allem die große Persistenz der Arbeitslosigkeit zu beachten; das heißt, dass auch in Perioden ökonomischer Aufschwünge diese nicht wesentlich zurückgeht. Die Performance der einzelnen Länder ist dabei allerdings sehr unterschiedlich. So weist zum Beispiel Spanien die höchste Arbeitslosenrate mit mehr als 20 % auf, während Länder wie Österreich und Dänemark nur 4 % Arbeitslosenquote aufweisen. Als Erklärungen lassen sich sowohl makroökonomische als auch mikroökonomische Faktoren heranziehen, wobei sich allerdings dieses Muster der Arbeitslosigkeit einer einheitlichen Erklärung zu entziehen scheint. Das Erklärungspotenzial, das dabei dem strukturellen Wandel zukommt, wird im folgenden Kapitel ausführlich behandelt.

Schließlich ist bemerkenswert, dass viele europäische Länder die gesamte Periode unter der durchschnittlichen OECD-Arbeitslosigkeit, die in der letzten Zeile der Tabelle 2.2.7) zu sehen ist, liegen. Diese Länder sind Österreich, Deutschland, Dänemark, Luxemburg, die nordischen Staaten, Island sowie Japan und Australien. Über dem Durchschnitt liegen Belgien, Frankreich, Italien, die Niederlande, Spanien, Griechenland, Irland und die Türkei. Die USA liegen seit 1985 unter dem Durchschnitt, Großbritannien zeigt unterschiedliche Tendenz und Portugal liegt seit 1990 unter dem Durchschnitt. Dieses Muster zeigt, dass mit Ausnahme der drei letztgenannten Länder die Rangordnung relativ konstant ist. Schließlich ist interessant, wenn man eine weitergehende Definition der Arbeitslosigkeit berechnet, die auch 'discouraged workers' und unfreiwillige Teilzeitbeschäftigte mit einbezieht. In OECD (1994) wird gezeigt, dass diese Unterbeschäftigungsraten für Dänemark, Kanada und Australien für 1991 bei mehr als 15 % liegen. Für Belgien, die Niederlande und den USA liegt diese bei mehr als 10 %, was hauptsächlich auf unfreiwillig Teilzeitbeschäftigte zurückgeführt werden kann.

2.3 Sektorale Entwicklungen

Die unselbständig Beschäftigten können in neun Sektoren gegliedert und die Veränderungen der Anteile über die Zeit untersucht werden, was Aufschluss darüber gibt, wie sich die sektorale Nachfrage nach Arbeit entwickelt hat. Hier ist zu beachten, dass damit nur die sektorale Nachfrageänderung nach Arbeit analysiert wird, nicht jedoch die Änderung der Qualifikationsanforderungen die Änderung der konkreten Tätigkeitsinhalte, die sich daraus ergeben. Als Datengrundlage dient wiederum die 'Labour Force Statistics' (LFS). Es muss betont werden, dass ausschließlich Zeitreihen der Beschäftigung und keine weiteren erklärenden Variablen wie Output, Produktivität, relative Preise, etc. verwendet werden. Dieser Abschnitt dient einer deskriptiven Analyse der Beschäftigungsentwicklungen, die im nächsten Kapitel herangezogen wird, um den Zusammenhang zwischen Strukturwandel und Arbeitslosigkeit zu analysieren.

2.3.1 Zeitstrukturen der Entwicklungen

Bevor die zeitliche Entwicklung der Beschäftigungsstruktur in den neunundzwanzig OECD-Ländern gezeigt wird, stellen wir eine Klassifikation zeitlicher Entwicklungsmuster voran. Die Muster der zeitlichen Entwicklung können in drei Kategorien eingeteilt werden:

1. Die Länder können gleiche (oder zumindest ähnliche) Entwicklungen aufweisen, allerdings zu zeitlich verschobenen Phasen (vergleiche beispielsweise Chenery und Syrquin, 1975).

2. Obwohl die Länder unterschiedliche Entwicklungen aufweisen, konvergieren sie letztendlich zu einem ähnlichen strukturellen Muster.

3. Die Länder weisen sowohl Unterschiede in der Zeitdimension als auch langfristig verschiedene Strukturen auf.

Der erste Punkt bedeutet, dass die Länder die selben strukturellen Muster und Abläufe durchlaufen, allerdings finden die jeweiligen zeitlichen Trajektorien zu unterschiedlichen Zeitpunkten statt.

Der zweite Punkt lässt sich am besten an einem Beispiel erläutern: Einige der Länder erleben jetzt eine Deagrarisierung (so zum Beispiel die südlichen EU-Länder), haben jedoch nie den Industrialisierungsgrad anderer Länder aufgrund unterschiedlicher Handelsstrukturen, unterschiedlicher Technologien, etc. erreicht. Allerdings konvergieren diese Länder ebenfalls zu den strukturellen Mustern der anderen Länder. Das bedeutet, dass die Trajektorien zwar unterschiedlich verlaufen, aber letztendlich zu einer ähnlichen (Beschäftigungs-)Struktur konvergieren.

Der dritte Punkt umfasst Agrarökonomien, die über lange Zeitperioden eine völlig andere Struktur aufweisen und nicht zu dem Muster konvergieren, wie die anderen Ökonomien.[10] Ein möglicher Grund für dieses Muster wäre die Ausstattung mit natürlichen Ressourcen (z.B. Öl-Ökonomien, Fischerei, etc.). Obwohl diese dritte Möglichkeit für Entwicklungs- oder Transitionsökonomien Gültigkeit haben kann, ist das zeitliche Muster der Entwicklung durch die ersten beiden Punkte am besten beschrieben, wie wir im Folgenden sehen werden.

2.3.2 Beschäftigungsstruktur

Nach den LFS-Daten können die unselbständig Beschäftigten (EMP) in neun Sektoren untergliedert werden, die der ISIC-Klassifizierung entsprechen (siehe Tabelle 2.3.8). Als zehnte Kategorie, die nicht in der ISIC-Klassifikation aufscheint, wird die Arbeitslosigkeit angeführt, da in dieser Arbeit die Beschäftigungsanteile in den einzelnen Sektoren relativ zu den unselbständig Beschäftigten und den arbeitslosen Personen angegeben werden. Die neun ISIC-Sektoren können auf drei große Bereiche aggregiert werden, deren Entwicklung vor allem in den klassischen Beiträgen von Fourastié (1949) oder Clark (1957) analysiert wird. Diese drei (klassischen) Bereiche werden im Folgenden mit

FI. Primärer Bereich (Agrarbereich)

FII. Sekundärer Bereich (Industriebereich)

FIII. Tertiärer Bereich (Dienstleistungsbereich)

[10] Bei dieser Einteilung spielt jedoch natürlich der jeweils betrachtete Zeitraum eine Rolle.

Bereich	ISIC	Beschreibung
FI	1	Land- und Forstwirtschaft, Fischerei, Jagd
FII	2	Bergbau
	3	Manufaktur
	4	Elektriziät, Gas und Wasser
	5	Konstruktion
FIII	6	Groß- und Einzelhandel, Restaurants und Hotels
	7	Transport, Lagerung und Kommunikation
	8	Finanzierung, Versicherung, Immobilien und Unternehmensdienstleistungen
	9	Gemeinschafts-, Soziale und Persönliche Dienstleistungen
UN		Arbeitslosigkeit

Tabelle 2.3.8: ISIC-Klassifikation

bezeichnet. Es soll jedoch bereits an dieser Stelle auf einen Punkt hingewiesen werden, der weiter unten genauer ausgeführt wird: Diese Einteilung zur Erforschung des Wandels der Beschäftigungsstrukturen in den entwickelten Ländern erscheint als nicht mehr adäquat, da erstens der primäre Bereich in der betrachteten Periode nur noch einen unbedeutenden Anteil an Beschäftigten aufweist (mit Ausnahme mancher Länder) und der sekundäre Bereich ebenfalls in seiner Bedeutung gefallen ist, beziehungsweise fällt. Weiters müsste der tertiäre Bereich weiter aufgeschlüsselt werden, um die unterschiedlichen Charakteristika besser unterscheiden zu können.[11] Dennoch wird zunächst die Entwicklung dieser drei klassischen Bereiche betrachtet, um das Ausmaß des strukturellen Wandels der Beschäftigung in der Periode 1960-1995 zu verdeutlichen. Ein längerer historischer Überblick über die Entwicklung dieser drei Bereiche für sechs Länder von 1900 bis 1990 ist in OECD (1994) zu finden. Die Daten werden in Tabelle 2.3.9 reproduziert. Eine Schlussfolgerung, die hier schon vorweggenommen wird, wird sein, dass der tertiäre Bereich mehr und mehr die Rolle des arbeitsschaffenden und -absorbierenden Sektors übernimmt; eine Rolle, die nicht mehr vom Industriebereich geleistet werden kann. Aber auch im Dienstleistungsbereich ist eine weitere Aufgliederung notwendig, da die Dienstleistungssektoren unterschiedliche Absorptionspotenziale aufweisen.

[11] Beispielsweise schlägt Scharpf (1990) eine Differenzierung in 'household oriented' (ISIC6 und ISIC9) und 'production oriented employment' (ISIC2-ISIC5 und ISIC7-ISIC8) vor. Appelbaum und Albin (1990) diskutieren ebenfalls verschiedene Klassifikationen des tertiären Sektors.

Sektor	1901	1950	1960	1970	1980	1990
			Frankreich			
FI	41.4	29.6	22.0	13.3	8.6	6.1
FII	31.5	33.1	36.9	38.7	35.4	29.2
FIII	27.1	37.3	41.1	47.9	56.0	64.6
			Italien			
FI	61.7	43.9	32.2	19.6	13.9	8.7
FII	22.3	29.5	36.2	38.4	36.9	31.6
FIII	16.0	26.7	31.6	42.0	49.2	59.7
			Großbritannien			
FI	13.0	5.0	3.7	3.2	2.6	2.1
FII	43.9	47.4	48.4	44.1	37.2	28.7
FIII	43.1	47.6	47.9	52.7	60.3	69.2
			Deutschland			
FI	33.9	22.1	13.8	8.5	5.2	3.5
FII	39.9	44.7	47.7	48.4	42.8	39.1
FIII	26.2	33.2	38.5	43.1	52.0	57.4
			Japan			
FI	61.8	48.3	32.6	17.4	10.4	7.2
FII	16.2	22.6	29.7	35.7	35.3	34.1
FIII	22.0	29.0	37.6	46.9	54.2	58.7
			USA			
FI	40.4	12.8	8.6	4.4	3.5	2.8
FII	28.2	31.5	30.6	33.0	29.9	25.7
FIII	31.4	55.7	60.8	62.6	66.6	71.5

Tabelle 2.3.9: Langfristige Entwicklungstrends (Quelle: OECD, 1994)

2.3.2.1 Die Beschäftigungsentwicklung in den klassischen Aggregaten

Abbildung 2.3.6 zeigt die Anteile der Beschäftigung im primären, sekundären und tertiären Bereich und der arbeitslosen Personen für die oben angeführten Ländergruppen in den Jahren 1960, 1970, 1980, 1990 und 1995. Die Anteile sind relativ zur Anzahl der unselbständig Beschäftigten und der arbeitslosen Personen angegeben. Die Ordinate in Abbildung 2.3.6 wurde für alle vier Abbildungen mit eins dimensioniert, erstens, da sich die Anteile auf eins summieren, und zweitens, da man dadurch die relativen Abnahmen beziehungsweise Zuwächse in den drei Sektoren und der Arbeitslosigkeit leichter am besten vergleichen kann. Panel A in Abbildung 2.3.6 zeigt den Anteil der unselbständig Beschäftigten im Agrarbereich. Dieser liegt in allen OECD-Ländern außer in Mexiko bereits unter 5 %. Beträchtlich ist der Abbau der Beschäftigung in Portugal, Spanien, Island, Irland und Griechenland (Ländergruppe EU3), wo der Anteil von durchschnittlich 30 % im Jahre 1960 auf weniger als 5 % gesunken ist. Von einem ähnlich starken Abbau war auch die Türkei betroffen. Zusammen mit der oben erwähnten und in Abbildung 2.2.4 gezeigten Entwicklung des Rückgangs der selbständig Beschäftigten im landwirtschaftlichen Bereich kann man schließen, dass das Problem der Arbeitslosigkeit in diesen Ländern eine starke strukturelle Komponente aufweist.

Der Anteil der Beschäftigung im sekundären Bereich weist ebenfalls eine fallende Tendenz in allen Ländergruppen mit Ausnahme der Türkei auf, wie in Panel B zu sehen ist. Den geringsten Anteil an unselbständig Beschäftigten in diesem Bereich weisen die USA mit nur noch knapp mehr als 20 % im Jahr 1995 auf. Dieser ist somit innerhalb von 35 Jahren um etwa 15 %-Punkte gefallen. Einen noch stärkeren Rückgang zeigt die Gruppe EU1, wo der Anteil im gleichen Zeitraum von 45-50 % auf 25-30 % gefallen ist. Ähnliches gilt für die skandinavischen (EU2) und die ozeanischen Länder (OCE). Der Anteil in den südeuropäischen Ländern (EU3) fiel von cirka 40 % auf knapp unter 30 %. Diese Länder haben einerseits keinen so hohen Anteil an Beschäftigten im sekundären Bereich erreicht wie andere Industrieländer, andererseits ist ein weiterer Abbau von Beschäftigten in diesem Bereich zu erwarten. Dieses Entwicklungsmuster entspricht dem zweiten Muster in obiger Klassifikation. In Rowthorn und Wells (1987) wird dieses zwischen 'forerunners' und 'latecomers' unterschiedliche Entwicklungsmuster analysiert und in einem einfachen Modell dargestellt. Bemerkenswert ist hier, dass sich die südeuropäischen Länder in der generellen Entwicklung dieses Bereichs kaum von den anderen entwickelteren Ländern unterscheiden. Folglich waren diese Länder zusätzlich zum Sinken der Anteile im Agrarbereich von einem Deindustrialisierungsprozess betroffen, was zu einer Verschärfung der

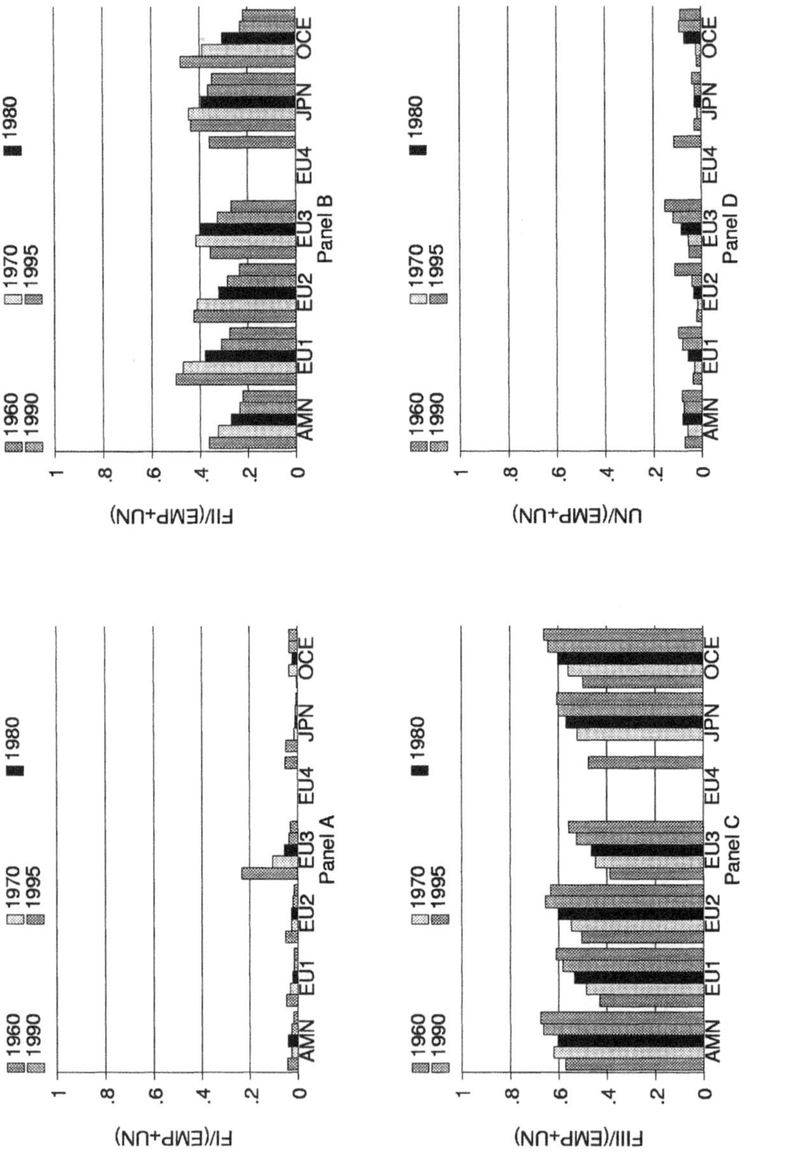

Abbildung 2.3.6: Beschäftigungsanteile in den drei klassischen Sektoren und Arbeitslosigkeit

Arbeitsmarktproblematik beigetragen hat. Die drei osteuropäischen Länder, die in der Gruppe EU4 zusammengefasst sind, verzeichnen einen Anteil von 35-40 % an Beschäftigten in diesem Sektor in 1995. Einen relativ zu den anderen Industrienationen (oder - wie man in Panel C sieht - besser Dienstleistungsnationen) hohen Anteil an Beschäftigten im sekundären Sektor hat allerdings noch Japan, der von 43 % im Jahr 1960 auf 37 % im Jahr 1995 gefallen ist und somit wesentlich über dem Durchschnitt der anderen entwickelteren Länder liegt. Korea hält einen Anteil von mehr als 40 %, während dieser in Mexiko von 45 auf 30 % stark gefallen ist. Die Türkei ist die einzige Ausnahme, die einen steigenden Anteil an Beschäftigten in dieser Periode verzeichnet, der von ungefähr 25 % im Jahr 1960 auf mehr als 35 % im Jahr 1995 angestiegen ist. Generell lässt sich somit feststellen, dass die meisten Länder starke Strukturwandlungen in den Beschäftigungsmustern in der Periode 1960-1997 mit teilweise starken Rückgängen in vormals beschäftigungsintensiven (beziehungsweise beschäftigungsreichen) Sektoren zu verzeichnen hatten.

Panel C in Abbildung 2.3.6 zeigt die Anteile der Beschäftigten im Dienstleistungsbereich. Der Anteil dieses Sektors ist in allen Ländern mit Ausnahme der Türkei steigend. Die skandinavischen Ländern verzeichneten in den 90er-Jahren einen leichten Rückgang. Den größten Anteil an Beschäftigten in diesem Sektor halten die USA und die ozeanischen Länder mit bereits ungefähr 65 %. Die Gruppe EU1, die skandinavischen Länder (EU2) und Japan liegen bei etwa 60 %, wobei vor allem in Europa starke Anstiege in den letzten 25 Jahren zu verzeichnen waren. Beträchtliche Anstiege waren in den südeuropäischen Ländern EU3 zu verzeichnen, die nun bei cirka 55 % liegen. Die osteuropäischen Staaten (EU4) sowie Korea und Mexiko weisen einen Anteil von 50 % auf. Mit diesen Zahlen wird die Wichtigkeit des Dienstleistungssektors für die allgemeine Beschäftigungssituation in allen Ländern offensichtlich. In den meisten Ländern sind nun mehr als 60 % und in einigen Ländern bis zu 70 % der Beschäftigung in diesem Sektor zu verzeichnen, mit noch immer positiven Zuwachsraten der Anteile. In diesem Sinne muss der Dienstleistungssektor als der neue beschäftigungsabsorbierende Sektor angesehen werden, ähnlich dem Industriesektor in der Periode der industriellen Revolution.[12]

Schließlich zeigt Panel D in Abbildung 2.3.6 die Entwicklung der Arbeitslosenrate, die den Entwicklungen in den einzelnen klassischen Sektoren gegenübergestellt werden kann, da ein relativer kleinerer Anteil in einem Sek-

[12]Teilweise ist diese Änderung auch auf die Reklassifizierung von bestimmten Tätigkeiten zurückzuführen, die früher im Industriebereich durchgeführt wurden und teilweise zu einem ansteigenden Outsourcing von Tätigkeiten mit Dienstleistungscharakter (z.B. Marketing, Werbung, Verwaltung, etc.); vergleiche dazu OECD (1994).

tor durch einen (relativen) Zuwachs in einem anderen Sektor oder eben der Arbeitslosigkeit zu finden sein muss.[13] Im allgemeinen zeigt sich, dass die großen Strukturwandlungen in den meisten Ländern ab 1960 zwischen dem industriellen Bereich und dem Dienstleistungsbereich stattgefunden haben. Ausnahmen davon sind vor allem die südeuropäischen Länder und die Türkei, wo ein beträchtlicher Anteil an Beschäftigten im primären Bereich abgebaut worden ist. Schließlich ist in Japan dieser Strukturwandel nicht so ausgeprägt wie in den meisten anderen Ländern.

Allerdings ist dieser Strukturwandel nicht in allen Ländern gleichartig, gleichzeitig oder gleichmäßig vonstatten gegangen, was sich entweder in höheren Raten der Arbeitslosigkeit oder des Abganges in Nicht-Beschäftigungsbereiche und somit eines geringeren allgemeinen Beschäftigungswachstums ausdrücken kann. Das heißt, dass nicht in allen Ländern - bei gegebenem Zuwachs an Arbeitskräften - entweder genügend Arbeitskräftenachfrage in den absorbierenden Sektoren geschaffen werden konnte (wobei etwaige Gründe dafür später behandelt werden), oder die Struktur des Arbeitskräfteangebots nicht entsprechend angepasst werden konnte ('skill mismatch' oder 'regional mismatch'). So scheint der Wandel in den nordamerikanischen Staaten relativ kontinuierlicher vonstatten gegangen zu sein. Hingegen konnte in den europäischen Ländern (EU1 und EU2) im tertiären Bereich nicht genügend Arbeitskräftenachfrage geschaffen oder das (regionale und qualifikationsspezifische) 'mismatch'-Problem des Arbeitskräfteangebotes nicht überwunden werden, was den Anstieg der Arbeitslosigkeit in den 80er-Jahren (mit)verursacht hat. Ähnliches gilt für die südeuropäischen Länder, wo zusätzlich zur Deindustrialisierung der schrumpfende Anteil des primären Sektors zu beachten ist. Japan hingegen zeigt zwar einen relativ geringen Anstieg der Arbeitslosigkeit, was aber nicht am verstärkten Zuwachs an Arbeitskräften im tertiären Sektor liegt, der gegenüber anderen Ländern relativ klein ist, sondern eher in der geringen Deindustrialisierung. In den ozeanischen Staaten zeigt sich ebenfalls ein starker Anstieg der Arbeitslosenrate bei einem sinkenden Anteil der Beschäftigten in der Industrie.

Wie bereits weiter oben erläutert, kann der Variationskoeffizient herangezogen werden, um die Konvergenz beziehungsweise Divergenz der Beschäf-

[13] In einem breiteren Kontext könnte man hier weitere Bereiche wie selbständig Erwerbstätige, inaktive Bevölkerung, etc. mit einbeziehen, wobei einerseits Personen in diese Bereiche 'wandern', aber auch von diesen Bereichen hinzukommen können, wie oben schon angedeutet wurde. Weiters wird hier noch nicht diskutiert in welcher Form dieser Strukturwandel stattfindet, wobei es grundsätzlich zwei Möglichkeiten gibt: Erstens, können Personen direkt zwischen den einzelnen Sektoren wandern, zweitens, kann der Wandel durch Aus- und Eintritte vonstatten gehen. Dieser Punkt wird im zweiten Teil dieser Arbeit genauer ausgeführt werden.

	Variationskoeffizient für Anteile an (EMP+UN)					
	OECD-Länder			Entwickelte Länder		
Jahr	**FI**	**FII**	**FIII**	**FI**	**FII**	**FIII**
1960	1.119	0.199	0.181	0.676	0.115	0.112
1965	1.023	0.142	0.148	0.746	0.135	0.116
1970	1.020	0.121	0.120	0.762	0.124	0.095
1975	1.043	0.169	0.145	0.763	0.155	0.074
1980	0.754	0.146	0.131	0.723	0.160	0.105
1985	0.717	0.167	0.143	0.643	0.181	0.103
1990	1.326	0.231	0.185	0.656	0.203	0.087
1995	0.861	0.221	0.133	0.583	0.179	0.092

Tabelle 2.3.10: Konvergenz und Divergenz der Beschäftigungsanteile in den Bereichen FI-FIII

tigungsstrukturen zu sehen. Tabelle 2.3.10 zeigt die Entwicklung der Variationskoeffizienten als Konvergenzmaß für die drei klassischen Bereiche. Wiederum werden die Variationskoeffizienten für das gesamte Sample der OECD-Länder und eine Gruppe, die die entwickelteren Länder beinhaltet (siehe oben), gezeigt. Die Variationskoeffizienten für das gesamte Sample sind durchgehend höher als für die entwickelteren Länder, was bedeutet, dass diese untereinander ähnlicher sind. Weiters sind die Koeffizienten für den primären Sektor weitaus höher als für die beiden anderen Sektoren, was für beide Gruppen gilt. Das heißt, dass sich die Länder am stärksten hinsichtlich ihrer Anteile im primären Bereich unterscheiden. Für diesen Bereich nehmen die Koeffizienten über die Zeit ab, allerdings wesentlich stärker für das gesamte Ländersample, was bedeutet, dass die Länder hinsichtlich ihres Anteiles der unselbständig Beschäftigten im Agrarbereich konvergieren. Der Anstieg im Jahre 1990 lässt sich durch das Hinzukommen der osteuropäischen Länder erklären.

Im sekundären Bereich (FII), in dem der Variationskoeffizient wesentlich geringer ist als im primären Bereich, zeigt dieser ebenfalls eine fallende Tendenz in der Periode 1960-1973. Die Varianz wird nach 1975 größer, was auf den Einfluss des ersten Ölpreisschocks und die darauffolgenden unterschiedlichen wirtschaftlichen Entwicklungen zurückgeführt werden kann. Ab diesem Zeitpunkt beginnt der Koeffizient zu steigen (divergierende Entwicklung). Erst ab dem Jahr 1990 scheint der Anteil der Beschäftigten in der Industrie über die Länder tendenziell zu konvergieren, was vor allem auf den Abbau der Beschäftigung im Manufakturbereich in den europäischen Ländern zurückzuführen sein dürfte. Für die entwickelteren Länder steigt dieser Koeffizient von 1960-1975, was auf die temporär unterschiedlich verlaufenden Deindustrialisierungsmuster hindeutet.

Die Entwicklung des Variationskoeffizienten im tertiären Bereich (FIII) ist der im sekundären ähnlich, allerdings sind die Variationskoeffizienten im allgemeinen geringer. Der Koeffizient sinkt ebenfalls bis 1975; ab diesem Zeitpunkt steigt er stark an und weist seitdem eine steigende Tendenz auf. Ein weiterer Anstieg findet wiederum 1990 statt, was auf den Einfluss der osteuropäischen Länder zurückzuführen ist, wie der Vergleich mit der zweiten Gruppe zeigt.

Insgesamt deutet diese Analyse darauf hin, dass die Entwicklungen in den einzelnen Ländern nach den Ölpreisschocks stark divergierten. Während einige Länder (insbesondere die USA) die Phase nach den Ölkrisen und die neue ökonomische Situation eher gleich und dafür eher kontinuierlich für einen Abbau des Industriebereichs zugunsten des Dienstleistungsbereichs nutzten, versuchten andere Länder den Anteil der Beschäftigung im Industriebereich hoch zu halten, womit die Deindustrialisierung verzögert wurde. Erst später gab es dann Phasen in denen die Beschäftigungsanteile im Manufakturbereich relativ rasch abgebaut wurden.

2.3.2.2 Muster der Deindustrialisierung und Tertiarisierung

Nicht alle Sektoren im sekundären Bereich sind von der Deindustrialisierung und nicht alle Sektoren im tertiären Bereich von der Tertiarisierung gleichmäßig betroffen. Daher wird eine weitere Disaggregation nach ISIC-Klassifikation, die in Tabelle 2.3.8 zu sehen ist, vorgenommen. Abbildung 2.3.7 zeigt - analog zu oben - die Anteile der Beschäftigung im sekundären Bereich. Innerhalb des sekundären Bereichs ist der Manufaktursektor ISIC3 mit einem Beschäftigungsanteil von 15-20 % der weitaus bedeutendste Sektor. Im Vergleich über die Länder verzeichnen noch Japan mit cirka 23 %, sowie die osteuropäischen Staaten und die Türkei relativ hohe Anteile; den höchsten Anteil weist Korea mit mehr als 30 % auf. Der zweitgrößte Sektor nach Beschäftigungsanteilen ist die Bauwirtschaft (Panel D), die einen Anteil von 5-10 % hält, wobei es keine größeren Unterschiede zwischen den Ländern gibt. Am höchsten ist der Anteil in Japan, der Türkei und Korea. Die beiden anderen Sektoren (ISIC2, Bergbau, und ISIC4, Elektrizität, Gas und Wasser) sind sehr klein und haben durchschnittlich Beschäftigungsanteile von weniger als 5 %.

Die größten Veränderungen sind ebenfalls im Manufaktursektor zu verzeichnen, in dem die Anteile von bis zu 40 % in den europäischen Staaten auf weniger als 20 % fielen. Die einzige Ausnahme ist die Türkei, wo der An-

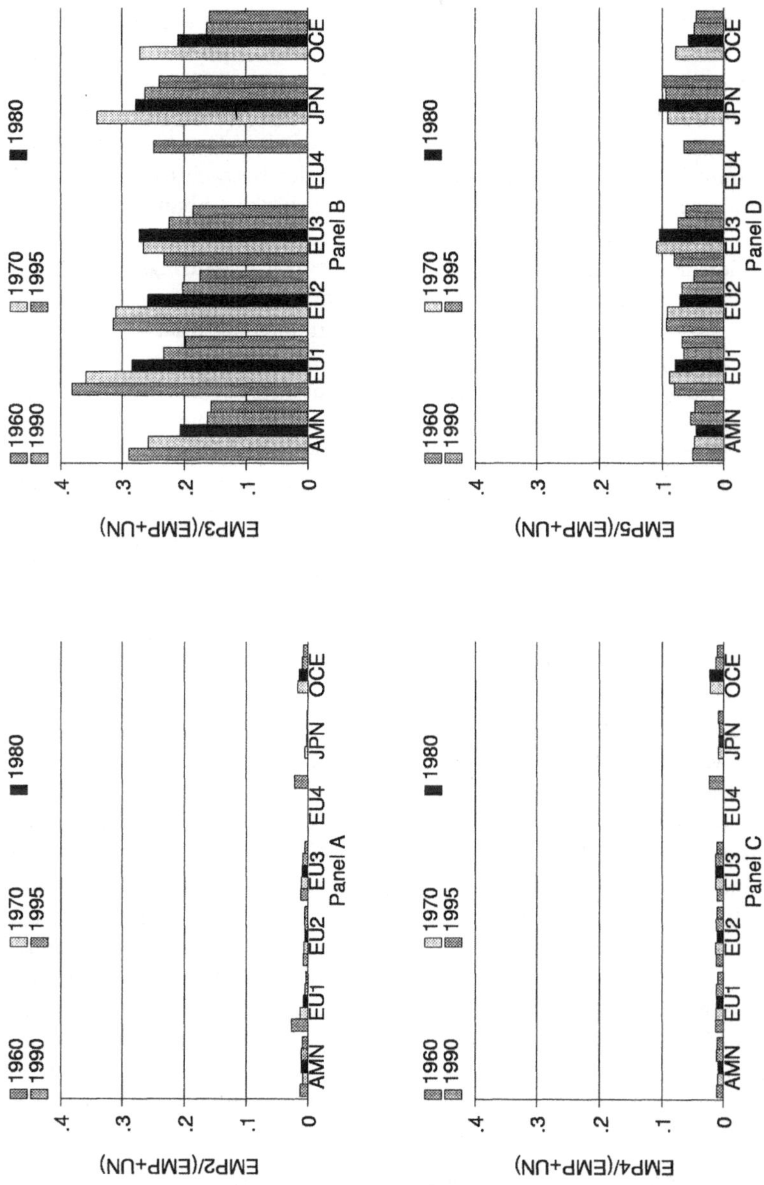

Abbildung 2.3.7: Beschäftigungsanteile im sekundären Bereich

teil in diesem Sektor sogar anstieg. Eine bislang relativ geringe Veränderung weist Japan auf, wo der Anteil noch bei 20 % liegt. Beachtet man erstens den relativ hohen Anteil und die großen Veränderungen bei den Anteilen dieses Sektors, können die Konsequenzen auf den Arbeitsmarkt vorwiegend auf Entwicklungen in diesem Sektor zurückgeführt werden. Der Manufakturbereich ist demnach der arbeitsabbauende Sektor in der betrachteten Periode.[14] Bei den südeuropäischen Ländern kommt hier noch der Abbau von Arbeitskräften im landwirtschaftlichen Bereich hinzu, der ebenfalls an diese Größenordnung der prozentuellen Änderungen herankommt. Allerdings ist - wie weiter oben schon argumentiert wurde - der Abbau von Beschäftigung in einem Sektor nur eine Seite der Erklärung. Die andere Seite ist die Analyse der Absorption beziehungsweise Nicht-Absorption von Beschäftigung in anderen Sektoren und die eventuell daraus resultierende strukturelle Arbeitslosigkeit.

Wie bereits oben in Abbildung 2.3.6 zu sehen war, sind die absorbierenden Sektoren im tertiären Bereich zu finden. Diese Sektoren sind in Tabelle 2.3.8 mit ISIC6-ISIC9 bezeichnet. In Abbildung 2.3.8 werden die Entwicklungen der Beschäftigungsanteile in diesen vier Dienstleistungssektoren gezeigt. Das allgemeine Muster ist, dass die Beschäftigungsanteile in den Sektoren ISIC6 (Handel) und ISIC9 (Wohlfahrt) am höchsten sind. Die höchsten Zuwachsraten weisen Sektor ISIC8 (Finanz) und Sektor ISIC9 auf, ersterer allerdings ausgehend von einem relativ geringen Niveau und mit relativ großen Unterschieden in den einzelnen Ländern. Sektor 7 (Transport) zeigt mehr oder weniger konstante Beschäftigungsanteile mit abnehmendem Trend in jenen Ländern, in denen der Anteil relativ zu anderen Ländern hoch war. Dieser Sektor verzeichnet eine Konvergenz zu einem Anteil von 6-8 % in fast allen Ländern.

Einen großen Unterschied im Sektor ISIC6 (Distribution) findet man zwischen den europäischen Ländern, die einen Anteil von ungefähr 15 % aufweisen und den beiden nordamerikanischen Staaten mit einem Anteil von mehr als 20 %. Sektoren mit einem zukünftig hohen Absorptionspotenzial sind daher die Sektoren Kommunikation, Finanz- und Unternehmensdienstleistungen (ISIC8) und Wohlfahrt (ISIC9), da diese die höchsten Zuwachsraten aufweisen. Allerdings hängt das Absorptionspotenzial auch von der relativen Größe der Sektoren ab. Hier weist nur der Wohlfahrtssektor ISIC9 sehr hohe Anteile auf, die den Anteilen im Manufaktursektor ISIC3 entsprechen. Dieser Sektor kann daher als der Sektor mit dem höchsten Absorptionspotenzial bezeichnet werden. Wie oben bereits erwähnt, zeigen sich die größten

[14]Dieser Sektor ist derjenige, der in der derzeitigen 'Globalisierungsdebatte' und in der entsprechenden Literatur über Auswirkungen der Handelsliberalisierung am häufigsten untersucht wird, wobei Ergebnisse oft auf die gesamte Wirtschaft beziehungsweise Beschäftigungssituation unzulässigerweise verallgemeinert werden.

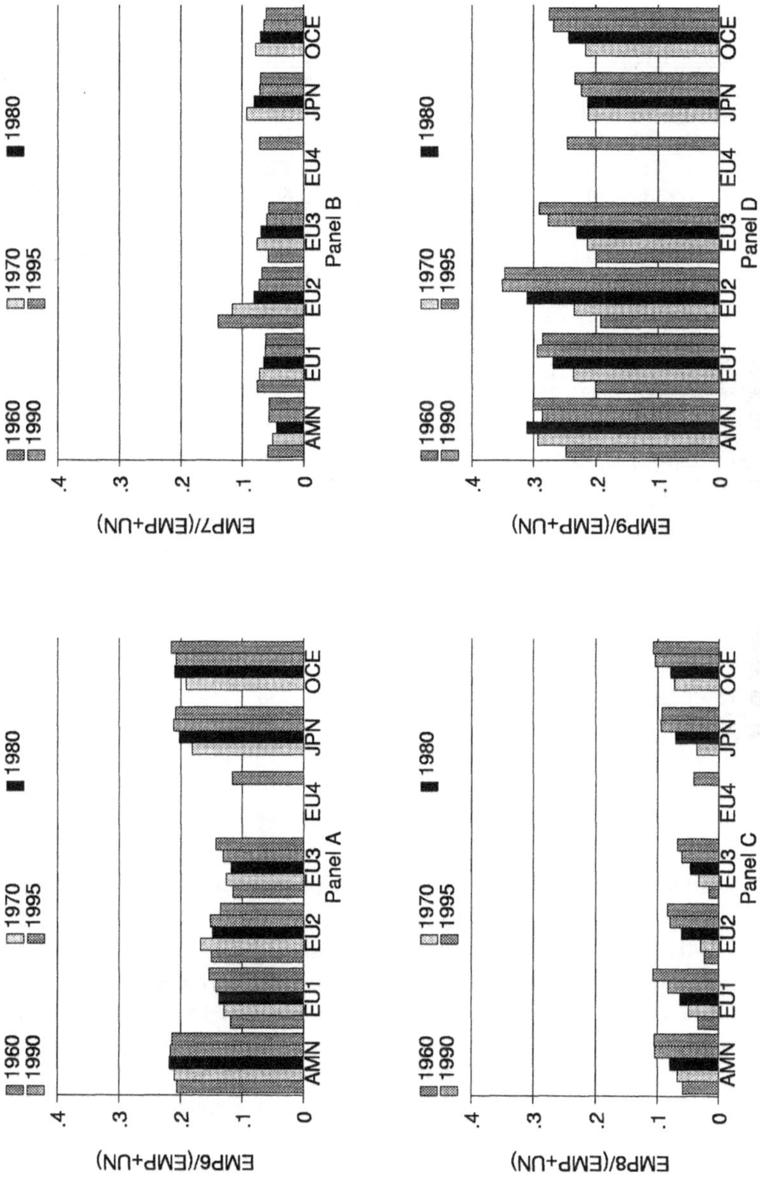

Abbildung 2.3.8: Beschäftigungsanteile im tertiären Bereich

Variationskoeffizienten für Anteile an (EMP+UN)								
Sekundärer Bereich								
	OECD-Länder				**Entwickelte Länder**			
Jahr	**ISIC2**	**ISIC3**	**ISIC4**	**ISIC5**	**ISIC2**	**ISIC3**	**ISIC4**	**ISIC5**
1960	0.751	0.215	0.308	0.180	0.736	0.143	0.259	0.202
1965	0.651	0.178	0.486	0.221	0.647	0.146	0.463	0.203
1970	0.508	0.173	0.374	0.244	0.529	0.163	0.366	0.204
1975	0.508	0.175	0.395	0.256	0.567	0.160	0.328	0.206
1980	0.595	0.155	0.370	0.257	0.665	0.166	0.362	0.235
1985	0.593	0.173	0.475	0.235	0.662	0.186	0.476	0.237
1990	0.745	0.230	0.472	0.254	0.829	0.224	0.383	0.221
1995	1.066	0.215	0.465	0.355	0.861	0.176	0.161	0.373
Tertiärer Bereich								
	OECD-Länder				**Entwickelte Länder**			
JAHR	**ISIC6**	**ISIC7**	**ISIC8**	**ISIC9**	**ISIC6**	**ISIC7**	**ISIC8**	**ISIC9**
1960	0.320	0.339	0.459	0.125	0.281	0.320	0.346	0.117
1965	0.249	0.289	0.354	0.126	0.219	0.302	0.283	0.122
1970	0.238	0.226	0.314	0.140	0.215	0.234	0.259	0.147
1975	0.254	0.250	0.260	0.169	0.184	0.197	0.166	0.143
1980	0.296	0.242	0.296	0.171	0.229	0.183	0.231	0.167
1985	0.296	0.213	0.290	0.162	0.239	0.175	0.207	0.154
1990	0.300	0.147	0.334	0.217	0.229	0.107	0.219	0.151
1995	0.243	0.154	0.383	0.167	0.238	0.111	0.251	0.141

Tabelle 2.3.11: Konvergenz und Divergenz im sekundären und tertiären Bereich

Unterschiede zwischen den USA und Europa im Sektor ISIC6, wo Europa gegenüber den USA noch einen relativ geringen Anteil aufweist.

Die Entwicklung der Variationskoeffizienten geben Aufschluss über eine mögliche Konvergenz der Länder hinsichtlich ihrer Strukturentwicklung. Tabelle 2.3.11 zeigt die Koeffizienten für die jeweils vier Industrie- und Dienstleistungssektoren und die zwei Ländergruppen. Innerhalb des Industriebereiches weist Sektor ISIC2 (Bergbau) den höchsten Variationskoeffizienten auf, was auf Unterschiede in der Ausstattung mit natürlichen Ressourcen zurückgeführt werden kann. Die relativ kleinen Sektoren ISIC4 und ISIC5 zeigen geringere Koeffizienten, die allerdings einen leicht steigenden Trend aufweisen. Den durchschnittlich geringsten Variationskoeffizienten zeigt der Manufaktursektor (ISIC3), der aber in den 80er-Jahren zunimmt, was auf die oben erwähnten Auswirkungen der Ölpreisschocks zurückgeführt werden kann. Für die Gruppe der entwickelten Länder zeigt sich ein ähnliches Bild, wobei die Variationskoeffizienten in den Sektoren ISIC2 und ISIC3 geringer und in den Sektoren ISIC4 und ISIC5 in etwa gleich hoch sind wie für alle OECD-Länder.

In den Dienstleistungsbranchen weist der Sektor ISIC9 die geringste Variation auf, die relativ stabil ist. Die Sektoren ISIC6 (Distribution) und ISIC7 (Transport) zeigen eine stärkere Variation, die allerdings vor allem in Sektor ISIC7 stark abnimmt. Die größten Unterschiede in der Beschäftigungsstruktur zwischen den Länder sind in ISIC8 (Finanz) zu sehen, wo aber eine leichte Tendenz zur Konvergenz beobachtet werden kann.

2.4 Zusammenfassung

In diesem Kapitel wurden die langfristigen Entwicklungen der Beschäftigungsstrukturen in den OECD-Ländern seit den 60er-Jahren zusammengefasst und untersucht. Dabei wurden zunächst die Entwicklungen angebotsseitiger Variablen wie Bevölkerungswachstum, demographischer Variablen und verschiedene Beschäftigungskennzahlen sowie die Entwicklung des Anteils der selbständig Beschäftigten im Ländervergleich und deren Entwicklung über die Zeit behandelt. Im zweiten Teil dieses Kapitels wurde dann der Schwerpunkt auf die sektoralen Entwicklungen gelegt. Dabei wurde zunächst nochmals der strukturelle Wandel vom Agrar- zum Industriebereich und vor allem vom Industrie- zum Dienstleistungsbereich nachgezeichnet. Bei einer weiteren Aufgliederung nach ISIC-Sektoren zeigt sich die dramatische Abnahme des Anteils der Beschäftigung des in den Nachkriegsjahren bis zu den Ölpreisschocks relativ größten Sektors, des Manufaktursektors, und das anteilsmäßige Ansteigen einiger Dienstleistungssektoren (insbesondere der Sektoren Groß- und Einzelhandel und des Wohlfahrtssektors). Dabei wurde immer wieder die zeitlich unterschiedliche Dimension des strukturellen Wandels hervorgehoben, insbesondere zwischen den USA und den europäischen Ländern, hervorgehoben. Im folgenden Kapitel wird nun diskutiert, inwieweit diese Strukturwandlungen zur Erklärung der Entwicklung der Arbeitslosigkeit in den europäischen Länder beitragen können.

Kapitel 3

Strukturwandel und Arbeitslosigkeit

3.1 Einleitung

Im vorigen Kapitel wurde eine Analyse der Entwicklungen der Beschäftigungsstruktur in den drei klassischen Sektoren (primärer, sekundärer und tertiärer Sektor) präsentiert. Dabei wurde argumentiert, dass der Abbau von Beschäftigung im Industriesektor und in den südeuropäischen Ländern auch noch im Agrarsektors der Absorption von Beschäftigung im Dienstleistungssektor gegenübergestellt werden muss, um das Auftreten struktureller Arbeitslosigkeit zu verhindern. Anschließend wurde der sekundäre und tertiäre Bereich in jeweils vier Sektoren disaggregiert. Dabei zeigte sich deutlich, dass im sekundären Bereich nur der Manufaktursektor (ISIC3) maßgeblich zum Strukturwandel der Beschäftigung beigetragen hat: erstens aufgrund der relativen Größe dieses Sektors (am Beginn der Untersuchungsperiode) und zweitens aufgrund der relativ zu den anderen Sektoren stark negativen Wachstumsraten der Beschäftigung. Die drei anderen Sektoren des sekundären Bereiches können dabei außer Acht gelassen werden, da sie einerseits nur einen sehr kleinen Anteil und andererseits nur geringe Veränderungsraten aufweisen. Somit ist der Manufaktursektor der maßgebliche arbeitsreduzierende Sektor der untersuchten Periode von 1960-1997. Diese beiden Determinanten (relative Größe und Wachstumsraten) sind abhängig von weiteren Variablen, insbesondere der Nachfrageentwicklung, die ihrerseits wiederum abhängig ist von der Entwicklung der relativen Preise und der Höhe des Einkommens beziehungsweise der Einkommensverteilung bei nichtlinearen Engelkurven und (faktor- oder sektorspezifischem) technischem Fortschritt, was an dieser Stelle nicht weiter ausgeführt wird. Diesem Abbau von Arbeitsplätzen im Manufaktursektor müssen die Entwicklungen in den Dienstleistungsbereichen gegenübergestellt werden. Hier gilt ähnliches wie vorher: Sektoren haben ein großes Absorptionspotenzial, wenn ihr Anteil relativ groß ist und/oder diese Sektoren hohe Zuwachsraten aufweisen. Dienstleistungssektoren, die zumindest eines dieser Kriterien erfüllen, sind die Sektoren ISIC6, ISIC8 und ISIC9, wie in Abschnitt 2.3 argumentiert wurde.

In diesem Kapitel wird dieser Zusammenhang näher untersucht. Das Kapitel gliedert sich in drei Abschnitte. In Abschnitt 3.2 wird die 'Mechanik' des Arbeitsabbaus und der -absorption aus theoretischer Perspektive analysiert. Im darauffolgenden Abschnitt 3.3 wird mit ökonometrischen Methoden (Tests auf Strukturbruch und Spline-Regressionen) gezeigt, dass es in einigen europäischen Ländern im Gegensatz zu nicht-europäischen Ländern oder Ländern, die eher der USA vergleichbar sind (das ist vor allem Großbritannien) einen Strukturbruch in der Absorptionsfähigkeit des Wohlfahrtssektors (ISIC9) in den späten 80er-Jahren und beginnenden 90er-Jahren gegeben hat. Daran anschließend wird getestet, ob es zu diesem Zeitpunkt auch einen verspäteten Deindustrialisierungsschub gegeben hat, also die Abnahme der Arbeitsnachfrage in Manufaktursektor signifikant angestiegen ist. Diese beiden Faktoren werden zur Erklärung der hohen und persistenten europäischen Arbeitslosigkeit herangezogen. In Abschnitt 3.4 wird anhand von einfachen Regressionsanalysen getestet, inwieweit diese Strukturbrüche zur Erklärung der Entwicklung der Arbeitslosigkeit beitragen.

In den beiden letzten Abschnitten wird dabei auf die Erklärung der Veränderung der länderspezifischen Arbeitslosenrate eingegangen, nicht jedoch auf Gründe, warum diese zwischen den einzelnen Ländern stark divergieren (dazu siehe 2.2.3). Diese beiden Abschnitte können mit den Schlussfolgerungen, die von Rowthorn und Glyn (1990) in einer Untersuchung der Entwicklung des Zusammenhangs zwischen industrieller Entwicklung und Arbeitslosigkeit in der Periode 1973-1985 gezogen werden, verglichen werden:

> Our analysis suggests [...] that two conditions are required for a country to maintain a low level of unemployment:
>
> (i) *Industrial Employment:* [...] any decline in industrial employment must be gradual. If this condition is not satisfied, the result will be structural unemployment which cannot easily be eliminated through the creation of additional service employment.
>
> (ii) *Service Employment:* Sufficient service employment must be created to absorb new entrants to the labour market (be they young people or married women) plus transfers from

> the industrial sector (on the modest scale assumed under condition (i)). If condition (ii) is not satisfied the result will be an increase in measured unemployment even if industrial employment holds up reasonably well.

Für die Untersuchungen werden die Zeitreihen der LFS-Statistik herangezogen, die in Kapitel 2 zur Beschreibung der Strukturentwicklung bereits verwendet wurden. Da es sich dabei um längerfristige Entwicklungen handelt, können allerdings die osteuropäischen Staaten, Korea und Mexiko, Luxemburg und die Schweiz aufgrund von Datenproblemen nicht weiter berücksichtigt werden. Weiters wurde auch die Türkei herausgenommen, da dieses Land eine sehr unterschiedliche Entwicklung aufweist. Die untersuchten Variablen sind wie oben die Anteile der Beschäftigten in den jeweiligen Sektoren oder der arbeitslosen Personen.

3.2 Strukturwandel und das Problem der Arbeitslosigkeit - Theoretische Aspekte

Eine theoretische Darstellung der sektoralen Entwicklung soll klarmachen wie ein struktureller Erklärungsansatz die Entwicklung der Arbeitslosigkeit, insbesondere in den europäischen Ländern, aussehen kann. Hier wird weniger auf einzelne Modelle eingegangen, sondern es werden nur gewisse Aspekte erläutert, die zum weiteren Verständnis notwendig sind. An theoretischen Ansätzen sind dabei vor allem zu nennen: Pasinetti (1981) und Pasinetti (1993), Lowe (1976) und Hicks (1973), die insbesondere den Zusammenhang von technischem Fortschritt, Kompensationsmechanismen und sektoraler Nachfrage behandeln. Auf einen neueren Ansatz mit Schumpeterschen Elementen wird weiter unten noch eingegangen. Algebraisch kann das Potenzial für strukturelle Arbeitslosigkeit folgendermaßen beschrieben werden: Strukturwandel, in Form von technologischem Wandel, Änderungen in der Nachfragestruktur in geschlossenen und vor allem auch offenen Ökonomien, Beschränkungen der Umwelt (Ressourcen) und Politik (Budgetrestriktionen, etc.), verlangt eine kontinuierliche Anpassung der Beschäftigungsallokation auf die unterschiedlichen Sektoren beziehungsweise Bevölkerungsgruppen (hier Teilzeitbeschäftigte, Selbständige und mithelfende Familienangehörige, etc.), wobei auch Änderungen der Qualifikation und regionale Anpassungsprozesse wichtig sind und das Problem beziehungsweise Ergebnis mitbeeinflussen können.

Das lässt sich zunächst am einfachsten unter der Annahme einer stationären Bevölkerung zeigen, sodass Angebotsänderungen außer Betracht bleiben können. Personen, die aus verschiedenen Sektoren oder wie auch immer definierten Gruppen von Beschäftigung (nach Berufen, Qualifikationen, Regionen) ausscheiden (müssen), müssen von anderen Sektoren absorbiert werden, um weiterhin Vollbeschäftigung zu garantieren oder die bestehende Rate der Arbeitslosigkeit konstant zu halten. Bei einer konstant wachsenden Bevölkerung (beziehungsweise Partizipationsrate und unter Einbeziehung der durchschnittlichen Arbeitszeit) muss das zusätzliche Angebot auf alle Sektoren aufgeteilt werden. Tatsächlich werden Neueintritte in den am (relativ zur Größe) stärksten wachsenden Bereichen aufgesogen werden.

Unter der Annahme eines friktionslosen Übergangs der Arbeiter kann somit keine 'strukturelle Arbeitslosigkeit' entstehen, beziehungsweise würde sich die 'natürliche Arbeitslosigkeit' bei konstanter Friktion nicht erhöhen. Die Frage ist demnach, ob bei höherer Geschwindigkeit des Strukturwandels die strukturelle und damit die 'natürliche' Rate der Arbeitslosigkeit steigen kann. Eine Analyse dieser Friktionen muss also Teil jeder Analyse von struktureller Arbeitslosigkeit sein. In der Job-Study OECD (1994) wird beispielsweise gezeigt, dass hohe Raten der Strukturveränderungen im Manufaktursektor mit hohen Raten des Beschäftigungswachstums in diesem Sektor einhergehen. In dieser Arbeit wird hingegen gezeigt, dass hohe Raten der kompositionellen Veränderung zwischen dem Industrie- und Dienstleistungsbereich zu Arbeitslosigkeit führen können. Das Hauptaugenmerk liegt somit auf der Analyse von Anpassungen der jeweiligen sektoralen Größen, die durch ungleichgewichtige und nicht-kontinuierliche sektorale Wachstumsprozesse hervorgerufen werden. Ein weiterer wichtiger Aspekt ist hierbei, wie bereits oben angedeutet wurde, strukturelle Ursachen für die europäische Arbeitslosigkeit und insbesondere den Anstieg der Arbeitslosigkeit in den späten 80er und den 90er Jahren zu finden.

Änderungen der strukturellen Merkmale von Angebot und Nachfrage und die entsprechenden Anpassungsprozesse der Stocks (die Verteilung der Arbeitsnachfrage über die Sektoren) sind demnach ein zentraler Punkt in der Analyse struktureller Arbeitslosigkeit. Bei Änderungen der Charakteristika von angebotenen Jobs durch fundamentale Änderungen der Technologie, Nachfragestruktur, etc. vergrößert sich die Distanz der Charakteristika von Angebot und Nachfrage. Generell lässt sich daher annehmen, dass je stärker der strukturelle Schock (auf Angebots- oder Nachfrageseite) ist, desto höher die potentielle strukturelle Arbeitslosigkeit ist. Die längerfristigen Auswirkungen hängen von der Funktionsweise der Faktor- und Produktmärkte, die ihrerseits wieder durch institutionelle Regelungen bestimmt wird, ab. Diese Anpassungsprozesse werden zum Teil auch durch die Ein- und Austritte in beziehungsweise aus dem Arbeitsmarkt getragen. Während Eintritte hauptsächlich durch junge, 'modern' ausgebildete Arbeitskräfte erfolgt, werden die Austritte vorwiegend in Pension oder (hauptsächlich bei Frauen) auch in den Haushaltsbereich getätigt. Diese Ein- und Austritte erleichtern auch die notwendige ständige Erneuerung der Humankapitalbasis. Die Ein- und Austrittsdynamik ist ferner durch länderspezifische, institutionelle Arbeitsmarktmerkmalen geprägt (z.B. Pensionssysteme, Regelungen der Arbeitslosigkeit, etc.), was aber an dieser Stelle nicht näher diskutiert wird.

Diesen Anpassungsprozessen auf individueller Ebene steht eine Anpassung von relativen Stockgrößen gegenüber, die erst darüber entscheiden, ob - auch bei Annahme eines friktionslosen Überganges auf individueller Ebene - eine weitere Vollbeschäftigung (oder konstante Rate der Arbeitslosigkeit) überhaupt möglich ist. Natürlich ist im Rahmen eines allgemeinen Gleichgewichtsmodells bei Flexibilität der Faktorpreise immer Vollbeschäftigung gegeben. Einerseits beruht jedoch dieses Ergebnis auf strikten Annahmen betreffend der Produktions- und Nachfragefunktionen, die nicht unbedingt den empirisch beobachtbaren Gegebenheiten entsprechen; vor allem wird aber die zeitliche Dimension der Änderungen von Produktivitäten, relativen Preisen, (Real-)Einkommen und mehr, völlig außer acht gelassen. Weiters heißt das aber auch, dass auch wenn diese Annahmen erfüllt sind, es nur bei Annahme sofortiger Anpassung auf exogene Schocks keine Arbeitslosigkeit entsteht, also dynamische Anpassungstrajektorien ebenfalls nicht beachtet werden.[1]

Dieser Aspekt wird in vielen Analysen des Wachstumsprozesses ausgelassen, da entweder nur aggregierte Wachstumsprozesse behandelt werden (für eine zusammenfassende theoretische Darstellung der modernen Wachstumstheorie siehe Barro und Sala-i-Martin, 1995), oder nur sektoral gleichschrittiges Wachstum betrachtet wird. In Pissarides (1990) wird beispielsweise gezeigt, dass arbeitssparender technischer Fortschritt zu einem Wachstum der Arbeitsnachfrage über einen Anstieg der effektiven Nachfrage (stimuliert durch höheres Wohlstand) führen kann. Dabei wird jedoch angenommen, dass das Produktivitätswachstum für alle Firmen und Sektoren gleich ist. Ungleiche Raten des technischen Fortschrittes führen jedoch zu einer 'creative destruction', was heißt, dass Arbeitsplätze verlorengehen, die in anderen Sektoren geschaffen werden müssen, um Vollbeschäftigung oder eine konstante Rate der Arbeitslosigkeit zu halten. In Aghion und Howitt (1994), Kapitel 4, werden drei Effekte unterschieden: Erstens führt höherer technischer Fortschritt zu einem höheren Zufluss in die Arbeitslosigkeit (*direct creative destruction effect*), da Firmen ausscheiden, und zweitens sinkt bei hoher Wachstumsrate der Produktivität der Investitionsanreiz, was verhindert, dass die freigesetzten Arbeitskräfte neue Arbeitsplätze finden können (*indirect creative destruction effect*). Diese beiden Effekte führen zu einer

[1] Das drückt natürlich den genuin statischen Charakter der Allgemeinen Gleichgewichtstheorie aus, die eben nur komparativ-statische Analysen zulässt.

höheren Rate der Arbeitslosigkeit. Dem steht allerdings ein weiterer Effekt gegenüber (der *capitalization effect*), der in die andere Richtung wirkt: Können existierende Firmen den technischen Fortschritt ebenfalls nutzen, gibt es einen Anreiz für diese Firmen aufgrund höherer Gewinnerwartungen, die Investitionsrate zu erhöhen; äquivalent gibt es einen Anreiz für Neueintritte von Firmen. Schließlich wird auch noch gezeigt, dass wenn die erzeugten Güter komplementär sind, ein Produktivitätsanstieg in einem Sektor zu höherer effektiver Nachfrage in den anderen Sektoren führt. Aghion und Howitt (1994) diskutieren in diesem Wachstumsmodell auch die notwendigen 'Matching'-Prozesse am Arbeitsmarkt, wie sie in Pissarides (1990) eingeführt werden. Stadler (1999) untersucht ein ähnliches Wachstumsmodell mit dualer Arbeitsmarktstruktur. Ähnliche Modelle wurden auch von Harris und Todaro (1970) und darauf aufbauend von Calvo (1978) und McDonald und Solow (1985) entwickelt.

In diesem Kapitel wird die Dynamik der Beschäftigung auf sektoraler Ebene näher untersucht. Die Mechanik dieser Dynamik des Abbaus und der Absorption von Arbeit eines Sektors kann kurz folgendermaßen dargestellt werden. Im Allgemeinen ist die Fähigkeit eines Sektors i Arbeit zu absorbieren Δe_i von zwei Variablen geprägt: Die Änderung der Produktion (eine Funktion von Nachfrage, Preisen, ...) und dem Niveau und der Veränderung der Arbeitsinputkoeffizienten (das ist die Inverse der Arbeitsproduktivität):

$$\Delta e_i = \left(\frac{e_i}{q_i}\right) \Delta q_i + \Delta \left(\frac{e_i}{q_i}\right) q_i$$

wobei e_i die Beschäftigung und q_i der Produktion in Sektor i bezeichnet. Diese einfache Dekomposition zeigt, dass die Absorptionsfähigkeit eines Sektors generell von folgenden Faktoren abhängig ist:

1. Die Wachstumsrate der Produktion ist größer als die des Produktivitätswachstums;

2. eine hohe Arbeitsintensität;

3. die absolute oder relative Größe dieses Sektors (gemessen an Produktions- oder Beschäftigungsanteilen)

Hier wird nicht berücksichtigt, dass Produktions- und Produktivitätswachstum nicht unabhängig voneinander sind. Verschiebungen in Beschäftigungsstrukturen sind meistens charakterisiert durch Verschiebungen in Richtung Sektoren, die - zumindest anfänglich - eine hohe Arbeitsintensität und eine hohe Wachstumsrate der Nachfrage gekennzeichnet waren. Dieses letzte Merkmal ist wiederum abhängig von der jeweiligen Einkommenselastizität (hohe Einkommen führen zu einem Anstieg der nominellen Ausgabenanteile in Richtung der neuen arbeitsintensiven Sektoren) und der Nachfrageänderungen aufgrund der Änderungen der relativen Preise (Substitutionselastizität). Die relativen Preise sind wiederum abhängig von der Faktorproduktivität, Entwicklung der Faktorpreise und Skaleneffekten.

Damit kann eine Reihe von Charakteristika erstellt werden, die die potentielle Absorptionsfähigkeit von Sektoren beeinflussen. Generell können zwei unterschiedliche Typen von Sektoren unterschieden werden:

1. Sektoren mit hohen Einkommenselastizitäten, hohen Produktivitätswachstumsraten und einer hohen Substitutionselastizität

2. Sektoren mit hoher Einkommenselastizität, geringer Produktivitätswachstum und geringer Substitutionselastizität

Weiters können unter bestimmten Umständen Sektoren mit Einkommenselastizitäten von eins absorbierend sein, wenn sie einen hohen Anteil an der gesamten Beschäftigung ausmachen und entweder:

3. das relative Produktivitätswachstum und die Substitutionselastizität relativ hoch sind

4. die Wachstumsrate der Arbeitsproduktivität und die Substitutionselastizität relativ gering sind.

Nach dieser allgemein gehaltenen Diskussion um die Absorptions- und Freisetzungskapazität von Sektoren, wird nun die Rolle des Wohlfahrtssektors näher diskutiert und vor allem welche möglichen Beschränkungen der Absorptionskapazität es in diesem Sektor geben kann.

Hinsichtlich dieser Klassifikation kann der Dienstleistungssektor ISIC9 zu verschiedenen Zeiten in die Kategorien zwei und vier fallen kann:

1. Erstens ist es ein Sektor, der in allen OECD Ländern einen hohen Anteil der Beschäftigung aufweist, wie in Kapitel 2 gezeigt wurde. Tatsächlich weist dieser Sektor nun den höchsten Anteil aller Sektoren auf.

2. Schätzungen der Einkommenselastizitäten für diese Art von Dienstleistungen differieren zwar, aber es sind jedenfalls in diesem Sektor Bereiche mit hohen Einkommenselastizitäten (größer als 1) enthalten.

3. Das Produktivitätswachstum dieses Sektors ist bislang gering und die Arbeitsintensität ist hoch.

4. Betreffend der Substitutionselastizitäten ist es nötig folgende Unterscheidung zu treffen: In den meisten OECD Länder (insbesondere in Europa), sind die Wohlfahrtsdienstleistungen öffentlich finanziert und die Schätzungen der Substitutionselastizitäten involvieren somit, inwieweit öffentliche Ausgabenprogramme auf die Wirkungsweise der 'Baumol'schen cost disease', von der die Dienstleistungen generell betroffen sind, reagieren.

Auf Grundlage dieser Überlegungen gibt es drei Gründe, warum in manchen der europäischen Ländern die Arbeitslosigkeit entweder nicht zurückgeht oder Ende der 80er-Jahre nochmals angestiegen ist. Der erste Grund ist eine höhere und sogar ansteigende Rate der Deindustrialisierung, der zweite Grund ein Rückgang der Wachstumsrate der Beschäftigungsanteile im Sektor ISIC9 und drittens eine geringere Aufnahme von freigesetzten gering qualifizierten Arbeitern in Sektor ISIC6. Von diesen drei Problem können das erste und zweite mit der Budgetrestriktion, der sich viele Länder gegenübersehen und die durch die Maastricht-Kriterien bindend wurde, in Zusammenhang gebracht werden. Der dritte Grund ist auf politische und soziale Überlegungen zurückzuführen, den Anstieg der Einkommensdifferentiale, die eine Absorption in den Dienstleistungssektor ermöglichen würden (siehe die USA), nicht zuzulassen.

3.3 Trendbrüche

Dieses Argument, dass einerseits die verstärkte Deindustrialisierung und andererseits eine Abnahme der Wachstumsrate der Beschäftigung im Wohlfahrtssektor zu einer höheren Wachstumsrate der Arbeitslosigkeit führen kann, wird in diesem und dem folgenden Abschnitt ökonometrisch getestet. In diesem Abschnitt wird dazu, erstens, ein kurzer Überblick über die ökonometrische Analyse von Trend- und Strukturbrüchen gegeben und, zweitens, wird die Entwicklung in den Sektoren ISIC3 und ISIC9 auf Trendbrüche getestet. Im folgenden Abschnitt wird der Zusammenhang zwischen Änderungen der sektoralen Wachstumsraten der Beschäftigung und der Arbeitslosigkeit getestet.

3.3.1 Ökonometrie der Strukturbrüche

Eine Vielzahl von ökonometrischen Methoden, die in den letzten Jahren entwickelt wurden, behandeln auch Themen der Parameter-Stabilität und bieten unterschiedliche Tests auf Änderungen von Parametern. Ist der Zeitpunkt des

Trendbruches bekannt, kann ein Chow-Test angewendet werden. Das grundlegende Problem besteht jedoch meist darin, dass der Zeitpunkt des Strukturbruches nicht bekannt ist, sondern vielmehr herausgefunden werden soll. Eine Einführung in die unterschiedliche Methoden (z.B. Chow Forecast Test, Hansen Test, Recursive Estimation, CUSUM und CUSUMSQUARE Tests, Ramsey Reset Test) bieten Johnston und DiNardo (Kapitel 4 1997), wo auch die Schwierigkeiten der Analyse von Strukturbrüchen mit nicht bekannten Zeitpunkten des Strukturbruchs behandelt werden. Einen Literaturüberblick bietet Hackl (1989) und eine kritische Zusammenfassung ist in Poirier (1991) zu finden. Einen Überblick über die neueste Literatur, die auch Tests auf mehrere Strukturbrüche beinhaltet, bietet Maddala und Kim (1998). In dieser Literatur werden auch die Probleme mit der unten gewählten Vorgangsweise diskutiert. Einige der Tests (z.B. CUSUMSQU) bieten nur einen Hinweis dafür, ob ein Bruch stattgefunden hat, geben jedoch keinen Hinweis, wann dieser stattgefunden hat. Weiters besteht in dieser Arbeit das Problem, dass nur relativ kurze Zeitreihen zur Verfügung stehen, sodass einige der oben genannten Tests von vornherein ausscheiden.

Aus diesen Gründen wurde folgende Prozedur angewandt: Für jeden möglichen Zeitpunkt wurde eine Spline-Regression gerechnet und anschließend ein Wald-Test durchgeführt, der es erlaubt, lineare Restriktionen der geschätzten Parameter zu testen. Für das Jahr, das die höchste signifikante Teststatistik aufweist, wurde ein Trendbruch angenommen. Da auch weitere Trendbrüche auftreten können, wurde mit derselben Prozedur auf einen weiteren Bruch getestet, indem das erste Jahr des Trendbruchs festgehalten wurde. Für die einzelnen Länder wurde dabei maximal auf drei Trendbrüche getestet. Da für die geschätzten Wachstumsraten die t-Statistiken als Signifikanzmaß genommen werden, kann der Wald-Test mittels F-Statistik angegeben werden.[2]

Für diese Analyse musste neben den oben erwähnten Ländern auch Kanada und Neuseeland aufgrund der nur kurzen Zeitreihen, die für diese Länder zur Verfügung stehen, ausgeschieden werden. Somit verbleiben neunzehn Länder im Sample. Es wird die Periode ab 1973 untersucht, da dieses Jahr aufgrund des Ölpreisschocks einen signifikanten Bruch in der wirtschaftlichen Entwicklung und, wie sich zeigt, auch einen signifikanten Bruch in der sektoralen Entwicklung darstellt.

[2] In Landesmann und Stehrer (1999) wurden auch noch andere Tests (vor allem CUSUM und CUSUMSQU) verwendet, wobei ähnliche Resultate erzielt wurden.

3.3.2 Trendbrüche in der sektoralen Entwicklung

Im Folgenden werden die Resultate für die beiden anteilsmäßig wichtigsten Sektoren ISIC3 und ISIC9 präsentiert. Die Tabellen reportieren die Wachstumsraten der jeweiligen Subperioden, die p-Werte der t-Statistik für die Signifikanz der einzelnen Variablen und die allgemeinen Statistiken ($\bar{R}^2$ und die p-Werte der F-Verteilung). Die letzten drei Spalten zeigen das Jahr des Trendbruchs, wobei die Signifikanz des Strukturbruches mit *** (**, *) für Signifikanz auf dem 1 %- (5 %, 10 %) Niveau angegeben wird. Die getesteten Variablen sind die Wachstumsraten der Beschäftigungsanteile dieser Sektoren.

3.3.2.1 Trendbrüche im Manufaktursektor

Tabelle 3.3.1 zeigt die Resultate für Änderungen in den Wachstumsraten der Anteile der Beschäftigung im Sektor ISIC3 (Manufaktur). Allgemein lassen sich vier typische Muster der zeitlichen Entwicklung erkennen: Die erste Ländergruppe besteht aus Österreich, Deutschland, Griechenland, Portugal und Japan. Diese Länder weisen bis Anfang der 90er-Jahre relativ geringe negative jedoch signifikant von null verschiedene Wachstumsraten auf. Diese Rate wird zu Beginn der 90er-Jahre signifikant negativer. Japan weist zwei Trendbrüche auf: Im Jahr 1978 flacht die Deindustrialisierung stark ab und nimmt ab dem Jahr 1992 wieder zu. Ein zweites typisches Muster ist die Umkehrung des ersten Musters: hierzu zählen die Länder USA, Dänemark, Italien, Norwegen, Irland und Australien. Die Deindustrialisierung ist relativ stark in der ersten Periode (bis Mitte der 80er- oder Beginn der 90er-Jahre), während sich der Deindustrialisierungsprozess dann signifikant abschwächt. Schließlich gibt es noch zwei treppenförmige Muster. Das dritte typische Deindustrialisierungsmuster beginnt mit einem relativ starken Deindustrialisierungsprozess, der sich zu Beginn der 80er-Jahre abschwächt, sich aber am Ende der 80er- beziehungsweise zu Beginn der 90er-Jahre wieder verstärkt. In einigen Ländern ist dann auch noch eine Abschwächung der Deindustrialisierung am Ende der Periode erkennbar. Die Länder, die dieses Muster aufweisen, sind Belgien, Großbritannien, Niederlande, Schweden und Spanien. Das vierte Muster ist spiegelbildlich zum vorherigen: Einer geringen Deindustrialisierung am Beginn der Periode ab 1973 folgt ein starker Deindustrialisierungsschub, der sich am Ende der Periode wieder abschwächt. Dieses Muster weisen nur zwei Länder, Finnland und Island, auf. Für Frankreich konnte nur für das Jahr 1978 ein signifikanter Trendbruch festgestellt werden. Seitdem weist dieses Land konstante negative Wachstumsraten der Beschäftigungsanteile auf.

	Wachstumsraten EMP3/(EMP+UN)								Statistik			Trendbruch		
	Periode 1		Periode 2		Periode 3		Periode 4					p > F		
Land	ϕ_1	$p > \|t\|$	ϕ_2	$p > \|t\|$	ϕ_3	$p > \|t\|$	ϕ_4	$p > \|t\|$	N	$\bar{R}^2$	$p > F$	$\phi_1 = \phi_2$	$\phi_2 = \phi_3$	$\phi_3 = \phi_4$
USA	-0.024	0.000***	-0.008	0.001***					25	0.953	0.000***	1986***		
AUT	-0.011	0.000***	-0.051	0.000***					25	0.987	0.000***	1991***		
BEL	-0.051	0.000***	-0.014	0.000***	-0.030	0.000***			24	0.992	0.000***	1981***	1991***	
DEU	-0.013	0.000***	-0.042	0.000***					19	0.946	0.000***	1991***		
DNK	-0.029	0.000***	-0.003	0.028**					25	0.939	0.000***	1983***		
FRA	-0.024	0.000***	-0.029	0.000***					25	0.997	0.000***	1978**		
GBR	-0.039	0.000***	-0.010	0.010***	-0.043	0.000***	0.006	0.613	25	0.977	0.000***	1983***	1990***	1994***
ITA	-0.029	0.000***	0.003	0.058*					21	0.976	0.000***	1988***		
NLD	-0.044	0.000***	-0.006	0.014**	-0.029	0.000***			23	0.970	0.000***	1982***	1991***	
FIN	-0.009	0.021**	-0.038	0.000***	0.018	0.164			25	0.970	0.000***	1981***	1994***	
NOR	-0.032	0.000***	0.006	0.155					25	0.986	0.000***	1992***		
SWE	-0.028	0.000***	0.002	0.529	-0.066	0.000***	0.016	0.004***	25	0.989	0.000***	1983***	1989***	1993***
ESP	-0.042	0.000***	-0.010	0.078*	-0.063	0.000***	-0.007	0.693	25	0.972	0.000***	1984***	1990***	1994**
GRC	-0.014	0.000***	-0.064	0.000***					24	0.956	0.000***	1990***		
IRL	-0.025	0.000***	0.004	0.226					25	0.889	0.000***	1987***		
ISL	0.013	0.003***	-0.037	0.000***	0.057	0.008***			25	0.956	0.000***	1981***	1995***	
PRT	-0.005	0.001***	-0.029	0.000***					25	0.873	0.000***	1990***		
JPN	-0.032	0.000***	-0.005	0.000***	-0.025	0.000***			25	0.985	0.000***	1978***	1992***	
AUS	-0.032	0.000***	-0.007	0.267					25	0.983	0.000***	1993***		

Tabelle 3.3.1: Trendbrüche in Sektor ISIC3

3.3.2.2 Trendbrüche im Wohlfahrtssektor

Tabelle 3.3.2 fasst die Resultate der ökonometrischen Tests auf Trendbrüche für Sektor ISIC9 zusammen. In diesem Fall lassen sich drei typische Muster finden: Die USA, Niederlande und Großbritannien zeigen ab Ende der 70er- oder Anfang der 80er-Jahr signifikant höhere Wachstumsraten gegenüber der Vorperiode. Diese höheren Wachstumsraten zeigen allerdings einen signifikanten Rückgang am Beginn der 90er-Jahre. Eine zweite Ländergruppe, bestehend aus Österreich, Belgien, Dänemark, Frankreich, Italien, Griechenland und auch Australien, weist einen signifikanten Rückgang der Wachstumsrate ab Mitte der 80er-Jahre. Für Finnland ist ebenfalls einen Rückgang der Wachstumsrate im Jahr 1989 zu erkennen, wobei jedoch ein signifikanter Anstieg bereits im Jahr 1979 festzustellen ist. Norwegen, Schweden, Island und Portugal verzeichnen eine Abschwächung des Wachstums am Beginn der 90er-Jahre, nach einem Anstieg am Beginn der 80er-Jahre. Spanien weist keinen signifikanten Rückgang der Wachstumsrate der Beschäftigungsanteile in Sektor ISIC9 auf, Irland und Japan sogar einen signifikanten Anstieg.

3.3.2.3 Zusammenfassung der Resultate

Fasst man diese Entwicklungen zusammen, ergibt sich ein differenziertes Bild. Die Länder, in denen es nur jeweils einen Trendbruch gibt und die somit eindeutig zugeordnet werden können, sind in Tabelle 3.3.3 zusammengefasst. Dabei bezeichnet $\downarrow$ ($\uparrow$) signifikant geringere (höhere) Wachstumsraten. Die erste Gruppe besteht aus Ländern, in denen sowohl eine signifikant geringere Wachstumsrate im Manufaktursektor als auch im Wohlfahrtssektor feststellbar ist. Diese Gruppe umfasst Österreich, Deutschland, Griechenland und Portugal. Das sind also jene Länder, die sowohl eine verstärkte Deindustrialisierung gleichzeitig mit einem Rückgang der Absorption von Beschäftigung im Wohlfahrtssektor aufweisen. In Frankreich ist keine Verstärkung der Deindustrialisierung feststellbar und in Finnland bereits im Jahr 1981. Eine zweite Gruppe von Ländern, bestehend aus Dänemark, Italien und Norwegen, zeigt zwar eine Abschwächung der Deindustrialisierung, jedoch ebenfalls einen Rückgang der Wachstumsrate im Wohlfahrtssektor. Japan zeigt eine verstärkte Deindustrialisierung erst ab dem Jahr 1992, gleichzeitig jedoch auch einen Anstieg der Wachstumsrate des Beschäftigungsanteiles im Wohlfahrtssektor. Schließlich verzeichnet Irland sowohl einen Rückgang des Deindustrialisierungsprozesses als auch einen signifikanten Anstieg der Wachstumsrate im Wohlfahrtssektor. Eine weitere Gruppe von Ländern verzeichneten nach dem signifikanten Rückgang der Deindustrialisierung zu Beginn 80er-Jahre im Manufaktursektor, einen neuerlichen Deindustrialisie-

	Wachstumsraten EMP9/(EMP+UN)								Statistik			Trendbruch		
	Periode 1		Periode 2		Periode 3		Periode 4					p > F		
Land	ϕ_1	$p > \|t\|$	ϕ_2	$p > \|t\|$	ϕ_3	$p > \|t\|$	ϕ_4	$p > \|t\|$	N	$\bar{R}^2$	$p > F$	$\phi_1 = \phi_2$	$\phi_2 = \phi_3$	$\phi_3 = \phi_4$
USA	0.003	0.000***	0.013	0.000***	0.000	0.922			25	0.985	0.000***	1977***	1985***	
AUT	0.011	0.000***	0.003	0.069*					25	0.946	0.000***	1988***		
BEL	0.020	0.000***	0.011	0.000***	-0.001	0.405			24	0.979	0.000***	1980***	1989***	
DEU	0.010	0.000***	-0.010	0.366					19	0.871	0.000***	1995*		
DNK	0.009	0.000***	-0.004	0.008***					25	0.558	0.000***	1984***		
FRA	0.015	0.000***	0.006	0.000***					25	0.985	0.000***	1985***		
GBR	0.006	0.000***	0.015	0.000***	0.006	0.034**			25	0.971	0.000***	1984***	1992**	
ITA	0.017	0.000***	0.003	0.016**					21	0.977	0.000***	1988***		
NLD	0.001	0.658	0.012	0.000***	0.001	0.786			23	0.910	0.000***	1983***	1993**	
FIN	0.011	0.001***	0.023	0.000***	-0.011	0.000***			25	0.977	0.000***	1978***	1989***	
NOR	0.024	0.000***	0.010	0.000***	-0.004	0.448			25	0.966	0.000***	1982***	1993**	
SWE	0.023	0.000***	0.007	0.000***	-0.017	0.000***			25	0.988	0.000***	1981***	1992***	
ESP	0.002	0.310	0.014	0.000***					25	0.939	0.000***	1981***		
GRC	0.015	0.000***	0.006	0.085*					24	0.941	0.000***	1990**		
IRL	0.005	0.000***	0.021	0.000***					25	0.918	0.000***	1991***		
ISL	0.015	0.000***	0.026	0.000***	-0.007	0.357			25	0.979	0.000***	1985***	1994***	
PRT	0.006	0.054*	0.040	0.000***	0.015	0.000***	0.000	0.871	25	0.992	0.000***	1978***	1984***	1992***
JPN	0.016	0.000***	0.005	0.000***	0.011	0.000***			25	0.987	0.000***	1979***	1992***	
AUS	0.027	0.000***	0.010	0.000***	0.001	0.443			25	0.917	0.000***	1977***	1985***	

Tabelle 3.3.2: Trendbrüche in Sektor 9

			ISIC3	
		↓	=	↑
	↓	AUT, DEU, GRC, PRT	FIN, FRA	DNK, ITA, NOR
ISIC9	=			
	↑	JPN, (ISL)		IRL

Tabelle 3.3.3: Zusammenfassung der Ländergruppen

rungsschub zu Beginn der 90er-Jahre (das sind Belgien, Großbritannien, Niederlande, Schweden und Spanien). In diesen Ländern gibt es gleichzeitig in Belgien und Schweden einen signifikanten Rückgang der Wachstumsrate im Wohlfahrtssektor, in Großbritannien und den Niederlanden einen signifikanten Anstieg der Wachstumsrate und schließlich in Spanien keine signifikante Änderung. In Island gibt es eine verstärkte Deindustrialisierung ab dem Jahr 1981 und eine signifikant höhere Wachstumsrate des Wohlfahrtssektors ab dem Jahr 1985.

Damit ergibt sich insgesamt eine Klassifikation mit acht Gruppen von Ländern, die in Tabelle 3.3.4 gezeigt wird. Die USA wurde hier als eigene Kategorie eingeführt; Irland wurde nicht berücksichtigt. Um diese Entwicklungen zu veranschaulichen, zeigt Abbildung 3.3.1 die Anteile der Ländergruppen für die Jahre 1975, 1980, 1985, 1990 und 1995. Diese Entwicklungsmuster können mit den Entwicklungen der Arbeitslosenraten in den jeweiligen Ländergruppen verglichen werden, die in Abbildung 3.3.2 gezeigt werden. Ein Vergleich der Entwicklung im Manufaktursektor und im Wohlfahrtssektor mit der Entwicklung der Arbeitslosigkeit zeigt, dass in allen Ländergruppen eine starke Deindustrialisierung mit höherer Arbeitslosigkeit einhergeht, die nur teilweise von den Entwicklungen im Sektor ISIC9 aufgefangen werden konnte. Typische Ländergruppen dafür sind die Gruppe 1, 5, 6 und 7. Aber auch

Gruppe	**Länder**
1	AUT, DEU, GRC, PRT, FRA, FIN
2	DNK, ITA, NOR
3	JPN
4	USA
5	BEL, SWE
6	GBR, NLD
7	ESP
8	ISL

Tabelle 3.3.4: Ländergruppierung

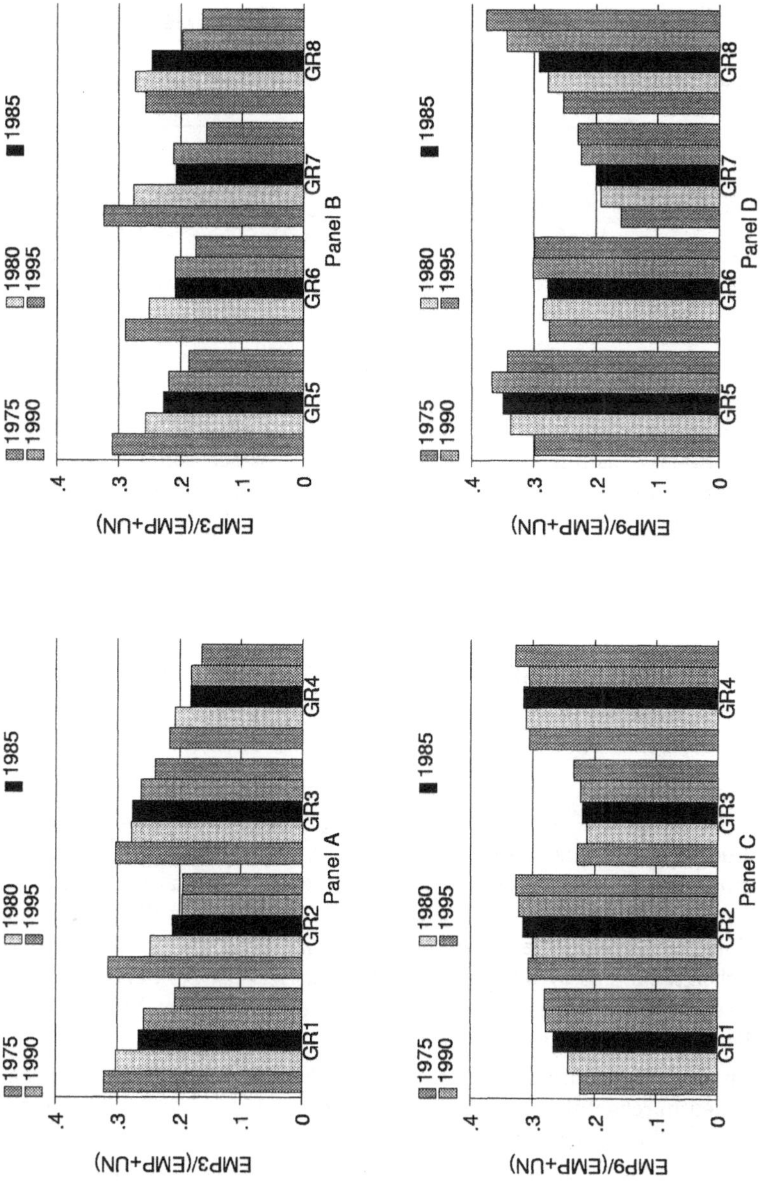

Abbildung 3.3.1: Muster der Deindustrialisierung und Tertiarisierung

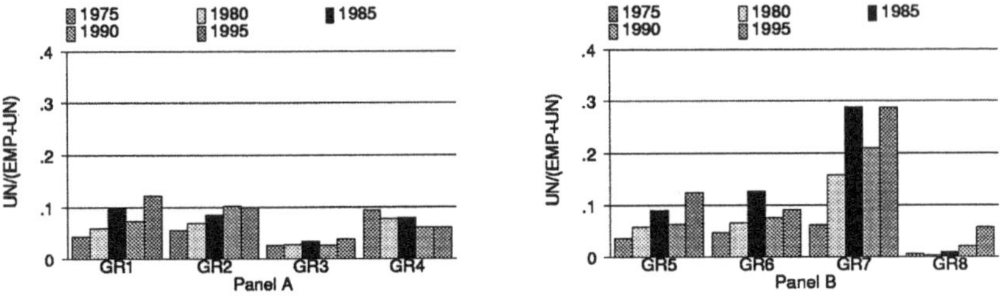

Abbildung 3.3.2: Entwicklung der Arbeitslosenraten in den Ländergruppen

kontinuierliche Deindustrialisierung kann zu höherer Arbeitslosigkeit führen, wenn das Wachstum im Wohlfahrtssektor gering ist, wie in den Gruppen 2 und 6. Dieser Zusammenhang zwischen der sektoralen Entwicklung und der Veränderung der Arbeitslosigkeit, der in den beiden Abbildungen 3.3.1 und 3.3.2 nur graphisch gezeigt wird, wird nun im nächsten Abschnitt ökonometrisch analysiert.

3.4 Dynamik des Strukturwandels und Arbeitslosigkeit

Wir wenden uns nun dem Zusammenhang zwischen dem strukturellen Wandel und Änderungen der Wachstumsraten der sektoralen Beschäftigungsanteile und Änderungen der Arbeitslosenrate zu. Obwohl hier Resultate für den gesamten Zeitraum von 1960-1997 gezeigt werden, wird das Hauptaugenmerk auf den Anstieg der Arbeitslosigkeit Mitte und Ende der 80er-Jahre liegen. Dabei werden sowohl die Arbeitsangebots- als auch die Nachfrageseite berücksichtigt: Erstens wird der Einfluss der Entwicklung der Partizipationsrate und zweitens der Einfluss der Veränderungen der sektoralen Arbeitsnachfrage auf die Arbeitslosenrate untersucht.

Um diesen Zusammenhang ökonometrisch zu testen, werden einfache Regressionen durchgeführt, die zeigen, inwieweit die Wachstumsrate dieser Variablen und Änderungen der Wachstumsraten mit der Veränderung der Arbeitslosigkeit einhergeht. Es ist zu beachten, dass hier nicht das Niveau der Arbeitslosigkeit die abhängige Variable ist, sondern die Veränderungen dieser. Auf den Vergleich der Arbeitslosenraten zwischen den Ländern wurde bereits in Abschnitt 2.2.3 eingegangen.

3.4.1 Sektorale Verschiebungen und aggregierte Arbeitslosigkeit

Ausgehend von einem Artikel von Lilien (1982) gab es eine Diskussion um die Auswirkungen von sektoralen Verschiebungen auf die Arbeitslosigkeit. Lilien (1982) zeigte, dass ein signifikanter Anteil der Arbeitslosigkeit in der Nachkriegsperiode auf Anpassungsprobleme am Arbeitsmarkt auf exogene Verschiebungen der sektoralen Arbeitsnachfrage zurückgeführt werden können. Dieser Zusammenhang ist insbesondere für die 70er-Jahre relevant, während für die 60er-Jahre kein derartiger Zusammenhang gefunden werden konnte. Im Anschluss daran zeigten jedoch Abraham und Katz (1986), dass konventionelle Konjunkturzyklenmodelle (Änderungen der aggregierten Nachfrage) auf der einen Seite und sektorale Modelle der Arbeitsnachfrageverschiebung auf der anderen Seite zu gleichen Hypothesen des Zusammenhangs zwischen der Dispersion der sektoralen Beschäftigungswachstumsraten und der Arbeitslosenrate führen. Die Voraussetzung dafür ist, dass, erstens, die Sektoren unterschiedliche Trendwachstumsraten aufweisen, und zweitens, die einzelnen Sektoren von den Nachfrageschocks in verschiedener Weise betroffen sind. Empirisch können diese beiden Effekte jedoch mit 'job-vacancy' Daten unterschieden werden. Ausgehend von diesen Überlegungen zeigen Abraham und Katz (1986), dass zyklische Änderungen der Arbeitslosigkeit hauptsächlich durch aggregierte Nachfrageschocks verursacht werden. Dieses Ergebnis wird von Blanchard und Diamond (1989) teilweise bestätigt. Kurz- und mittelfristig haben aggregierte Schocks den weitaus größten Einfluss auf die Arbeitslosigkeit, allerdings verschwinden diese Effekte langfristig, wohingegen die strukturellen Schocks persistent sind. In einem neueren Artikel zeigt jedoch Samson (1990) in einer Studie von sieben Ländern, dass sektorspezifische Schocks bei der Bestimmung der natürlichen Arbeitslosenrate nicht außer acht gelassen werden können. Schließlich argumentiert Hosios (1994), dass die Ergebnisse von Abraham und Katz (1986) und ähnlichen Studien auf der Annahme beruhen, dass sektorale Schocks nur gleichgerichtete Bewegungen von Arbeitslosigkeit und freie Stellen hervorrufen, während bei aggregierten Nachfrageschocks das Gegenteil der Fall ist. Ist diese Annahme falsch kann auf Grundlage der verwendeten Daten nicht geschlossen werden, ob sektorale Verschiebungen oder aggregierte Schocks ausschlaggebend sind. Eine empirische Untersuchung dieses Arguments steht noch aus.

In der Job-Study (OECD, 1994) wird ebenfalls auf den möglichen Zusammenhang von Strukturwandel und Arbeitslosigkeit und temporär höherer Arbeitslosigkeit aufgrund von Sucharbeitslosigkeit, Requalifizierung und anderen möglichen Friktionen hingewiesen. Dafür werden zwei Maßzahlen des Strukturwandels, der *Lilien index* und die *turbulence measure*, auf unterschiedlichen Disaggregationsniveaus ermittelt. Im Vergleich über die Zeit (60er-, 70er- und 80er-Jahre) zeigen sich für beide Maßzahlen keine wesentlichen Veränderungen, woraus geschlossen wird, dass es keine Verstärkung des Strukturwandels gegeben hat, der die höheren Raten der Arbeitslosigkeit erklärt. Da in diese Maßzahlen nur Nettoänderungen der Beschäftigung einfließen, kann man auch noch die Raten der Schaffung und des Abbaus von Arbeitsplätzen heranziehen und eine Turnover-Rate berechnen. Diese variieren von 14 % bis zu 30 %. Im Durchschnitt weisen die untersuchten Ländern bei 1 bis 2 % Beschäftigungswachstum eine Turnover-Rate von 20 % auf. Es wird gezeigt, dass die meisten Umschichtungen innerhalb von (auch eng definierten) Sektoren stattfinden, inter-industrielle Verschiebungen machen nur weniger als 10 % aus. Weiters wird festgestellt, dass kein systematischer Zusammenhang zwischen dieser Rate und der Arbeitslosigkeit besteht, wobei allerdings eine über die Zeit und Länder vergleichbare Datenbasis fehlt.

Im folgenden Abschnitt wird nun auf eine andere Weise der Zusammenhang zwischen Strukturwandel und Arbeitslosigkeit untersucht.

3.4.2 Dynamik der Arbeitslosenrate

Um die Wachstumsraten über unterschiedliche Zeitperioden zu schätzen werden Spline-Regressionen durchgeführt. Das größte Problem stellt hier dar, die Zeitpunkte festzulegen, an denen Trendbrüche stattgefunden haben. Dabei sollte für die nachfolgenden Analysen eine Periodisierung gefunden werden, die für alle Länder und Sektoren gleichermaßen gilt. Da sich die Länder zum gleichen Zeitpunkt in unterschiedlichen Konjunkturphasen befinden können, ist eine einheitliche Periodisierung schwierig.

Um diese einheitliche Periodisierung festzulegen, wurde zunächst nur die Entwicklung der Arbeitslosenrate für alle untersuchten Länder analysiert. Das Jahr 1973 (1. Ölpreisschock) stellt dabei einen ersten Zeitpunkt für einen möglichen Trendbruch dar. Das gilt nicht nur für die Entwicklung der Arbeitslosigkeit, sondern auch für Output, Beschäftigungswachstum und Produktivität. Ab diesem Zeitpunkt stieg die Wachstumsrate der Arbeitslosigkeit an, wobei ein eventueller Rückgang der Wachstumsrate am Ende der 70er-Jahre durch den zweiten Ölpreisschock 1979 verhindert wurde. Erst 1983 setzte ein Konjunkturaufschwung ein, der zu einem Sinken der Arbeitslosenrate führte. Ein weiterer Anstieg der Arbeitslosenrate für die untersuchten Länder war ab 1989/1990 zu verzeichnen. Diese Jahre wurden daher als Jahre für die Trendbrüche festgesetzt. Tabelle 3.4.1 zeigt die Ergebnisse für die einzelnen Länder und die gesamte OECD. In den ersten Spalten sind die Wachstumsraten der Arbeitslosigkeit in den vier Subperioden $\hat{\phi}^{un}_{\tau}$, $\tau = 1 \ldots 4$, und die p-Werte als Signifikanzmaß reportiert. Signifikante Werte werden mit ***

	Wachstumsraten UN/(EMP+UN)								Statistik			Trendbruch		
	1960-1973		1973-1983		1983-1989		1989-1997					p > F		
Land	$\hat{\phi}_1$	$p > \|t\|$	$\hat{\phi}_2$	$p > \|t\|$	$\hat{\phi}_3$	$p > \|t\|$	$\hat{\phi}_4$	$p > \|t\|$	N	$\bar{R}^2$	$p > F$	$\hat{\phi}_1 = \hat{\phi}_2$	$\hat{\phi}_2 = \hat{\phi}_3$	$\hat{\phi}_3 = \hat{\phi}_4$
CAN							0.021	0.275	9	0.048	0.275			
USA	-0.007	0.492	0.058	0.000***	-0.072	0.004***	-0.001	0.955	38	0.384	0.000***	0.004***	0.000***	0.089*
AUT			0.110	0.000***	-0.014	0.346	0.027	0.057*	25	0.907	0.000***		0.000***	0.120
BEL	0.007	0.498	0.182	0.000***	-0.086	0.001***	0.059	0.025**	37	0.942	0.000***	0.000***	0.000***	0.002***
DEU	0.042	0.116	0.184	0.000***	-0.032	0.450	0.040	0.281	30	0.911	0.000***	0.011**	0.002***	0.315
DNK	-0.005	0.822	0.210	0.000***	-0.119	0.023**	0.017	0.711	38	0.774	0.000***	0.000***	0.000***	0.123
FRA	0.056	0.000***	0.112	0.000***	0.000	0.987	0.026	0.024**	38	0.981	0.000***	0.000***	0.000***	0.218
GBR	0.051	0.000***	0.158	0.000***	-0.060	0.024**	0.014	0.561	38	0.936	0.000***	0.000***	0.000***	0.101
ITA			0.054	0.000***	0.036	0.000***	-0.001	0.902	21	0.916	0.000***		0.220	0.009***
NLD			0.119	0.000***	-0.052	0.006***	-0.041	0.010***	23	0.792	0.000***		0.000***	0.694
FIN			0.091	0.004***	-0.065	0.138	0.209	0.000***	25	0.736	0.000***		0.023**	0.001***
NOR	0.014	0.340	0.065	0.001***	0.086	0.011**	0.026	0.369	38	0.825	0.000***	0.090*	0.631	0.282
SWE			0.056	0.018**	-0.084	0.018**	0.244	0.000***	25	0.815	0.000***		0.010***	0.000***
ESP			0.201	0.000***	-0.027	0.031**	0.025	0.029**	25	0.979	0.000***		0.000***	0.018**
GRC			0.130	0.000***	0.044	0.200	0.028	0.415	24	0.823	0.000***		0.096*	0.800
IRL	0.000	0.963	0.077	0.000***	0.051	0.002***	-0.061	0.000***	38	0.912	0.000***	0.000***	0.238	0.000***
ISL	0.106	0.089*	-0.037	0.450	0.194	0.026**	0.194	0.015**	34	0.633	0.000***	0.153	0.062*	0.999
PRT	0.028	0.034**	0.134	0.000***	-0.152	0.000***	0.050	0.051*	38	0.838	0.000***	0.000***	0.000***	0.000***
JPN	0.020	0.227	0.062	0.000***	-0.048	0.001***	0.041	0.002***	31	0.845	0.000***	0.063*	0.000***	0.001***
AUS	0.056	0.003***	0.132	0.000***	-0.035	0.150	0.036	0.103	34	0.927	0.000***	0.009***	0.000***	0.091*
NZL							-0.038	0.176	9	0.137	0.176			
OECD	0.010	0.225	0.123	0.000***	-0.024	0.199	0.043	0.013**	38	0.942	0.000***	0.000***	0.000***	0.040**

Tabelle 3.4.1: Wachstumsraten der Arbeitslosigkeitsrate

für $p \leq 0.01$, ** für $0.01 < p \leq 0.05$ und * für $0.05 < p \leq 0.10$ gekennzeichnet. N ist die Anzahl der Beobachtungen, $\bar{R}^2$ das Ausmaß der erklärten Varianz korrigiert um die Anzahl der erklärenden Variablen und die Spalte $p > F$ zeigt die Wahrscheinlichkeitswerte der F-Statistik. In den Spalten 'Trendbruch' werden die Wahrscheinlichkeitswerte der F-Statistik der Tests auf Strukturbruch angeführt.

Für die gesamte OECD (letzte Zeile in Tabelle 3.4.1) bestätigt sich die obige Festlegung der Periodisierung. Während in der ersten Subperiode kein Wachstum der Arbeitslosenrate zu beobachten ist ($\hat{\phi}^{un}_{OECD,1}$ ist nicht signifikant von null verschieden), stieg die Wachstumsrate in der zweiten Periode auf 12.3 %. Der Test auf Strukturbruch ($\hat{\phi}^{un}_{OECD,1} = \hat{\phi}^{un}_{OECD,2}$) bestätigt die signifikante Änderung der Wachstumsrate gegenüber der Vorperiode, also einen Trendbruch. In der dritten Periode (1983-1989) sinkt die Wachstumsrate der Arbeitslosigkeit auf null, wobei ebenfalls der Test auf Strukturbruch die Änderung bestätigt. Schließlich zeigt sich der weitere Anstieg der Wachstumsrate der Rate der Arbeitslosigkeit in der vierten Periode auf einen Wert von cirka 4 %. Dieser Anstieg wird ebenfalls durch den Test auf Strukturbruch auf dem 5 %-Niveau bestätigt.

Für die Mehrzahl der untersuchten Länder lassen sich ähnliche Muster finden. So zeigt sich in der ersten Periode ein signifikant positives Wachstum der Arbeitslosigkeit nur in Frankreich und Großbritannien, Island, Portugal und Australien, jedoch keine Änderung in den anderen Ländern. In der zweiten Periode zeigen alle Länder mit Ausnahme Islands signifikant positive Zuwachsraten, wobei auch der Test auf Strukturbruch zumindest auf dem 10 % Niveau signifikant ist. In der dritten Periode weisen Norwegen, Irland und Island signifikant positive Zuwachsraten auf. In den Ländern Österreich, Deutschland, Frankreich, Griechenland und Australien ist die Arbeitslosenrate konstant. Die übrigen Länder verzeichnen in dieser Periode signifikant negative Wachstumsraten, was heißt, dass die Arbeitslosigkeit gesunken ist. Nur in Italien, Norwegen und Irland sind die Wachstumsraten nicht signifikant unterschiedlich gegenüber der Vorperiode. Island ist das einzige Land in dem ein signifikanter Anstieg der Wachstumsrate gegenüber der Vorperiode stattgefunden hat. In der letzten Periode von 1989-1997 sind die Wachstumsraten in Österreich, Belgien, Frankreich, Schweden, Island, Portugal und Japan signifikant positiv. Nur in den Niederlanden und in Irland sind sie signifikant negativ. Signifikante Änderungen der Wachstumsraten (von negativ auf null oder positiv) sind in den USA, Belgien, Finnland, Schweden, Spanien, Portugal, Japan und Australien zu finden. Italien und Irland weisen einen signifikanten Rückgang des Wachstums der Arbeitslosenrate auf.

3.4.3 Arbeitsangebot und Arbeitslosigkeit

Eine erste mögliche Erklärung für die Änderungen in den Wachstumsraten der Arbeitslosigkeit ist die Veränderung des Arbeitsangebotes. Tabelle 3.4.2, die analog zur letzten Tabelle zu interpretieren ist, zeigt die Wachstumsraten der Partizipationsrate in den vier Subperioden. In der ersten Subperiode weisen Österreich, Deutschland, Italien, Niederlande, Finnland, Griechenland, Irland und Japan negative Wachstumsraten auf, in Frankreich und Spanien sind diese Wachstumsraten nicht von null verschieden. Alle anderen Länder verzeichnen signifikant positive Zuwachsraten. In der zweiten Periode verzeichnen dreizehn Länder einen Anstieg der Wachstumsrate der Partizipationsrate. Diese fällt jedoch gegenüber der Vorperiode in Belgien, Spanien, Portugal und Australien; in Deutschland, Dänemark, Frankreich, Großbritannien und Neuseeland gibt es hingegen keine signifikanten Änderungen. Die Wachstumsrate bleibt in Österreich, Deutschland, Spanien, Irland und Australien weiterhin signifikant negativ und in Belgien, Frankreich, Großbritannien, Niederlande, Portugal und Neuseeland konstant. Sie steigt in der dritten Subperiode gegenüber der zweiten in Österreich, Deutschland, Großbritannien, den Niederlanden, Spanien und den ozeanischen Ländern signifikant und sinkt in Kanada, Belgien, Frankreich, den skandinavischen Staaten und Griechenland; in den anderen Ländern gibt es keine signifikanten Änderungen. In Belgien, Frankreich, Finnland und Irland wird sie in dieser Periode somit negativ, in Norwegen, Schweden, Griechenland und Portugal bleibt die Partizipationsrate konstant. Schließlich gibt es in Kanada, den USA, Dänemark, Großbritannien, Italien, Niederlande, Schweden und den beiden ozeanischen Ländern einen Rückgang der Wachstumsrate in der vierten gegenüber der dritten Subperiode, und einen Anstieg in Belgien, Frankreich, Griechenland, Irland und Japan. In den anderen Ländern ist keine signifikante Änderung zu verzeichnen. Die Wachstumsrate war somit in Kanada, Dänemark, Italien, Finnland, Schweden signifikant negativ, in Großbritannien, Norwegen, Griechenland und Portugal nicht signifikant von null verschieden.

Um den Einfluss der Entwicklung des Arbeitsangebotes auf die Entwicklung der Arbeitslosigkeit zu testen, wurde folgende einfache Regression gerechnet.

$$\hat{\phi}^{un}_{c,\tau} = \beta_0 + \beta_1 \hat{\phi}^{part}_{c,\tau} + \epsilon_{c,\tau}$$

Diese Regressionen wurden für die vier Subperioden $\tau = 1, 2, 3, 4$ separat durchgeführt. Die Ergebnisse werden in Tabelle 3.4.3 reportiert. Die Entwicklung des Arbeitsangebotes hat nur in der zweiten Periode einen signifikanten negativen Zusammenhang mit den Änderungsraten der Arbeitslosigkeit. Außer in starken Krisenzeiten scheint es daher keinen Einfluss von Änderungen des Arbeitsangebotes auf die Entwicklung der Arbeitslosigkeit

	Wachstumsraten TLF/POP15_64								Statistik			Trendbruch		
	1960-1973		1973-1983		1983-1989		1989-1997					p > F		
Land	$\hat{\phi}_1$	$p>\|t\|$	$\hat{\phi}_2$	$p>\|t\|$	$\hat{\phi}_3$	$p>\|t\|$	$\hat{\phi}_4$	$p>\|t\|$	N	$\bar{R}^2$	$p>F$	$\hat{\phi}_1=\hat{\phi}_2$	$\hat{\phi}_2=\hat{\phi}_3$	$\hat{\phi}_3=\hat{\phi}_4$
CAN	0.004	0.000***	0.012	0.000***	0.005	0.000***	-0.003	0.005***	38	0.990	0.000***	0.000***	0.000***	0.000***
USA	0.003	0.000***	0.008	0.000***	0.008	0.000***	0.002	0.005***	38	0.989	0.000***	0.000***	0.604	0.001***
AUT	-0.006	0.000***	-0.002	0.045**	0.007	0.002***	0.009	0.000***	38	0.805	0.000***	0.060*	0.003***	0.594
BEL	0.002	0.000***	0.000	0.184	-0.002	0.003***	0.005	0.000***	38	0.872	0.000***	0.020**	0.009***	0.000***
DEU	-0.002	0.000***	-0.002	0.000***	0.005	0.000***	0.004	0.000***	38	0.826	0.000***	0.684	0.000***	0.577
DNK	0.005	0.000***	0.006	0.000***	0.007	0.000***	-0.007	0.000***	38	0.965	0.000***	0.701	0.615	0.000***
FRA	-0.001	0.110	-0.001	0.313	-0.004	0.004***	0.004	0.005***	38	0.553	0.000***	0.842	0.081*	0.002***
GBR	0.001	0.011**	0.001	0.128	0.005	0.000***	-0.001	0.265	38	0.840	0.000***	0.688	0.004***	0.001***
ITA	-0.009	0.000***	0.004	0.001***	0.004	0.024**	-0.005	0.003***	38	0.802	0.000***	0.000***	0.823	0.004***
NLD	-0.006	0.000***	0.001	0.600	0.020	0.000***	0.012	0.000***	38	0.938	0.000***	0.002***	0.000***	0.030**
FIN	-0.006	0.000***	0.010	0.000***	-0.004	0.004***	-0.005	0.000***	38	0.848	0.000***	0.000***	0.000***	0.691
NOR	0.006	0.000***	0.015	0.000***	-0.001	0.650	0.001	0.749	38	0.933	0.000***	0.001***	0.000***	0.665
SWE	0.003	0.000***	0.008	0.000***	0.000	0.833	-0.009	0.000***	38	0.921	0.000***	0.000***	0.000***	0.003***
ESP	0.000	0.303	-0.010	0.000***	0.008	0.000***	0.003	0.001***	38	0.941	0.000***	0.000***	0.000***	0.002***
GRC	-0.013	0.000***	0.005	0.000***	0.000	0.834	0.004	0.039**	38	0.844	0.000***	0.000***	0.052*	0.219
IRL	-0.006	0.000***	-0.003	0.001***	-0.004	0.002***	0.007	0.000***	38	0.931	0.000***	0.002***	0.321	0.000***
ISL	0.005	0.011**	0.010	0.000***	0.007	0.007***	0.010	0.001***	33	0.943	0.000***	0.100*	0.500	0.567
PRT	0.013	0.000***	0.001	0.400	0.004	0.102	0.002	0.444	38	0.916	0.000***	0.000***	0.398	0.573
JPN	-0.004	0.000***	0.002	0.001***	0.003	0.025**	0.008	0.000***	38	0.896	0.000***	0.000***	0.843	0.008***
AUS	0.005	0.000***	-0.001	0.016**	0.010	0.000***	0.003	0.006***	38	0.957	0.000***	0.000***	0.000***	0.000***
NZL	0.003	0.036**	0.001	0.331	0.021	0.000***	-0.003	0.241	38	0.890	0.000***	0.622	0.000***	0.000***

Tabelle 3.4.2: Entwicklung der Partizipationsrate

	Abhängige Variable			
	$\hat{\phi}_1^{un}$	$\hat{\phi}_2^{un}$	$\hat{\phi}_3^{un}$	$\hat{\phi}_4^{un}$
$\hat{\phi}_\tau^{part}$	0.738	-6.077	-1.431	-4.018
	(0.726)	(0.011)**	(0.655)	(0.203)
Konst.	0.029	0.127	-0.018	0.051
	(0.024)**	(0.000)***	(0.433)	(0.010)***
$p > F$	0.726	0.011**	0.655	0.203
N	12	19	19	21
$\bar{R}^2$	-0.086	0.286	-0.046	0.036

Tabelle 3.4.3: Arbeitsangebot und Veränderung der Arbeitslosigkeit

zu geben. In der zweiten Periode von 1973-1983, wo ein signifikanter Zusammenhang besteht, dürfte die Kausalität aber in die andere Richtung gehen: Die (plötzlich) ansteigende Arbeitslosigkeit hat einen negativen Einfluss auf die Partizipationsrate, da Personen in Nicht-Beschäftigungsbereiche wechseln oder ein potentielles Angebot gar nicht erst auf den Arbeitsmarkt kommt.

3.4.4 Sektorale Arbeitsnachfrage und Arbeitslosigkeit

Der Einfluss der Deindustrialisierung auf die Änderung der Arbeitslosigkeit über die Periode 1973-1985 wird in Rowthorn und Glyn (1990) dokumentiert, wo der Schluss gezogen wird, dass Änderungen der Wachstumsraten der Beschäftigungsanteile im Manufaktursektor (ISIC3) der wichtigste Grund für die Unterschiede in der Betroffenheit von Arbeitslosigkeit in den OECD Ländern darstellen und beispielsweise einen stärkeren Zusammenhang mit der Entwicklung der Arbeitslosigkeit als die Wachstumsrate der gesamten Beschäftigung aufweisen. Rowthorn und Glyn (1990) schließen daraus auf den stark strukturellen Charakter der Arbeitslosigkeit.

In dieser Arbeit wird dieser Aspekt der Deindustrialisierung nochmals betont, aber gleichzeitig der Absorptionsfähigkeit der Dienstleistungssektoren gegenübergestellt. Sektor ISIC3 (Manufaktur) hat einen großen Einfluss auf die Arbeitslosigkeit als Sektor, der relativ an Beschäftigten verliert, Sektor ISIC6 (Handel) hat vor allem in den USA aber auch in anderen Ländern eine bedeutende Rolle als absorbierender Sektor in der Phase der Deindustrialisierung gehabt und bietet noch - wie oben im Vergleich mit den USA zu sehen war - ein Potenzial für die Schaffung von Arbeitsplätzen in Europa. Sektor 8 (Finanz) ist derjenige Sektor mit den höchsten Wachstumsraten allerdings mit relativ geringem Anteil und Sektor 9 (Wohlfahrt) ist der Sektor, der das höchste Absorptionspotenzial aus theoretischer Sicht aufweist und auch sowohl durch einen hohen Anteil der Beschäftigung als auch hohe Wachstumsraten gekennzeichnet ist.

Im Folgenden werden Regressionsresultate gezeigt, die die Änderungen in der Arbeitslosenrate $\hat{\phi}^{un}_{c,\tau}$ durch die Veränderungen der Beschäftigungsanteile in den Sektoren ISIC3, ISIC6+ISIC7, ISIC8 und ISIC9 erklären. Dabei wird wieder die gleiche Periodisierung der linearen Splines wie oben für die Veränderungen der Arbeitslosenrate verwendet (1960-1973, 1974-1983, 1984-1989, 1990-1997).

Die entsprechenden Regressionsgleichungen sind demnach:

$$\hat{\phi}^{un}_{c,\tau} = \beta_0 + \beta_1 \hat{\phi}^{emp_i}_{c,\tau} + \epsilon^{emp_i}_{c,\tau}$$

Eine zweite Hypothese ist, dass Änderungen der Wachstumsrate der Beschäftigung in einem Sektor die Wachstumsrate der Arbeitslosigkeit beeinflussen. Dahinter steht die Überlegung, dass (plötzliche) Änderungen in der wirtschaftlichen und insbesondere sektoralen Entwicklung ebenfalls Implikationen auf die Arbeitsmarktlage haben. Die zu testende Regressionsgleichung ist somit gegeben durch

$$\hat{\phi}^{un}_{c,\tau+1} = \beta_0 + \beta_1 \Delta\hat{\phi}^{emp_i}_{c,(\tau+1)\tau} + \epsilon^{emp_i}_{c,\tau}$$

wobei $\Delta\hat{\phi}^{emp_i}_{c,(\tau+1)\tau} = \hat{\phi}^{emp_i}_{c,\tau+1} - \hat{\phi}^{emp_i}_{c,\tau}$ ist.

3.4.4.1 Deindustrialisierung und Arbeitslosigkeit

Analog zu oben lassen sich auch für die Beschäftigungsanteile in Sektor ISIC3 die Wachstumsraten durch Spline-Regressionen berechnen. Die Ergebnisse werden in Tabelle 3.4.4 gezeigt. Für die gesamte OECD ergibt sich folgendes Bild: Während in der ersten Periode die Wachstumsrate bei -0.7 % lag, sank diese ab 1973 auf ungefähr -2.2 % und war seitdem relativ stabil. Eine signifikante Veränderung ist dementsprechend nur von der ersten auf die zweite Periode nachweisbar. Für einzelne Länder zeigen sich jedoch Unterschiede vor allem in den letzten beiden Perioden. In der ersten Periode 1960-1973 haben die meisten Länder signifikant negative Wachstumsraten. Die Ausnahmen davon sind Deutschland, wo die Wachstumsrate nicht von null verschieden ist, und Irland und Portugal, wo die Werte signifikant größer als null sind. In der zweiten Periode sinken die Wachstumsraten in allen Ländern signifikant gegenüber der ersten Periode; Ausnahme ist Japan, wo der Test auf Strukturbruch keine signifikante Veränderung anzeigt. Eine stärkere Differenzierung zwischen den Ländern findet in der dritten Periode statt. Deutschland, Dänemark, Niederlande, Schweden, Portugal und Japan weisen nicht von null verschiedene Wachstumsraten auf. Der Anstieg der Wachstumsrate von der

	Wachstumsraten EMP3/(EMP+UN)								Statistik			Trendbruch		
	1960-1973		1973-1983		1983-1989		1989-1997					p > F		
Land	$\hat{\phi}_1$	$p > \|t\|$	$\hat{\phi}_2$	$p > \|t\|$	$\hat{\phi}_3$	$p > \|t\|$	$\hat{\phi}_4$	$p > \|t\|$	N	$\bar{R}^2$	$p > F$	$\hat{\phi}_1 = \hat{\phi}_2$	$\hat{\phi}_2 = \hat{\phi}_3$	$\hat{\phi}_3 = \hat{\phi}_4$
CAN							0.006	0.626	9	-0.102	0.626			
USA	-0.014	0.000***	-0.028	0.000***	-0.013	0.003***	-0.008	0.039**	38	0.975	0.000***	0.000***	0.015**	0.486
AUT			-0.013	0.000***	-0.005	0.064*	-0.042	0.000***	25	0.977	0.000***		0.074*	0.000***
BEL	-0.010	0.000***	-0.046	0.000***	-0.004	0.040**	-0.027	0.000***	37	0.997	0.000***	0.000***	0.000***	0.000***
DEU	-0.003	0.101	-0.030	0.000***	0.001	0.639	-0.038	0.000***	30	0.989	0.000***	0.000***	0.000***	0.000***
DNK	-0.019	0.000***	-0.032	0.000***	-0.002	0.605	-0.003	0.290	38	0.983	0.000***	0.000***	0.000***	0.795
FRA	-0.009	0.000***	-0.024	0.000***	-0.030	0.000***	-0.030	0.000***	38	0.995	0.000***	0.000***	0.050*	0.964
GBR	-0.006	0.001***	-0.038	0.000***	-0.012	0.002***	-0.025	0.000***	38	0.987	0.000***	0.000***	0.000***	0.040**
ITA			-0.026	0.000***	-0.028	0.000***	0.006	0.012**	21	0.968	0.000***		0.792	0.000***
NLD			-0.042	0.000***	0.002	0.547	-0.024	0.000***	23	0.978	0.000***		0.000***	0.000***
FIN			-0.016	0.001***	-0.040	0.000***	-0.028	0.000***	25	0.943	0.000***		0.019**	0.284
NOR	-0.011	0.000***	-0.036	0.000***	-0.033	0.000***	-0.010	0.010***	38	0.986	0.000***	0.000***	0.667	0.003***
SWE			-0.026	0.000***	-0.008	0.134	-0.030	0.000***	25	0.931	0.000***		0.035**	0.029**
ESP			-0.041	0.000***	-0.020	0.004***	-0.038	0.000***	25	0.959	0.000***		0.039**	0.118
GRC			-0.014	0.000***	-0.011	0.048**	-0.058	0.000***	24	0.952	0.000***		0.632	0.000***
IRL	0.009	0.000***	-0.024	0.000***	-0.018	0.000***	0.006	0.164	38	0.913	0.000***	0.000***	0.400	0.005***
ISL	-0.020	0.000***	0.006	0.088*	-0.047	0.000***	-0.024	0.000***	34	0.935	0.000***	0.001***	0.000***	0.028**
PRT	0.023	0.000***	-0.003	0.147	0.000	0.923	-0.028	0.000***	38	0.902	0.000***	0.000***	0.613	0.000***
JPN	-0.013	0.000***	-0.019	0.000***	0.003	0.282	-0.018	0.000***	31	0.968	0.000***	0.160	0.000***	0.000***
AUS	-0.020	0.000***	-0.032	0.000***	-0.031	0.000***	-0.024	0.000***	34	0.988	0.000***	0.012**	0.797	0.365
NZL							0.000	0.973	9	-0.143	0.973			
OECD	-0.007	0.000***	-0.022	0.000***	-0.021	0.000***	-0.022	0.000***	38	0.993	0.000***	0.000***	0.593	0.837

Tabelle 3.4.4: Wachstumsraten der Beschäftigungsanteile im Sektor ISIC3

	Abhängige Variable			
	$\hat{\phi}_1^{un}$	$\hat{\phi}_2^{un}$	$\hat{\phi}_3^{un}$	$\hat{\phi}_4^{un}$
$\hat{\phi}_{\tau}^{emp3}$	-0.055	-2.626	-3.377	-0.903
	(0.517)	(0.011)**	(0.003)***	(0.029)**
Const.	0.026	0.043	-0.076	0.003
	(0.047)**	(0.121)	(0.002)***	(0.764)
$P > F$	0.517	0.011**	0.003***	0.029**
N	12	19	19	18
$\bar{R}^2$	-0.053	0.282	0.3881	0.218
ohne:				ISL,FIN SWE

Tabelle 3.4.5: Deindustrialisierung und Änderung der Arbeitslosenrate

zweiten auf die dritte Periode in allen diesen Ländern ist signifikant. Die anderen Länder verzeichnen weiterhin signifikant negative Wachstumsraten, die jedoch in den USA, Österreich, Belgien, Großbritannien und Spanien gegenüber der Vorperiode signifikant angestiegen sind. Für die übrigen Länder gibt es keine signifikanten Veränderungen gegenüber der Vorperiode. Schließlich ist Finnland das einzige Land, das eine signifikant geringere Wachstumsrate aufweist. Das bedeutet, dass es in dieser Periode in den meisten Ländern zu einer Abschwächung der Deindustrialisierungstendenzen kam. In der vierten Periode 1989-1997 weisen Kanada, Dänemark, Irland und Neuseeland Wachstumsraten auf, die nicht signifikant von null verschieden sind. Italien hat als einziges Land eine signifikant positive Wachstumsrate. In den USA, Dänemark, Frankreich, Finnland, Spanien und Australien gibt es keine signifikanten Veränderungen gegenüber der Vorperiode. Signifikant geringere Wachstumsraten gegenüber der Vorperiode haben Österreich, Belgien, Deutschland, Großbritannien, die Niederlande, Schweden, Griechenland, Portugal und Japan. In Italien, Norwegen, Irland und Island sind die Wachstumsraten signifikant höher als in der Vorperiode.

Inwieweit kann nun die Wachstumsrate der Arbeitslosigkeit mit Veränderungen der Beschäftigungsanteile in diesem Sektor erklärt werden? Tabelle 3.4.5 zeigt die Regressionsresultate der oben angeführten Schätzgleichungen. Für die erste Periode ist kein signifikanter Zusammenhang zwischen der Entwicklung der Beschäftigung im Manufaktursektor und der Veränderung der Arbeitslosenrate festzustellen. Jedoch zeigt sich in der zweiten Periode (1973-1983) ein signifikanter Zusammenhang: Je geringer die (negative) Wachstumsrate des Sektors ist, desto höher ist auch der Anstieg der Arbeitslosigkeit in diesem Sektor, wobei fast 30 % der Varianz der Wachstumsraten der

	Abhängige Variable			
	$\hat{\phi}_2^{un}$	$\hat{\phi}_3^{un}$	$\hat{\phi}_3^{un}$	$\hat{\phi}_4^{un}$
$\Delta\hat{\phi}_{\tau+1,\tau}^{emp3}$	-1.596	-2.196	-2.553	-0.555
	(0.393)	(0.004)***	(0.003)***	(0.099)*
Cons.	0.090	-0.001	0.016	0.012
	(0.063)*	(0.540)	(0.328)	(0.149)
$P > F$	0.393	0.004***	0.003***	0.099*
N	11	19	16	16
$\bar{R}^2$	-0.020	0.362	0.441	0.124
ohne:	ISL		FIN,ISL PRT	FIN,ISL SWE

Tabelle 3.4.6: Änderungen der Wachstumsraten in ISIC3 und Änderung der Arbeitslosenrate

Arbeitslosigkeit dadurch erklärt werden. Allerdings ist dieses Resultat von Island abhängig. Nimmt man Island aus dem Sample, ist dieser Zusammenhang nicht länger signifikant. Dieses Resultat entspricht dem von Rowthorn und Glyn (1990),die zwar einen signifikanten Zusammenhang in der Periode von 1973-1985 finden, der allerdings hauptsächlich auf die Entwicklungen in der Periode von 1979-1985 zurückzuführen ist. Der Zusammenhang für die Periode 1973-1979 ist jedoch ebenfalls insignifikant. Der Grund für dieses Resultat dürfte sein, dass die Länder gleichermaßen vom Ölpreisschock betroffen waren und daher (in der Querschnitts Untersuchung) kein systematischer Zusammenhang feststellbar ist. Der untersuchte Zusammenhang wird in der dritten Periode von 1983-1989 stärker, wobei sich jedoch die Regressionsgerade nach unten verschiebt. In der vierten Periode schließlich ist der Zusammenhang zwar noch immer signifikant, jedoch wesentlich geringer.

Eine weitere Hypothese ist, dass die Wachstumsrate der Arbeitslosigkeit von (plötzlichen) Änderungen der sektoralen Beschäftigungsanteile abhängt. In diesem Zusammenhang heißt das, dass Änderungen der Wachstumsrate des Manufaktursektors einen Einfluss auf die Wachstumsrate der Arbeitslosigkeit haben kann. Die entsprechenden Ergebnisse sind in Tabelle 3.4.6 aufgelistet. Die Wachstumsrate der Arbeitslosigkeit in der zweiten Periode (1973-1983) ist demnach nicht signifikant von der Änderung der Wachstumsrate der Beschäftigungsanteile in Sektor ISIC3 zwischen der ersten und zweiten Periode beeinflusst. Der Zusammenhang wird jedoch besonders stark in der dritten Periode. Eine Änderung der Wachstumsrate der Beschäftigten gegenüber der Vorperiode hat einen starken und signifikanten Einfluss auf die Wachstumsrate der Arbeitslosigkeit dieser Periode. Nimmt man Finnland,

Portugal und Island aus dem Sample, können beinahe 40 % der Varianz erklärt werden. In der letzten Periode schwächt sich dieser Zusammenhang wiederum ab.

Die anderen drei Industriesektoren sind aufgrund ihrer relativen Größe weder als abstoßende noch als absorbierende Sektoren bedeutungsvoll. Die Regressionen zeigen keine signifikanten Resultate und werden daher nicht reportiert.

Ein weiterer arbeitsabbauender Sektor, der allerdings ebenfalls aufgrund seiner relativen Größe nicht mehr sehr bedeutend für die Beschäftigungssituation ist, ist der landwirtschaftliche Sektor ISIC1. Auch hier zeigen die Regressionen keine signifikanten Resultate. Dabei ist zu beachten, dass dies Querschnittsregressionen über die Länder sind und daher im Durchschnitt kein signifikanter Zusammenhang besteht. Damit ist jedoch nicht gesagt, dass der Abbau von Beschäftigung in diesem Sektor für einzelne Länder keinen Einfluss auf die Entwicklung der Arbeitslosigkeit hat.

3.4.4.2 Tertiarisierung und Arbeitslosigkeit

Wie oben bereits erwähnt, muss der Reallokation von Arbeitskräften aufgrund der sinkenden Beschäftigungsanteile im Manufakturbereich eine entsprechende Aufnahmefähigkeit eines oder mehrerer anderer Sektoren gegenüberstehen, wobei auch noch neu hinzukommende Arbeitskräfte absorbiert werden müssen. Als solche wurden die Dienstleistungssektoren charakterisiert, wobei den Sektoren ISIC6 und ISIC9 aufgrund ihrer relativen Größe das größte Aufnahmepotenzial zukommt; Sektor ISIC8 ist aufgrund der hohen Wachstumsraten, allerdings ausgehend von einer geringen relativen Größe, bedeutungsvoll.

3.4.4.2.1 Der Distributionssektor ISIC6 Die Ergebnisse der Spline-Regressionen für Sektor ISIC6 sind in Tabelle 3.4.7 aufgelistet. In der ersten Periode weisen alle Länder entweder positive oder nicht von null verschiedene Wachstumsraten auf; nur Island hat eine negative Wachstumsrate. Nach dem ersten Ölpreisschock gibt es eine Differenzierung zwischen den Ländern: die USA, Österreich, Großbritannien, Italien, Norwegen und Japan verzeichnen signifikant positive Wachstumsraten, Belgien, Dänemark, Frankreich, Niederlande, Finnland, Schweden, die südeuropäischen Länder haben negative Wachstumsraten und auch signifikante Trendbrüche, die Wachstumsraten der übrigen Länder sind nicht von null verschieden. In der dritten Periode haben wiederum alle Länder signifikant positive oder nicht von null verschiedene Wachstumsraten (USA, Österreich, Deutschland, Norwegen, Schweden und Irland). Trendbrüche sind wieder für alle Länder festzustellen, die auch

	Wachstumsraten EMP6/(EMP+UN)								Statistik			Trendbruch		
	1960-1973		1973-1983		1983-1989		1989-1997					p > F		
Land	$\hat{\phi}_1$	$p > \|t\|$	$\hat{\phi}_2$	$p > \|t\|$	$\hat{\phi}_3$	$p > \|t\|$	$\hat{\phi}_4$	$p > \|t\|$	N	$\bar{R}^2$	$p > F$	$\hat{\phi}_1 = \hat{\phi}_2$	$\hat{\phi}_2 = \hat{\phi}_3$	$\hat{\phi}_3 = \hat{\phi}_4$
CAN							-0.002	0.484	9	-0.060	0.484			
USA	0.004	0.029**	0.005	0.016**	0.002	0.644	-0.013	0.000***	38	0.580	0.000***	0.684	0.509	0.021**
AUT			0.011	0.000***	0.004	0.196	0.022	0.000***	25	0.930	0.000***		0.130	0.002***
BEL	0.008	0.000***	-0.015	0.000***	0.022	0.000***	0.017	0.001***	37	0.740	0.000***	0.000***	0.000***	0.526
DEU	0.007	0.027**	0.000	0.890	-0.004	0.398	0.009	0.034**	30	0.473	0.000***	0.284	0.528	0.107
DNK	0.003	0.262	-0.017	0.000***	0.019	0.001***	0.015	0.004***	38	0.619	0.000***	0.000***	0.000***	0.653
FRA	0.019	0.000***	-0.006	0.000***	0.007	0.001***	-0.002	0.206	38	0.949	0.000***	0.000***	0.000***	0.010**
GBR	0.003	0.069*	0.005	0.021**	0.013	0.001***	0.003	0.380	38	0.832	0.000***	0.595	0.115	0.110
ITA			0.012	0.017**	0.007	0.064*	-0.008	0.023**	21	0.554	0.001***		0.569	0.025**
NLD			-0.007	0.004***	0.013	0.000***	0.033	0.000***	23	0.971	0.000***		0.000***	0.000***
FIN			-0.023	0.000***	0.013	0.071*	-0.035	0.000***	25	0.792	0.000***		0.002***	0.001***
NOR	0.006	0.000***	0.004	0.023**	0.001	0.774	-0.003	0.283	38	0.728	0.000***	0.352	0.471	0.463
SWE			-0.007	0.003***	0.001	0.868	-0.007	0.020**	25	0.627	0.000***		0.125	0.171
ESP			-0.035	0.000***	0.030	0.000***	0.012	0.019**	25	0.827	0.000***		0.000***	0.078*
GRC			-0.006	0.014**	0.018	0.000***	0.050	0.000***	24	0.960	0.000***		0.000***	0.000***
IRL	-0.001	0.184	-0.017	0.000***	-0.002	0.366	0.027	0.000***	38	0.942	0.000***	0.000***	0.000***	0.000***
ISL	-0.006	0.061*	-0.002	0.367	0.024	0.000***	-0.016	0.000***	34	0.563	0.000***	0.457	0.000***	0.000***
PRT	0.029	0.000***	-0.009	0.026**	0.040	0.000***	0.039	0.000***	38	0.940	0.000***	0.000***	0.000***	0.918
JPN	0.011	0.000***	0.010	0.000***	0.003	0.040**	-0.001	0.315	31	0.970	0.000***	0.782	0.001***	0.084*
AUS	0.007	0.094*	0.005	0.160	0.013	0.040**	0.008	0.126	34	0.724	0.000***	0.721	0.370	0.675
NZL							0.017	0.001***	9	0.755	0.001***			
OECD	0.012	0.000***	-0.012	0.000***	0.018	0.000***	0.010	0.000***	38	0.889	0.000***	0.000***	0.000***	0.076*

Tabelle 3.4.7: Wachstumsraten der Beschäftigungsanteile im Sektor ISIC6 (Distribution)

	Abhängige Variable				
	$\hat{\phi}_1^{un}$	$\hat{\phi}_2^{un}$	$\hat{\phi}_3^{un}$	$\hat{\phi}_4^{un}$	$\hat{\phi}_4^{un}$
$\hat{\phi}_\tau^{emp6}$	-0.378	-1.951	-2.690	-0.195	0.491
	(0.746)	(0.044)**	(0.032)**	(0.687)	(0.053)*
Const.	0.033	0.109	-0.005	0.017	0.022
	(0.029)**	(0.000)***	(0.771)***	(0.097)*	(0.000)***
$P > F$	0.746	0.044**	0.032**	0.687	0.053*
N	12	18	18	18	15
$\bar{R}^2$	-0.088	0.183	0.2107	-0.051	0.2010
ohne:		ISL	ISL	ISL,FIN SWE	ISL,FIN,SWE IRL,NLD,NZL

Tabelle 3.4.8: Tertiarisierung in ISIC6 und Änderung der Arbeitslosenrate

Trendbrüche von der ersten auf die zweite Periode aufweisen. In der vierten Periode ist das Bild differenzierter: Österreich, Belgien, Deutschland, Dänemark, Niederlande, die Ländergruppe *EU*3 mit Ausnahme Islands und Neuseelands weisen signifikant positive Wachstumsraten, die USA, Italien, Finnland, Schweden, Spanien und Island signifikant negative Wachstumsraten auf. Die Trendbrüche sind signifikant für die USA, Frankreich, Italien, Finnland, Island und Japan in Richtung einer geringeren Wachstumsrate, für Österreich, Niederlande, Griechenland und Irland in Richtung einer höheren Wachstumsrate.

Da auch der Beschäftigungsanteil dieses Sektors relativ hoch ist, können Änderungen im Beschäftigungswachstum einen Einfluss auf die Entwicklung der Arbeitslosigkeit haben. Tabelle 3.4.8 zeigt die entsprechenden Regressionsresultate. In der ersten Periode zeigt sich kein signifikanter Zusammenhang zwischen den beiden Wachstumsraten. Der Zusammenhang ist in der zweiten Periode jedoch signifikant (ohne Berücksichtigung Islands, das als einziges Land eine negative Wachstumsrate der Arbeitslosigkeit aufweist). Dieser Zusammenhang wird in der dritten Periode sogar noch stärker (wiederum ohne Island). In der vierten Periode verschwindet dieser Zusammenhang wieder. In einem kleineren Sample (ohne Neuseeland, Irland und Niederlande) ist sogar ein signifikant positiver Zusammenhang feststellbar, wobei hier die Kausalität umgekehrt sein dürfte: Länder mit hohen Wachstumsraten der Arbeitslosigkeit haben höhere Zuwachsraten in potentiell wachsenden Sektoren. Dieser Zusammenhang kann beispielsweise dadurch erklärt werden, dass eine hohe beziehungsweise ansteigende Arbeitslosigkeit das sektorale Arbeitsangebot ansteigen lässt, was bei flexiblen sektoralen Löhnen (mit unterschiedlicher Flexibilität zwischen den Sektoren) zu einer Beschäf-

	Abhängige Variable		
	$\hat{\phi}_2^{un}$	$\hat{\phi}_3^{un}$	$\hat{\phi}_4^{un}$
$\Delta\hat{\phi}^{emp6}_{\tau+1,\tau}$	-1.486	-1.879	2.413
	(0.282)	(0.029)**	(0.019)**
Cons.	0.107	-0.011	0.046
	(0.001)***	(0.529)	(0.000)***
$P > F$	0.282	0.029**	0.019**
N	11	17	11
$\bar{R}^2$	-0.030	0.233	0.416
ohne:	ISL	ISL,ESP	FIN,ISL,SWE,DEU AUT,GRC,NLD,IRL

Tabelle 3.4.9: Änderungen der Wachstumsraten in ISIC6 und Änderung der Arbeitslosenrate

tigungsausweitung in diesem Sektor führt. Ein ähnlicher Effekt wäre auch bei einem Anstieg der Nachfrageelastizität nach Arbeit in diesem Sektor zu erwarten. Ein höheres Arbeitsangebot beziehungsweise Druck auf die (sektoralen) Löhne würden dadurch zu einer überproportionalen Ausweitung der Arbeitsnachfrage führen, was bei gegebener Angebotselastizität zu einer Beschäftigungsausweitung in diesem Sektor führen kann.

Auch hier können wieder Veränderungen in der Wachstumsrate des absorbierenden Sektors einen Zusammenhang mit der Wachstumsrate der Arbeitslosigkeit aufweisen. Die Ergebnisse des Tests dieser Hypothese sind in Tabelle 3.4.9 zu finden. Während durch Veränderung der Wachstumsrate zwischen der ersten und zweiten Periode keinerlei signifikanter Zusammenhang zur Wachstumsrate der Arbeitslosigkeit in der zweiten Periode besteht, sind für die beiden weiteren Perioden unterschiedliche Resultate zu finden. In der dritten Periode besteht ein signifikanter negativer Zusammenhang, das heißt je höher der Anstieg der Wachstumsraten gegenüber der zweiten Periode desto geringer ist die Wachstumsrate der Arbeitslosigkeit der dritten Periode. Umgekehrt jedoch für die vierte Periode: Für die Gruppe der Länder, die einen Rückgang der Wachstumsrate verzeichnen, $\Delta\hat{\phi}^{emp6}_{c,43} < 0$, mit Ausnahme von Finnland, Island und Schweden, zeigt sich ein signifikant positiver Zusammenhang mit der Wachstumsrate der Arbeitslosigkeit in der vierten Periode. Das bedeutet, dass je stärker die Wachstumsrate der Beschäftigung in der vierten gegenüber der dritten Periode gesunken ist, desto geringer ist die Wachstumsrate der Arbeitslosigkeit. Oder auch umgekehrt, je höher die Wachstumsrate der Arbeitslosigkeit war, desto geringer war der Rückgang des Beschäftigungswachstums in Sektor ISIC6. Auch hier können wieder die oben angeführten Erklärungen gelten. Dieses Erklärungsmuster macht auch einen Vergleich zwischen den USA und europäischen Ländern möglich. Aufgrund der höheren Lohnflexibilität der USA, was vor allem in diesem Sektor gilt, war eine Beschäftigungsausweitung und somit eine Verhinderung von Arbeitslosigkeit leichter möglich als in Europa mit relativ rigideren Löhnen.[3]

3.4.4.2.2 Die Rolle des Wohlfahrtssektors ISIC9 Weiter oben wurde der Sektor ISIC9 als derjenige Sektor klassifiziert, der das höchste Absorptionspotenzial aufweist und somit die Beschäftigungsverluste aus Sektor ISIC3 am ehesten ausgleichen kann. Tabelle 3.4.10 zeigt die Wachstumsraten und Trendbrüche für diesen Sektor. In den ersten drei Perioden weisen alle Länder signifikant positive Wachstumsraten auf, wobei einige Länder auch Wachstumsraten um null aufweisen. Irland zeigt in der ersten Periode eine geringe und signifikant negative Wachstumsrate. Im Vergleich der zweiten mit der ersten Subperiode weisen die USA, Dänemark, Großbritannien und Island signifikant geringere Wachstumsraten auf, während diese in Deutschland, Irland und Portugal signifikant angestiegen sind. In den anderen Ländern (Belgien, Frankreich, Norwegen, Japan und Australien) ist keine signifikante Änderung zu entdecken. Änderungen im Beschäftigungswachstum gibt es jedoch im Vergleich der zweiten mit der dritten Periode: In Deutschland, Dänemark, Frankreich, Norwegen und Schweden sind signifikante Rückgänge der Wachstumsraten zu erkennen. In den anderen Ländern sind die Wachstumsraten geringer (allerdings nicht signifikant) als in der Periode von 1973-1983. In diese Gruppe fallen die nordeuropäischen Länder, sowie auch Spanien und Australien. Nur zwei Länder, Niederlande und Griechenland, zeigen einen signifikanten Anstieg der Wachstumsrate.

In der vierten Periode zeigen einige Länder auch signifikant negative Wachstumsraten, das sind Belgien, Niederlande, Finnland und Schweden. Signifikant positive Wachstumsraten haben Frankreich und Großbritannien, Norwegen, Spanien, Griechenland, Island und Japan aufzuweisen. Österreich, Belgien, Italien, Niederlande, Finnland, Schweden, Griechenland und Portugal weisen eine signifikant geringere Wachstumsrate gegenüber der dritten Periode auf. Eine gegenüber der Vorperiode signifikant höhere Wachstumsrate haben nur die zwei Länder Großbritannien und Irland.

Nimmt man die Evidenz der Trendbrüche in der dritten und vierten Periode zusammen, zeigt sich, dass in allen Ländern mit Ausnahme Großbritan-

[3]Hier müsste man auch noch hinzufügen, dass in diesem Sektor relativ viele unqualifizierte Beschäftigte arbeiten, für die in den europäischen Ländern Mindestlohnregelungen gelten. Das bedeutet, dass nicht unbedingt sektorale Unterschiede in Angebots- und Nachfrageelastizitäten beziehungsweise der Verschiebungen der Kurven wichtig sind, sondern relative Anteile an qualifizierten und unqualifizierten Arbeitern.

	Wachstumsraten EMP9/(EMP+UN)								Statistik			Trendbruch		
	1960-1973		1973-1983		1983-1989		1989-1997					p > F		
Land	$\hat{\phi}_1$	$p > \|t\|$	$\hat{\phi}_2$	$p > \|t\|$	$\hat{\phi}_3$	$p > \|t\|$	$\hat{\phi}_4$	$p > \|t\|$	N	$\bar{R}^2$	$p > F$	$\hat{\phi}_1 = \hat{\phi}_2$	$\hat{\phi}_2 = \hat{\phi}_3$	$\hat{\phi}_3 = \hat{\phi}_4$
CAN							0.003	0.214	9	0.098	0.214			
USA	0.014	0.000***	0.003	0.036**	0.004	0.065*	0.002	0.222	38	0.947	0.000***	0.000***	0.623	0.651
AUT			0.012	0.000***	0.010	0.000***	0.002	0.212	25	0.940	0.000***		0.543	0.045**
BEL	0.017	0.000***	0.016	0.000***	0.014	0.000***	-0.017	0.000***	37	0.986	0.000***	0.793	0.431	0.000***
DEU	0.012	0.000***	0.022	0.000***	0.006	0.080*	0.000	0.987	30	0.975	0.000***	0.030**	0.005***	0.285
DNK	0.034	0.000***	0.010	0.000***	-0.004	0.325	-0.003	0.366	38	0.971	0.000***	0.000***	0.009***	0.922
FRA	0.013	0.000***	0.015	0.000***	0.009	0.000***	0.006	0.000***	38	0.993	0.000***	0.150	0.003***	0.221
GBR	0.019	0.000***	0.004	0.011**	0.004	0.208	0.012	0.000***	38	0.958	0.000***	0.000***	0.890	0.092*
ITA			0.019	0.000***	0.014	0.000***	0.002	0.120	21	0.977	0.000***		0.156	0.000***
NLD			-0.001	0.842	0.017	0.000***	-0.007	0.036**	23	0.660	0.000***		0.006***	0.001***
FIN			0.019	0.000***	0.022	0.000***	-0.010	0.000***	25	0.966	0.000***		0.374	0.000***
NOR	0.026	0.000***	0.027	0.000***	0.004	0.195	0.009	0.002***	38	0.989	0.000***	0.707	0.000***	0.337
SWE			0.020	0.000***	0.007	0.002***	-0.007	0.001***	25	0.955	0.000***		0.001***	0.000***
ESP			0.016	0.000***	0.014	0.007***	0.012	0.008***	25	0.893	0.000***		0.720	0.827
GRC			0.009	0.000***	0.024	0.000***	0.003	0.276	24	0.968	0.000***		0.000***	0.000***
IRL	-0.005	0.000***	0.004	0.003***	0.004	0.094*	0.017	0.000***	38	0.870	0.000***	0.000***	0.980	0.007***
ISL	0.044	0.000***	0.014	0.000***	0.022	0.000***	0.018	0.000***	34	0.984	0.000***	0.000***	0.141	0.562
PRT	0.007	0.027**	0.018	0.000***	0.029	0.000***	-0.001	0.797	38	0.914	0.000***	0.048**	0.228	0.008***
JPN	0.006	0.103	-0.001	0.615	0.006	0.056*	0.008	0.007***	31	0.650	0.000***	0.165	0.124	0.714
AUS	0.016	0.000***	0.008	0.008***	0.004	0.407	0.000	0.987	34	0.801	0.000***	0.159	0.577	0.634
NZL							0.001	0.554	9	-0.083	0.554			
OECD	0.014	0.000***	0.011	0.000***	0.011	0.000***	0.002	0.041**	38	0.995	0.000***	0.018**	0.8954	0.000***

Tabelle 3.4.10: Wachstumsraten der Beschäftigungsanteile im Wohlfahrtssektor ISIC9

	Abhängige Variable			
	$\hat{\phi}_1^{un}$	$\hat{\phi}_2^{un}$	$\hat{\phi}_3^{un}$	$\hat{\phi}_4^{un}$
$\hat{\phi}_T^{emp9}$	-1.041	-0.469	1.110	-1.970
	(0.308)	(0.773)	(0.642)	(0.343)
Const.	0.043	0.113	-0.035	0.048
	(0.038)**	(0.000)***	(0.270)	(0.014)**
$P > F$	0.308	0.773**	0.642	0.343
N	10	18	19	21
$\bar{R}^2$	-0.020	-0.057	-0.044	-0.003
ohne:	IRL,ISL			

Tabelle 3.4.11: Tertiarisierung in ISIC9 und Änderung der Arbeitslosenrate

niens und Irlands, wo es signifikant höhere Wachstumsraten in der vierten Periode gab, und mit Ausnahme der USA, Spaniens, Japans und Australiens, wo es keine signifikanten Trendbrüche gab, alle Länder signifikant geringere Wachstumsraten aufweisen. In den Niederlanden und in Griechenland gab es vorerst einen signifikant positiven und in der letzten Periode einen signifikant negativen Trendbruch.

Der Zusammenhang zwischen den Wachstumsraten der Arbeitslosigkeit und den Beschäftigungsanteilen ist in Tabelle 3.4.11 zu finden. In keiner der Perioden zeigt sich ein signifikanter Zusammenhang zwischen den beiden Wachstumsraten. Allerdings zeigt sich ein starker Zusammenhang, wenn man die Differenzen der Wachstumsraten als Erklärung heranzieht (siehe Tabelle 3.4.12). In der zweiten und dritten Periode gibt es wiederum keinen signifikanten Zusammenhang zwischen den Änderungen der Wachstumsraten und der Wachstumsrate der Arbeitslosigkeit. Allerdings zeigt sich in der vierten Periode ein negativer Zusammenhang. Je höher der Rückgang der Wachstumsrate der Beschäftigungsanteile von Sektor ISIC9 zwischen der dritten und vierten Periode ist, desto höher ist auch die Wachstumsrate der Arbeitslosigkeit. Nimmt man außer Finnland, Schweden und Island auch noch die Niederlande und Irland, die beide negative Wachstumsraten der Arbeitslosigkeit aufweisen, aus dem Sample, ergibt sich ein stark negativer Zusammenhang, wobei immerhin mehr als 20 % der Varianz (ohne Italien und den USA, die ebenfalls sehr geringe Wachstumsraten aufweisen, sogar mehr als 50 %).

3.4.4.2.3 Finanzsektor ISIC8 Zum Abschluss wird noch der dynamischste Sektor innerhalb der Dienstleistungsbereiche hinsichtlich seines Absorp-

	Abhängige Variable			
	$\hat{\phi}_2^{un}$	$\hat{\phi}_3^{un}$	$\hat{\phi}_4^{un}$	$\hat{\phi}_4^{un}$
$\Delta\hat{\phi}^{emp9}_{\tau+1,\tau}$	-0.929	-0.023	-0.776	-0.748
	(0.577)	(0.990)	(0.216)	(0.048)**
Cons.	0.122	-0.023	0.012	0.022
	(0.000)***	(0.240)	(0.189)	(0.001)***
$P > F$	0.577	0.990	0.216	0.048**
N	11	19	16	14
$\bar{R}^2$	-0.071	-0.059	0.043	0.228
ohne:	ISL		FIN,ISL,SWE	FIN,ISL,SWE NLD,IRL

Tabelle 3.4.12: Änderungen der Wachstumsraten in ISIC9 und Änderung der Arbeitslosenrate

tionspotenzials untersucht. Tabelle 3.4.13 zeigt die Wachstumsraten dieses Sektors in den vier Subperioden. In diesem Sektor sind beinahe in allen Ländern und allen Perioden positive Wachstumsraten zu beobachten. Negative Wachstumsraten weisen nur Dänemark und Spanien in der zweiten Subperiode, die Niederlande in der dritten und Finnland und Island in der vierten Subperiode auf. Im Vergleich zur ersten Subperiode ist die Wachstumsrate in den USA und Japan signifikant angestiegen, in Deutschland, Irland und Island gleich geblieben und in Belgien, Dänemark, Frankreich, Großbritannien, Portugal und Australien signifikant gesunken. Von der zweiten auf die dritte Subperiode sind die Wachstumsraten in den meisten Ländern gestiegen. Ausnahmen davon sind Österreich, Deutschland und Norwegen, wo es keine signifikanten Änderungen gab, und Niederlande, Schweden, Irland und Japan, die sogar signifikant geringere Wachstumsraten als gegenüber der Vorperiode aufweisen. Schließlich sind von der vorletzten auf die letzte Subperiode die Wachstumsraten in den USA, Dänemark, Finnland, Spanien, Island und Australien signifikant gesunken und in Österreich, Niederlande und Schweden angestiegen. Bei den übrigen Länder gab es keine signifikanten Änderungen.

Für diesen Sektor, der nur einen relativ kleinen Anteil an Beschäftigten aufweist, ist nicht unbedingt zu erwarten, dass Entwicklungen beziehungsweise Änderungen in diesem Sektor die Entwicklung der Arbeitslosigkeit signifikant beeinflussen. Die Resultate (siehe Tabelle 3.4.14) zeigen, dass ein signifikanter negativer Zusammenhang zwischen der Wachstumsrate dieses Sektors und der Wachstumsrate der Arbeitslosigkeit nur in der zweiten Periode (1973-1983) besteht. In diesem Fall werden sogar mehr als 50 % der Variation erklärt. In den anderen Perioden gibt es keine signifikanten Zu-

	Wachstumsraten UN/(EMP+UN)								Statistik			Trendbruch		
	1960-1973		1973-1983		1983-1989		1989-1997					p > F		
Land	$\hat{\phi}_1$	$p>\|t\|$	$\hat{\phi}_2$	$p>\|t\|$	$\hat{\phi}_3$	$p>\|t\|$	$\hat{\phi}_4$	$p>\|t\|$	N	$\bar{R}^2$	$p>F$	$\hat{\phi}_1=\hat{\phi}_2$	$\hat{\phi}_2=\hat{\phi}_3$	$\hat{\phi}_3=\hat{\phi}_4$
CAN							0.007	0.014**	9	0.542	0.014**			
USA	0.010	0.000***	0.021	0.000***	0.033	0.000***	0.000	0.890	38	0.986	0.000***	0.000***	0.006***	0.000***
AUT			0.013	0.001***	0.012	0.035**	0.066	0.000***	25	0.964	0.000***		0.876	0.000***
BEL	0.072	0.000***	0.010	0.125	0.043	0.001***	0.032	0.010***	37	0.958	0.000***	0.000***	0.040**	0.593
DEU	0.030	0.000***	0.022	0.000***	0.020	0.000***	0.028	0.000***	30	0.985	0.000***	0.226	0.783	0.377
DNK	0.042	0.000***	-0.007	0.095*	0.073	0.000***	0.002	0.731	38	0.955	0.000***	0.000***	0.000***	0.000***
FRA	0.032	0.000***	0.021	0.000***	0.047	0.000***	0.034	0.000***	38	0.982	0.000***	0.041**	0.003***	0.196
GBR	0.040	0.000***	0.023	0.000***	0.045	0.000***	0.035	0.000***	38	0.987	0.000***	0.002***	0.008***	0.269
ITA			0.057	0.000***	0.043	0.000***	0.059	0.000***	21	0.978	0.000***		0.303	0.163
NLD			0.028	0.000***	-0.012	0.106	0.047	0.000***	23	0.875	0.000***		0.003***	0.000***
FIN			0.019	0.001***	0.042	0.000***	-0.002	0.809	25	0.881	0.000***		0.058*	0.003***
NOR	0.053	0.000***	0.043	0.000***	0.029	0.008***	0.014	0.160	38	0.966	0.000***	0.292	0.371	0.384
SWE			0.029	0.000***	0.011	0.005***	0.036	0.000***	25	0.976	0.000***		0.004***	0.001***
ESP			-0.008	0.012**	0.045	0.000***	0.015	0.001***	25	0.937	0.000***		0.000***	0.001***
GRC			0.002	0.739	0.025	0.012**	0.043	0.000***	24	0.822	0.000***		0.103	0.311
IRL	0.053	0.000***	0.057	0.000***	0.001	0.923	0.019	0.043**	38	0.969	0.000***	0.609	0.000***	0.301
ISL	0.034	0.000***	0.026	0.000***	0.040	0.000***	-0.010	0.013**	34	0.983	0.000***	0.110	0.027**	0.000***
PRT	0.076	0.000***	0.002	0.767	0.082	0.000***	0.083	0.000***	38	0.962	0.000***	0.000***	0.000***	0.961
JPN	0.025	0.098*	0.068	0.000***	0.011	0.386	0.008	0.490	31	0.929	0.000***	0.039**	0.003***	0.883
AUS	0.053	0.000***	0.006	0.402	0.052	0.000***	0.013	0.220	34	0.899	0.000***	0.001***	0.008***	0.052*
NZL							0.017	0.063*	9	0.325	0.063*			
OECD	0.046	0.000***	0.016	0.000***	0.039	0.000***	0.028	0.000***	38	0.997	0.000***	0.000***	0.000***	0.008***

Tabelle 3.4.13: Wachstumsraten im Sektor ISIC8 (Finanzdienstleistungen)

	Abhängige Variable			
	$\hat{\phi}_1^{un}$	$\hat{\phi}_2^{un}$	$\hat{\phi}_3^{un}$	$\hat{\phi}_4^{un}$
$\hat{\phi}_T^{emp8}$	-1.777	-1.743	-0.997	0.181
	(0.753)	(0.001)***	(0.223)	(0.607)
Const.	0.038	0.158	0.011	0.010
	(0.017)	(0.000)***	(0.741)	(0.458)
$P > F$	0.753	0.001***	0.223	0.607
N	12	18	19	18
$\bar{R}^2$	-0.088	0.512	0.0324	-0.045
ohne:	IRL,ISL	ISL		ISL,FIN SWE

Tabelle 3.4.14: Tertiarisierung in ISIC8 und Änderung der Arbeitslosenrate

sammenhänge. Dieser Zusammenhang nur für die zweite Periode zeigt sich auch, wenn man die Veränderungen der Wachstumsrate analysiert.

3.5 Zusammenfassung

Dieses Kapitel behandelte im ersten Teil einige theoretische Argumente des Zusammenhangs von Strukturwandel der Beschäftigung und mögliche damit zusammenhängende Ursachen der Arbeitslosigkeit. Dabei wurde vor allem auf Veränderungen und notwendige Anpassungen sektoraler Bestandsgrößen und relativer Anteile und weniger auf Probleme der Anpassung auf individueller Ebene hingewiesen, da erstere in der nachfolgenden Analyse die entscheidende Rolle spielen. In der Analyse wurde dann gezeigt, dass in vielen Ländern die Abnahme der Beschäftigung im Manufaktursektor nicht graduell oder kontinuierlich verläuft, sondern vielmehr Trendbrüche (signifikante Änderungen der Wachstumsraten der Beschäftigungsanteile) aufweist, die nicht durch entsprechend höhere Wachstumsraten in den Dienstleistungssektoren (und hier insbesondere dem nach der relativen Größe vergleichbaren Wohlfahrtssektor) aufgefangen werden können. Im Gegenteil zeigt sich, dass einige, hauptsächlich europäische, Länder besonders in diesem Sektor einen signifikanten Rückgang der Wachstumsraten der Beschäftigungsanteile zum ungefähr gleichen Zeitpunkt aufweisen. Das wurde mit Hilfe von Tests auf Trendbrüche (Tests auf Parameterkonstanz) und Spline-Regressionen ökonometrisch getestet. Dieses Muster eines verstärkten Rückgangs der Arbeitsnachfrage im Manufaktursektor und eines mehr oder minder gleichzeitigen Rückgangs des Wachstums der Arbeitsnachfrage in den Dienstleistungsbereichen führt zu einem Anstieg der Rate der Arbeitslosigkeit. Die Wichtigkeit dieses Zusammenhang wurde im dritten Teil dieses Kapitels ausführlich untersucht und für verschiedene Zeitperioden mittels einfacher Regressionsanalysen untersucht.

Teil II

Komplexe Modellierung sozio-ökonomischer Transformationen

Kapitel 4

Netzwerkdynamik der Beschäftigung

4.1 Einleitung

In den Kapiteln 2 und 3 wurde die Entwicklung unterschiedlicher Beschäftigungs- und Nichtbeschäftigungsbereiche anhand von Bestandsgrößen dargestellt. Diese Bestandsgrößen resultieren aus einem Geflecht an Übergängen zwischen den jeweiligen Bereichen und Zu- und Abgängen in und aus dem Beschäftigungssystem. Diese Sichtweise von Beschäftigungssystemen, die hauptsächlich auf Stromgrößen basiert, wird in diesem Kapitel anhand eines konkreten Datensatzes dargestellt.

Zunächst wird eine dynamische Interpretation des Arbeitsmarktgeschehens und der Entwicklung von Beschäftigungsstrukturen diskutiert, anhand derer einerseits die komplexe Einbettung von Arbeit und Beschäftigung in ein umfassenderes Wirtschafts- und Sozialsystem gezeigt wird, und andererseits auf die daraus resultierenden Veränderungen der Bestandsgrößen durch Beschäftigungsströme hingewiesen wird.

Daran anschließend wird auf ein konkretes Beispiel basierend auf Daten der österreichischen Arbeitskräftegesamtrechnung (AGR) übergeleitet, das die Dynamik von Personen zwischen zwölf unterschiedlichen sozio-ökonomischen Statusgruppen untersucht. Dazu wird erstens die Entwicklung dieser zwölf Statusgruppen in einem längerfristigen Zeitraum dargestellt, und zweitens werden die der Entwicklung dieser Bestandsgrößen zugrundeliegenden Stromgrößen für den Zeitraum 1989-1995 detailliert beschrieben. Die darauffolgenden Kapitel 5 und 6 dienen im Anschluss daran dazu, einen Modellrahmen zur Darstellung und Untersuchung dieses komplexen Netzwerksystems vorzustellen und empirisch zu analysieren.

4.2 Die Komplexität von Beschäftigungssystemen

In vielen Beiträgen zur Theorie und Empirie der Funktionsweise von Arbeitsmärkten und Beschäftigungssystemen, werden oftmals komplexe Darstellungen der Einbettung, Zusammenhänge und der Wanderungen der Arbeitskräfte zwischen wie auch immer klassifizierten Gruppen oder Sektoren geboten. Der Schwerpunkt der Darstellungsweise liegt dabei natürlich immer in der jeweiligen Fragestellung. Da in den folgenden Kapiteln ein sehr allgemeines Modell präsentiert wird, sollen die wichtigsten Aspekte und Ansätze zusammengefasst werden.

4.2.1 Makro- und Mesoebene

In vielen Analysen wird der technische Wandel aber auch die Änderung der Nachfragestruktur (inländische Nachfragestruktur und Verschiebungen der Auslandsnachfrage) betont, wobei beide Aspekte zu Veränderungen der Branchenstruktur und somit Beschäftigungsstruktur einer Wirtschaft führen. Aber auch Änderungen auf der Angebotsseite, das sind vor allem demographische und gesellschaftliche Änderungen, Änderung der Qualifikationsniveaus, etc. sind wichtige Determinanten. Alle diese Faktoren bewirken Veränderungen des Niveaus, der Struktur und der Art der Erwerbstätigkeit, wobei Änderungen sowohl von der Arbeitsnachfrage- als auch Arbeitsangebotsseite hervorgerufen werden können. Notwendige Anpassungsprozesse, die durch diese Änderungen hervorgerufen werden, können dabei sowohl auf der Mikro- als auch auf der Makroebene ablaufen, was jedoch nicht unabhängig voneinander betrachtet werden kann.

In dieser Arbeit interessieren dabei die daraus resultierenden Stromgrößen der Beschäftigten und Personen sowohl innerhalb als auch außerhalb des engeren Erwerbsbereiches und die sich daraus ergebende langfristige Dynamik der Bestandsgrößen. Die Anpassung der Personen kann dabei mehrere Formen annehmen: Wechsel von Beschäftigten zwischen verschiedenen Wirtschaftssektoren, durch Umstrukturierungen, Requalifizierungen, etc., innerhalb der Sektoren, Wanderungen von und in den Bereich Arbeitslosigkeit oder in Nicht-Erwerbsbereiche. Dazu kommen noch die Zu- und Abgänge in das und aus dem Beschäftigungssystem durch Neueintritte aus dem Bildungssystem und Austritte in den Status Pension und Immigration und Emigration. Diese Anpassungsprozesse führen somit zu einer Mobilität am Arbeitsmarkt, die unterschiedliche Formen annehmen kann. So kann es zu Wanderungen zwischen den Betrieben innerhalb eines Wirtschaftszweiges, Mobilität zwischen Wirtschaftszweigen oder auch zu einer Mobilität kommen, die über das enger definierte Beschäftigungssystem hinausgeht, das heißt in Nichterwerbstätigkeit. Die Nichterwerbstätigkeit kann wiederum verschiedene Formen annehmen, die von Arbeitslosigkeit, Hausarbeit bis zu Weiterbildung, reicht. Andererseits gibt es auch einen ständigen Zustrom aus dem Bildungsbereich in das Beschäftigungssystem und aus dem Beschäftigungssystem vor allem in den Bereich der Pension (Generationenwechsel). Der aufgrund der Entwicklung notwendige Qualifikationsprozess kann ebenfalls einerseits über diese externen Austauschprozesse aber auch über interne Anpassungsprozesse erfolgen.[1]

Diese Ströme zwischen den Wirtschaftssektoren und zwischen den Beschäftigungs- und Nicht-Beschäftigungsbereichen werden stark von institutionellen Gegebenheiten und rechtlichen Regelungen beeinflusst. Dieser Aspekt wird insbesondere in Schmid (1994, 1990) betont und im europäischen Vergleich untersucht. Es werden hierbei drei Bereiche unterschieden, die unterschiedlichen institutionellen Regelungen unterliegen: erstens, der Eintrittsbereich (Übergänge von Bildungseinrichtungen und Haushalten in den Erwerbsbereich), zweitens, der Austrittsbereich (vor allem geregelt durch Pensions- und Sozialversicherungssysteme, Arbeitslosigkeitsregelungen, etc.) und, drittens, Institutionen, die den Austausch von Arbeitsleistung und Lohn innerhalb des Beschäftigungsbereiches und somit den engeren Rahmen von Angebot und Nachfrage auf dem Arbeitsmarkt darstellen und auch den Austausch von Arbeitskräften zwischen Sektoren und Firmen beeinflussen.

4.2.2 Mikroebene

Im obigen Abschnitt wurde vor allem die Makro- und Mesoebene betont, die die Anpassungsprozesse beeinflussen aber auch hervorrufen können. Die Anpassungsprozesse resultieren immer aber auch auf Anpassungen der individuellen Personen, wobei diese Personen, je nach vorhandenen oder bloß zugeschriebenen Persönlichkeitsmerkmalen, sozialer Stellung, etc. unterschiedlich betroffen sind oder sich unterschiedlich verhalten. Weitere Einflussfaktoren, die wiederum auf die höheren Aggregatsebenen oder zumindest weg von direkt zuschreibbaren Persönlichkeitsmerkmalen führen, sind beispielsweise der jeweilige Sektor, in dem eine Person beschäftigt ist, die Region, in der sie lebt, die 'Geschichte der Person' (wie Arbeitslosigkeitserfahrung), etc. Der Einfluss

[1] Detaillierte Untersuchungen dieser Mobilitäten werden beispielsweise in Schettkat und Bangel (1989) analysiert, die hauptsächlich den Einfluss technologischer Veränderungen untersuchen. Unterschiedliche Formen der Anpassungsprozesse werden auch in Sengenberger (1987) und Sengenberger (1990) betont, wo auch internationale Vergleiche präsentiert werden.

von Persönlichkeitsmerkmalen wird in einer Reihe von Arbeitsmarktstudien und Panel-Analysen (sowohl von soziologischer als auch ökonomischer Seite) untersucht und wird hier nicht weiter zusammengefasst.

4.2.3 Komplexe adaptive Multi-Komponentensysteme

Aus diesem Geflecht an Motiven und Beschränkungen individueller Entscheidungen resultieren beobachtbare Ströme von Personen zwischen verschiedenen 'Zuständen', die herangezogen werden können, um Veränderungs- und Anpassungsprozesse in Beschäftigungsnetzwerken zu untersuchen. Ausgehend von dieser Sichtweise wird in den folgenden Kapiteln ein dynamisches Netzwerkmodell aufgebaut, das durch ähnliche, bereits erfolgreich getätigte Anwendungen motiviert wird.[2] Müller und Haag (1994a) untersuchen beispielsweise die Dynamik innerhalb eines Beschäftigungsmodells, wo Übergänge von Personen und die daraus resultierenden Veränderungen der Beschäftigungsstruktur zwischen sechs Beschäftigungsgruppen, nämlich Landwirtschaft, Staat, unternehmensbezogene Dienstleistungen, Haushalte, haushaltsbezogene Dienste und Industrie analysiert werden.

Bezieht man auch außerhalb der eigentlichen Erwerbstätigkeiten liegende Bereiche mit ein, insbesondere Bildungs- und Pensionsbereiche, lässt sich ein umfassendes Netzwerkmodell aufbauen, das mehr oder weniger die gesamte Population umfasst. Ein derartiges Modell wurde konzeptuell in Müller (1994b) entworfen und ist in Abbildung 4.2.1 graphisch veranschaulicht. Die Symbole bezeichnen dabei im Uhrzeigersinn die Bereiche Staat, Personen jenseits des erwerbsfähigen Alters, die erwerbsfähige Bevölkerung, Arbeitslose, die noch nicht erwerbsfähige Bevölkerung und fünf Beschäftigungssektoren (Landwirtschaft, Staat, Industrie, haushalts- und unternehmensbezogene Dienstleistungen und Recycling). Einer Analyse eines derartigen Netzwerksystems stehen jedoch einige Probleme auf Seiten der Datenverfügbarkeit gegenüber. Allerdings war es möglich ein ähnlich umfassendes Modell aufzubauen, was im Folgenden beschrieben wird.

[2]Ein ähnliches Modell wurde in Müller (1994b) konzeptuell entworfen und diente als Motivation für das in dieser Arbeit aufgebaute Modell sozio-ökonomischer Statusgruppen. An dieser Stelle möchte ich mich bei Karl Müller, Institut für Höhere Studien (IHS), Wien, Abteilung für Soziologie, bedanken, der mir die Möglichkeit dieser Art eines 'sozio-ökonomischen Tanzes mit der Welt' (Müller, 1998, S. 30) eröffnet hat.

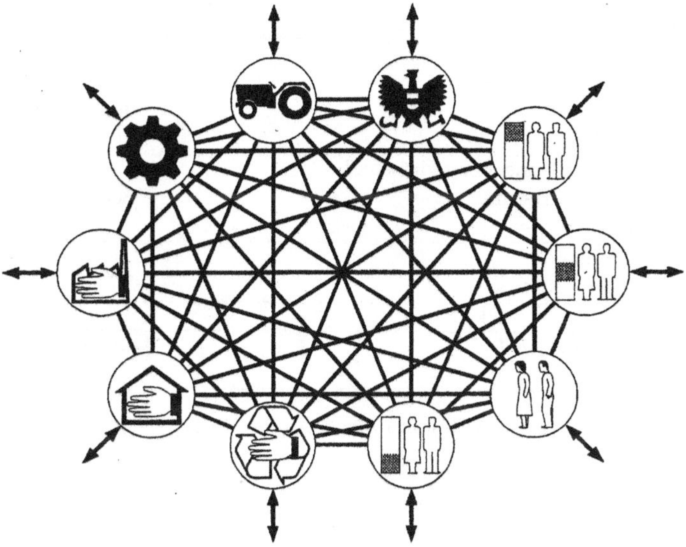

Abbildung 4.2.1: Sozio-Ökonomisches Netzwerk (Müller, 1994b, S. 44)

4.3 Sozio-ökonomische Statusgruppen

Die Komplexität und Interdependenz auf Arbeitsmärkten und allgemeiner in weiter gefassten Beschäftigungssystemen geben einen Einblick in die Schwierigkeit einer adäquaten Formulierung und Erfassung der Beziehungen und Abhängigkeiten in derartigen Netzwerkstrukturen. In dieser Arbeit werden nun ausgehend von beobachtbaren Strömen der Personen zwischen sozioökonomischen Gruppen näher untersucht. Die empirisch beobachtbaren Populationsbewegungen sind in dieser Sichtweise nichts anderes als tatsächlich getätigte Entscheidungen eines Statuswechsels und der Aufnahme oder Aufgabe eines Status. Diese individuellen Entscheidungen können dabei aus unterschiedlichsten Gründen entweder freiwillig oder 'erzwungen' zustande kommen, wobei das Motivationsgeflecht oder die Restriktionen zunächst unberücksichtigt bleiben können. Die für das Zustandekommen der beobachtbaren Ströme wichtigen Faktoren können und werden in den nachfolgenden Kapiteln behandelt.

Sozioökonomische Statusgruppe		Beschäftigtenstatus
1	Angestellte	Unselbständig Beschäftigte
2	Arbeiter	
3	Lehrlinge	
4	Beamte	
5	Land- und Forstwirtschaft	Selbständig
6	Freie Berufe	
7	Gewerbe	
8	Schule	Ausbildung
9	Studium	
10	Arbeitslosigkeit	
11	Hausarbeit	Out-of-Labour Force
12	Pension	

Tabelle 4.3.1: Sozio-Ökonomische Statusgruppen

4.3.1 Die Soziokonfiguration

In dem in dieser Arbeit vorgestellten Modell werden zwölf sozio-ökonomische Statusgruppen unterschieden, die in Tabelle 4.3.1 aufgelistet sind. Diese zwölf Gruppen können wiederum zu größeren Aggregaten zusammengefasst werden, die ebenfalls in dieser Tabelle zu sehen sind und die Bereiche unselbständige und selbständige Beschäftigte, Ausbildung, Arbeitslosigkeit und nichtaktive Bereiche umfassen. Der Grund für diese Gliederung ist in zwei Punkten zu finden: Erstens erlaubt diese Aufteilung der Bevölkerung die gleichzeitige Einbindung von Bereichen, die sonst nicht in einem Modell gemeinsam betrachtet werden können. Das betrifft vor allem den Übergang von Ausbildung in Beschäftigung, von Beschäftigung in Nicht-Erwerbsbereiche (Hausarbeit, Pension) und den Bereich der Selbständigen. Dieses Modell integriert somit sowohl den Bereich des Arbeitsangebotes als auch der -nachfrage, sowie implizit den Bereich institutioneller Gegebenheiten, die die Übergänge zwischen den Gruppen mitbeeinflussen. In den obigen Abschnitten wurde bereits immer wieder darauf hingewiesen, dass es eine komplexe Abhängigkeit von demographischer Entwicklung, institutionellen Regelungen, etc. gibt, die die langfristige Entwicklung beeinflussen. Der zweite Grund für diese Einteilung ist pragmatischer Natur: Zur empirischen Analyse des im Weiteren aufgebauten Modells werden Übergangsmatrizen zwischen den einzelnen Statusgruppen benötigt, die für diese Gruppen im benötigten Umfang zur Verfügung stehen.[3] Für jede dieser Statusgruppen liegen auch Daten über Ein- und Austritte vor, die weiter unten behandelt werden. Zwischen diesen Statusverhältnissen kann mehr oder weniger frei gewechselt werden, sodass alle Gruppen miteinander verbunden sind (Einschränkungen werden weiter unten behandelt).

Im Folgenden wird nun die Entwicklung dieser Statusgruppen dargestellt und daran anschließend die Übergänge zwischen den zwölf Statusgruppen ausführlich beschrieben.

4.3.2 Die Entwicklung der Statusgruppen von 1975-1994

In diesem Abschnitt werden die langfristigen Entwicklungstendenzen dieser zwölf Statusgruppen von 1975-1994 beschrieben. So weit möglich wird dabei eine Differenzierung nach Geschlecht berücksichtigt.[4] Tabelle 4.3.2 zeigt die Anteile der jeweiligen Statusgruppen und die gesamte Anzahl an Personen in der letzten Zeile in den Jahren 1975, 1980, 1985, 1990 und 1995, und die Wachstumsraten der Niveaus $\hat{\phi}_i^{level}$ und der Anteile $\hat{\phi}_i^{share}$ (in %). Zunächst erkennt man, dass sich die Bevölkerung mehr oder weniger auf vier große Bereiche konzentriert, nämlich Angestellte (1) und Arbeiter (2) bei den Erwerbstätigen und Hausarbeit (11) und Pension (12) im Bereich der Nicht-Erwerbstätigkeit. Insgesamt machen diese vier Status ungefähr 75 % der Bevölkerung ab dem 15. Lebensjahr aus. Die anderen Statuszugehörigkeiten weisen Anteile von weniger als 1 bis zu 5 % auf. Gegliedert nach Beschäftigtenstatus ist der Bereich Unselbständig Beschäftigte mit 45 % am höchsten, gefolgt von Hausarbeit und Pension mit 36 %, Selbständige haben einen Anteil von 5 % und die beiden Ausbildungsstatus (8 und 9) von ungefähr 8 %. Der Anteil der arbeitslosen Personen ist im betrachteten Zeitraum von weniger als 1 % auf mehr als 3 % stark gestiegen. Weitere hohe Zuwächse verzeichneten der Status Studium (9) und Angestellte (1). Die stärksten Abnahmen weisen hingegen die Status Landwirtschaft (5) und Hausarbeit (11) auf.

Bei den Angestellten haben die Frauen einen Anteil von mehr als 50 %, der über die Zeit angestiegen ist. Bei den Arbeitern liegt der Anteil der Frauen mehr oder weniger konstant bei 30-35 %. Den stärksten Anstieg des

[3] Wünschenswert wäre natürlich eine weitere Untergliederung der Gruppen nach Sektoren und/oder Regionen, die in dem in Kapitel 5 gezeigten Ansatz leicht integriert werden könnten.

[4] Hier werden nur Daten verwendet, die großteils aus Veröffentlichungen des Österreichischen Statistischen Zentralamtes (ÖSTAT) errechnet wurden. Die Daten für die Arbeitskräftegesamtrechnung stammen ebenfalls vom ÖSTAT, sind jedoch nicht immer und nur bedingt mit den hier herangezogenen Daten vergleichbar.

Status	1975	1980	1985	1990	1994	$\hat{\phi}_i^{level}$	$\hat{\phi}_i^{share}$
1	15.52	16.66	16.94	18.45	19.87	1.69	1.19
2	22.22	21.36	19.74	19.68	19.18	-0.29	-0.79
3	2.73	3.00	2.58	2.16	1.85	-2.00	-2.50
4	4.95	5.07	5.26	5.32	5.29	0.87	0.37
5	4.96	3.96	3.51	2.84	2.15	-3.41	-3.91
6	0.45	0.47	0.53	0.60	0.67	2.67	2.18
7	3.81	3.52	3.21	3.34	3.35	-0.15	-0.65
8	4.80	5.53	5.61	4.97	5.11	0.19	-0.31
9	1.46	1.93	2.59	3.00	3.12	4.78	4.28
10	0.89	0.82	2.12	2.46	3.10	8.57	8.07
11	15.78	14.73	13.25	11.67	10.26	-1.76	-2.26
12	22.42	22.94	24.66	25.52	26.05	1.39	0.90
Gesamt	6223876	6470841	6579819	6734074	6922826	0.50	

Tabelle 4.3.2: Entwicklung der sozio-ökonomischen Statusgruppen

Anteils verzeichnen die Frauen bei den Beamten von 20 % in 1975 auf etwa 30 % im Jahr 1994. Der Anteil bei den Arbeitslosen pendelt zwischen 40 und 50 % und ist weniger konstant. Am höchsten ist der Anteil der Frauen im Pensionsstatus mit mehr als 60 %, wobei dieser jedoch leicht rückgängig ist.

4.4 Dynamik der Statusgruppen

In diesem Teil wird der im Weiteren verwendete Datensatz vorgestellt, der sich eignet die längerfristige Dynamik der Statusgruppen zu modellieren. An empirischen Daten sind für ein derartiges Modell notwendig: *erstens*, eine Übergangsmatrix, die die empirischen Ströme zwischen den zwölf in Tabelle 4.3.1 gezeigten Gruppen beinhaltet und, *zweitens*, die Anzahl der Personen, die sich zu Beginn einer Periode (Jahr) in einem Status befinden (Bestände). Da auch die Zu- und Abgänge eine wichtige Rolle spielen, benötigt man *drittens* noch Daten über Zu- und Abflüsse aus dem System. Diese Daten werden nun der Reihe nach beschrieben.

4.4.1 Datenquelle für Übergangsmatrizen

Die Daten für die Übergänge zwischen den Statuszugehörigkeiten wurden aus der Arbeitskräftegesamtrechnung des Österreichischen Statistischen Zentralamtes ermittelt. Ein entsprechendes Konzept einer demographischen Gesamtrechnung wurde bereits in Stone (1971) entworfen. Die Vervollständigung der verfügbaren *Bestandsdaten* mit entsprechenden *Stromdaten* wurden in den letzten Jahren immer wieder gefordert. Ein international vergleichbares Datenmaterial ist allerdings nicht verfügbar (vergleiche dazu auch die Ausführungen in Biffl, 1994, Kapitel VII). Eine weitere konsistente Vervollständigung des vorhandenen Datensatzes der Arbeitskräftegesamtrechnung nach verschiedenen weiteren Klassifikationen sowie ökonomischen und sozialen Variablen in den einzelnen Gruppen wäre wünschenswert.

Die österreichischen Daten stehen grundsätzlich für die Jahre 1986-1995 zur Verfügung. Zwischen 1988 und 1989 wurde jedoch die Systematik des Datensatzes verändert, sodass eine zeitliche Kontinuität nicht gewährleistet ist. Außerdem ist der Datensatz in diesem Zeitraum noch qualitativ unzureichend. Aus diesen Gründen wird nur der Datensatz für die Jahre 1989-1995 herangezogen. Hier muss erwähnt werden, dass die vorliegenden Übergangsmatrizen durch Zusammenführung von Daten verschiedenster Quellen abgeleitet werden, woraus die benötigten Stromgrößen errechnet werden. Diese Datenquellen und das Verfahren sind in den entsprechenden Beiträgen des ÖSTAT dokumentiert.[5] In diesem Zusammenhang soll auch auf die Problematik der Verwendung dieser Daten hingewiesen werden. Das erste grundlegende Problem besteht darin, dass es sich hierbei nicht um originär erhobene Daten handelt, sondern vielmehr um die Ermittlung von Stromgrößen für detaillierte 75 Gruppen zwischen zwei Zeitpunkten, wobei teilweise auch unterschiedliche Annahmen über die Wahrscheinlichkeit eines Übertrittes angenommen werden müssen. (Vergleiche dazu die Ausführungen in den ÖSTAT-Nachrichten, Heft 11/1989.) Ein zweites Problem besteht darin, dass Veränderungen nur zwischen Anfang und Ende eines Jahres berücksichtigt werden, alle anderen unterjährigen Flows und somit die tatsächliche Mikro-Dynamik innerhalb des Systems damit nicht abgebildet wird. Allerdings weisen diese Daten dann noch immer die längerfristige Veränderungen auf der Makroebene auf, was auch das zentrale Interesse in dieser Arbeit ist.

4.4.2 Berechnung der Übergangsmatrizen für 12 Statusgruppen

In der Arbeitskräftegesamtrechnung werden insgesamt 75 unterschiedliche Statusgruppen (einschließlich von Doppelzugehörigkeiten) unterschieden. Der ursprüngliche Datensatz der Übergänge besteht somit aus 75 × 75-Matrizen

[5]Siehe die Statistischen Nachrichten des ÖSTAT: Heft 11/1989, S. 788-801, 2/1991, S. 108-118, 1/1992, S. 4-14, 1/1993, S. 23-33, 10/1993, S.816-826, 6/1994, S. 465-474 und 6/1995, S.426-434 und schließlich 3/1999, S.155-168.

für jede Subpopulation.[6] Diese 75 Gruppen wurden zu den zwölf oben angeführten Statusgruppen zusammengefaßt. Da einige der Gruppen gleichzeitig zwei Statuszugehörigkeiten aufweisen, mussten dafür Zuordnungsmatrizen erstellt, die jedem Übergang einen Übergang zwischen den schließlich verwendeten 12 Statusgruppen zuordnet. Problematisch ist hier die Zuordnung von Personen mit Doppelstatus, da für solche Personengruppen die Zuordnung der Übergänge nicht eindeutig ist. Personen, die von einem Doppelstatus 1 und 2 in einen Doppelstatus 3 und 4 wandern, können nämlich einem Übergang von 1 nach 3 und 2 nach 4, beziehungsweise auch einem Übergang von 1 nach 4 und 2 nach 3 zugeordnet werden, was jedoch auf Grundlage der vorliegenden Daten nicht eindeutig zugeordnet werden kann. Im Folgenden wurde daher einerseits die maximale Anzahl der Übergänge innerhalb der 12×12 Matrix ermittelt, indem im obigen Beispiel beide Möglichkeiten der Zuordnung addiert wurden. Dem kann die minimale Anzahl der Übergänge, das sind diejenigen, die eindeutig zugeordnet werden können, gegenübergestellt werden. Hierbei zeigt sich, dass größere Abweichungen vor allem bei den Zellen mit relativ kleinen Besetzungszahlen auftreten. Weiters sind noch größere Abweichungen bei den Übergängen in den Status 12 (Pension) zu erkennen. Als Datengrundlage wurde schließlich der Mittelwert zwischen diesen minimalen und maximalen Übergängen herangezogen.

Mit dem Datensatz werden somit alle Statusverhältnisse von Personen zwischen dem 15. Lebensjahr (Eintritt in das System) und dem Ausscheiden aus dem System erfasst. Die Bestandsgrößen ergeben sich für den Beginn eines Jahres aus der Summe der verbleibenden Personen in einem Status i und den Abgängen (Wechsel in einen anderen Status oder Austritt aus dem System).

4.4.3 Deskriptive Beschreibung der Daten

In diesem Abschnitt werden die Daten, die aus der Arbeitskräftegesamtrechnung resultieren, beschrieben. Dabei werden die Übergangsmatrizen, die Bestandsgrößen, die Zu- und Abgänge in und aus dem System und die Doppelstatus gesondert behandelt.

[6] Nach Wissen des Autors steht somit erstmals ein Datensatz zur Verfügung, mit dem ein Mastergleichungsmodell (siehe nächstes Kapitel) für unterschiedliche Subpopulationen aufgebaut werden kann; alle übrigen empirischen Anwendungen gingen bisher immer von einer homogenen Population aus (z.B. Weidlich und Haag (1988), Haag (1989), Müller (1990), Müller und Haag (1994b), Müller und Haag (1994a), Müller und Haag (1994c), etc.).

4.4.3.1 Übergangsmatrizen

Um einen Eindruck in die Größenordnungen der absoluten Werte zu geben, werden in Tabelle 4.4.3 die empirischen absoluten Werte (Durchschnittswerte 1989-1995) für die beiden Subpopulationen Männer und Frauen gezeigt.

Die meisten Übertritte finden zwischen den Statusgruppen Angestellte (1) und Arbeiter (2) statt, wobei mehr Personen von Arbeitern zu Angestellten wechseln als umgekehrt. Relativ große Zahlen finden sich auch noch für Übertritte von Angestellten und insbesondere Arbeitern in Arbeitslosigkeit (10). Umgekehrt wandern viele arbeitslose Personen wieder in den Status Arbeiter und weniger in den Status Angestellte, wobei aber auch einige in die Nicht-Erwerbsbereiche Hausarbeit (11) und Pension (12) wechseln. Weitere relativ große Ströme findet man noch in den Übergängen von Status Lehrlinge (3), Schule (8) und Studium (9) in die Erwerbstätigkeit (1, 2, 3 und wesentlich weniger 4). Sehr wenige Bewegungen gibt es von Erwerbstätigkeit zurück nach Schule, was nicht weiter verwunderlich ist, aber auch nur sehr geringe Ströme von Erwerbstätigkeit in den Status Studium (9). Hier ist aber zu beachten, dass die meisten bereits berufstätigen Personen ein Studium als Aufnahme eines Zweitstatus tätigen, was weiter unten noch behandelt wird. Schließlich gibt es noch sehr große Ströme in den Status Pension (12) und sehr wenige Ströme heraus aus diesem. In dieser Tabelle sind auch Werte für die Anzahl der Personen, die im jeweiligen Zeitraum ihr Statusverhältnis beibehalten, enthalten (Diagonale der Übergangsmatrix). Auf die Bestandsgrößen (letzte Zeile und letzte Spalte) und die Ein- und Austritte (vorletzte Zeile und vorletzte Spalte) wird im Folgenden noch eingegangen.

Aus diesen absoluten Werten lässt sich nur schwer ablesen, inwieweit die Ströme in und aus einzelnen Gruppen dynamischer sind, als in anderen Bereichen, da die absoluten Werte der Übergänge auch von den Bestandsgrößen abhängig sind. Tabelle 4.4.4 zeigt die Werte relativ zur Besetzungszahl der Statusgruppe am Anfang der Periode (Durchschnittswerte). Diese Werte beschreiben auch die bedingte Wahrscheinlichkeit eines Überganges von einem Status i in einen Status j, die im Modell und der empirischen Arbeit eine zentrale Rolle einnehmen wird.

4.4.3.2 Bestandsgrößen

Die Übergänge und Aus- und Eintritte innerhalb eines bestimmten Zeitraumes führen zu Veränderungen der Bestandsgrößen, die nun näher untersucht werden. Tabelle 4.4.5 zeigt die Anzahl an Statusverhältnissen[7] die Anteile

[7]Das entspricht nicht unbedingt der Anzahl an Personen, da eine Person auch zwei Statusverhältnisse aufweisen kann.

Männer														
	$w_{j\leftarrow 1}$	$w_{j\leftarrow 2}$	$w_{j\leftarrow 3}$	$w_{j\leftarrow 4}$	$w_{j\leftarrow 5}$	$w_{j\leftarrow 6}$	$w_{j\leftarrow 7}$	$w_{j\leftarrow 8}$	$w_{j\leftarrow 9}$	$w_{j\leftarrow 10}$	$w_{j\leftarrow 11}$	$w_{j\leftarrow 12}$	b_i	$n_{i,t+1}$
$w_{1\leftarrow i}$	543074	15782	7041	89	1747	74	984	4765	3534	6821	565	1	8466	592944
$w_{2\leftarrow i}$	3712	707376	18214	33	3363	14	1011	1881	423	14217	732	1	21661	772635
$w_{3\leftarrow i}$	0	673	65967	0	396	10	227	4727	63	1624	32	0	17961	91678
$w_{4\leftarrow i}$	5641	975	14	248191	15	22	1	14	41	0	0	1	79	254995
$w_{5\leftarrow i}$	583	1194	607	36	217475	15	450	1041	467	1180	302	5	5426	228780
$w_{6\leftarrow i}$	453	25	6	62	0	18049	109	80	244	78	13	0	149	19269
$w_{7\leftarrow i}$	2552	1919	233	63	1395	46	145211	538	578	1384	34	24	5403	159379
$w_{8\leftarrow i}$	0	0	834	0	0	0	0	139915	0	0	0	0	23300	164050
$w_{9\leftarrow i}$	0	20	0	0	13	5	126	7072	102653	34	22	0	5038	114984
$w_{10\leftarrow i}$	11869	21368	1096	0	499	42	744	1365	777	121955	17	1	4321	164054
$w_{11\leftarrow i}$	598	794	71	0	349	21	398	142	198	1128	31519	0	635	35854
$w_{12\leftarrow i}$	11125	14338	5	6052	2913	313	3502	0	0	7184	893	680275	822	727422
d_i	3647	4259	166	1332	4283	227	4008	1111	3361	2925	660	33131		3326043
$n_{i,t}$	583252	768723	94254	255858	232448	18840	156770	162651	112339	158530	34790	713439	3291894	

Tabelle 4.4.3: A) Datenmatrix für Männer (Durchschnittswerte für 1989-1995)

Frauen														
	$w_{j\leftarrow 1}$	$w_{j\leftarrow 2}$	$w_{j\leftarrow 3}$	$w_{j\leftarrow 4}$	$w_{j\leftarrow 5}$	$w_{j\leftarrow 6}$	$w_{j\leftarrow 7}$	$w_{j\leftarrow 8}$	$w_{j\leftarrow 9}$	$w_{j\leftarrow 10}$	$w_{j\leftarrow 11}$	$w_{j\leftarrow 12}$	b_i	$n_{i,t+1}$
$w_{1\leftarrow i}$	630874	14130	8791	67	1501	79	1283	6385	3314	6270	16626	23	10126	699468
$w_{2\leftarrow i}$	5548	359360	5509	6	1756	26	882	1538	190	7690	16027	6	14714	413252
$w_{3\leftarrow i}$	0	293	31008	0	285	18	287	4318	36	1138	95	0	8209	45689
$w_{4\leftarrow i}$	3753	490	5	102781	5	9	0	10	34	0	0	1	48	107136
$w_{5\leftarrow i}$	675	1257	422	9	193322	7	359	1012	222	1016	2529	42	3915	204786
$w_{6\leftarrow i}$	256	35	15	24	0	10332	87	62	150	107	75	9	78	11230
$w_{7\leftarrow i}$	1309	769	180	24	813	41	81026	613	380	1141	1256	75	3757	91383
$w_{8\leftarrow i}$	0	0	570	0	0	0	0	156815	0	0	0	0	26517	183902
$w_{9\leftarrow i}$	0	6	0	0	9	11	106	7118	89291	29	261	0	4187	101019
$w_{10\leftarrow i}$	9939	15516	795	0	317	56	671	1234	623	59440	146	6	2497	91238
$w_{11\leftarrow i}$	6915	7522	333	57	1268	76	1097	775	510	4380	633278	104	7818	664133
$w_{12\leftarrow i}$	14847	10809	5	1963	2268	281	3727	0	0	5921	6311	951569	2233	999933
d_i	4061	3483	99	588	3099	110	3300	875	2322	1868	3769	39944		3613168
$n_{i,t}$	678178	413669	47732	105517	204643	11045	92825	180755	97070	89000	680373	991779	3592586	

Tabelle 4.4.3: B) Datenmatrix für Frauen (Durchschnittswerte für 1989-1995)

Männer													
	$w_{j\leftarrow 1}$	$w_{j\leftarrow 2}$	$w_{j\leftarrow 3}$	$w_{j\leftarrow 4}$	$w_{j\leftarrow 5}$	$w_{j\leftarrow 6}$	$w_{j\leftarrow 7}$	$w_{j\leftarrow 8}$	$w_{j\leftarrow 9}$	$w_{j\leftarrow 10}$	$w_{j\leftarrow 11}$	$w_{j\leftarrow 12}$	b_i
$w_{1\leftarrow i}$	93.111	2.053	7.470	0.035	0.752	0.394	0.628	2.930	3.146	4.303	1.624	0.000	1.451
$w_{2\leftarrow i}$	0.636	92.020	19.324	0.013	1.447	0.072	0.645	1.156	0.376	8.968	2.105	0.000	2.818
$w_{3\leftarrow i}$	0.000	0.088	69.989	0.000	0.170	0.054	0.145	2.906	0.056	1.024	0.091	0.000	19.056
$w_{4\leftarrow i}$	0.967	0.127	0.015	97.003	0.006	0.116	0.000	0.009	0.037	0.000	0.000	0.000	0.031
$w_{5\leftarrow i}$	0.100	0.155	0.644	0.014	93.559	0.080	0.287	0.640	0.415	0.744	0.868	0.001	2.334
$w_{6\leftarrow i}$	0.078	0.003	0.007	0.024	0.000	95.805	0.070	0.049	0.217	0.049	0.037	0.000	0.793
$w_{7\leftarrow i}$	0.437	0.250	0.247	0.025	0.600	0.244	92.627	0.331	0.514	0.873	0.097	0.003	3.446
$w_{8\leftarrow i}$	0.000	0.000	0.885	0.000	0.000	0.000	0.000	86.022	0.000	0.000	0.000	0.000	14.325
$w_{9\leftarrow i}$	0.000	0.003	0.000	0.000	0.006	0.027	0.081	4.348	91.378	0.022	0.064	0.000	4.484
$w_{10\leftarrow i}$	2.035	2.780	1.163	0.000	0.215	0.225	0.474	0.839	0.691	76.929	0.049	0.000	2.726
$w_{11\leftarrow i}$	0.102	0.103	0.076	0.000	0.150	0.112	0.254	0.087	0.176	0.711	90.600	0.000	1.825
$w_{12\leftarrow i}$	1.907	1.865	0.005	2.365	1.253	1.663	2.234	0.000	0.000	4.531	2.566	95.352	0.115
d_i	0.625	0.554	0.176	0.521	1.843	1.207	2.556	0.683	2.992	1.845	1.898	4.644	

Tabelle 4.4.4: A) Durchschnittswerte der Übergangswahrscheinlichkeiten - Männer

Frauen													
	$w_{j\leftarrow 1}$	$w_{j\leftarrow 2}$	$w_{j\leftarrow 3}$	$w_{j\leftarrow 4}$	$w_{j\leftarrow 5}$	$w_{j\leftarrow 6}$	$w_{j\leftarrow 7}$	$w_{j\leftarrow 8}$	$w_{j\leftarrow 9}$	$w_{j\leftarrow 10}$	$w_{j\leftarrow 11}$	$w_{j\leftarrow 12}$	b_i
$w_{1\leftarrow i}$	93.025	3.416	18.417	0.064	0.733	0.711	1.382	3.532	3.414	7.045	2.444	0.002	1.493
$w_{2\leftarrow i}$	0.818	86.871	11.542	0.005	0.858	0.232	0.950	0.851	0.196	8.641	2.356	0.001	3.557
$w_{3\leftarrow i}$	0.000	0.071	64.964	0.000	0.139	0.166	0.309	2.389	0.037	1.279	0.014	0.000	17.199
$w_{4\leftarrow i}$	0.553	0.118	0.010	97.407	0.002	0.081	0.000	0.006	0.035	0.000	0.000	0.000	0.045
$w_{5\leftarrow i}$	0.100	0.304	0.883	0.008	94.468	0.061	0.386	0.560	0.228	1.142	0.372	0.004	1.913
$w_{6\leftarrow i}$	0.038	0.008	0.031	0.023	0.000	93.546	0.094	0.034	0.155	0.121	0.011	0.001	0.702
$w_{7\leftarrow i}$	0.193	0.186	0.378	0.022	0.397	0.371	87.289	0.339	0.391	1.282	0.185	0.008	4.047
$w_{8\leftarrow i}$	0.000	0.000	1.193	0.000	0.000	0.000	0.000	86.756	0.000	0.000	0.000	0.000	14.670
$w_{9\leftarrow i}$	0.000	0.002	0.000	0.000	0.005	0.103	0.114	3.938	91.986	0.033	0.038	0.000	4.314
$w_{10\leftarrow i}$	1.466	3.751	1.665	0.000	0.155	0.507	0.723	0.682	0.641	66.786	0.021	0.001	2.806
$w_{11\leftarrow i}$	1.020	1.818	0.697	0.054	0.620	0.691	1.182	0.429	0.525	4.921	93.078	0.011	1.149
$w_{12\leftarrow i}$	2.189	2.613	0.010	1.860	1.108	2.540	4.015	0.000	0.000	6.653	0.928	95.946	0.225
d_i	0.599	0.842	0.208	0.557	1.515	0.992	3.555	0.484	2.392	2.098	0.554	4.027	

Tabelle 4.4.4: B) Durchschnittswerte der Übergangswahrscheinlichkeiten - Frauen

	Männer				Frauen			
	Bestand	$\hat{\phi}_i^{level}$	Anteil	$\hat{\phi}_i^{share}$	Bestand	$\hat{\phi}_i^{level}$	Anteil	$\hat{\phi}_i^{share}$
1	586617	1.69	17.73	0.53	687171	3.33	19.08	2.71
2	767725	0.44	23.21	-0.72	412113	0.06	11.44	-0.56
3	93014	-2.88	2.81	-4.04	46650	-4.75	1.30	-5.37
4	255440	-0.24	7.72	-1.4	106293	1.82	2.95	1.20
5	229565	-3.14	6.94	-4.3	205760	-0.07	5.71	-0.70
6	19045	1.84	0.58	0.68	11150	2.17	0.31	1.55
7	157996	1.73	4.78	0.57	92119	-2.13	2.56	-2.75
8	163727	0.85	4.95	-0.31	182969	1.71	5.08	1.09
9	113443	2.38	3.43	1.22	99112	4.01	2.75	3.39
10	163292	6.92	4.94	5.76	89798	4.79	2.49	4.17
11	36875	11.76	1.11	10.6	671713	-2.57	18.65	-3.19
12	721115	1.91	21.80	0.75	997090	0.76	27.68	0.14
	3307852	1.16	100.00		3601937	0.62	100.00	

Tabelle 4.4.5: Bestandsgrößen 1989-1996 (Durchschnittswerte)

und die jeweiligen Wachstumsraten der Absolutwerte, $\hat{\phi}_i^{level}$, und der Anteile $\hat{\phi}_i^{share}$ für die Durchschnittswerte 1989-1996. Die Gesamtanzahl an Statuszugehörigkeiten steigt sowohl für Männer als auch für Frauen über die Zeit an, wobei jedoch die Wachstumsrate bei den Männern wesentlich höher ist. Negative Werte der Wachstumsraten der Niveaus weisen die Männer in den Statusgruppen Lehrlinge (3), Beamte (4) und Landwirtschaft (5) auf. Den stärksten Zuwachs zeigen Hausarbeit (11), was jedoch auf eine Datenrevision zwischen 1992 und 1993 zurückzuführen ist, und Status 10, Arbeitslosigkeit. Die absolute Anzahl der Frauen sinkt ebenfalls in den Bereichen Lehrlinge (3) und Landwirtschaft (5), aber auch in den Statusgruppen Gewerbe (7) und Hausarbeit (11). Hohe Zuwachsraten verzeichnen die Statusgruppen Arbeitslosigkeit (10) und Angestellte (1).

Diese unterschiedlichen Wachstumsraten resultieren in einer Änderung der Struktur der Gesellschaft. Hier ist zunächst einmal augenscheinlich, dass sich der Großteil der Bevölkerung bei den Männern auf drei und bei den Frauen auf vier Statusgruppen konzentriert. Diese Bereiche sind Angestellte (1) und Arbeiter (2) und Status Pension (12) bei Männern und Frauen. Bei letzteren ist der Anteil bei den Arbeiterinnen geringer als bei den Männern, jedoch der Anteil der Statusgruppe Hausarbeit (11) wesentlich höher als bei den Männern, wo dieser an vorletzter Stelle steht. Die beiden Bildungsgruppen Schule (8) und Studium (9) machen in beiden Subpopulationen ungefähr 8 % aus. Die Selbständigen machen bei den Männern in etwa 10 %, bei den Frauen ungefähr 8 % aus. Der Anteil der Arbeitslosen beträgt bei den Männern fast 6 %, bei den Frauen 2-3 %. Die Trends in den Anteilen zeigen, dass die Bereiche Arbeiter (2), Lehrlinge (3) und auch Beamte (4) und Landwirtschaft (5) in dieser Periode schrumpfen, alle anderen Bereiche zeigen steigende Anteile bei den Männern. Bei den Frauen sieht man negative Wachstumsraten außerdem noch bei Gewerbe (7) und Status Hausarbeit (11).

In Absolutwerten sind Frauen in den Bereichen Angestellte (1), Schule (8), und vor allem bei Hausarbeit (11) und Pensionen (12) stärker vertreten als die Männer. Vergleicht man die beiden Gesamtzahlen der Subpopulationen, sieht man, dass die Frauen einen höheren Anteil an der Gesamtpopulation aufweisen, was auf die höhere Lebenserwartung der Frauen zurückgeführt werden kann. Interessant sind noch die sinkenden Werte bei den Angestellten (1), in der Landwirtschaft (5), und in den beiden Bildungsbereichen (8 und 9).

4.4.3.2.1 Zugehörigkeit zu 2 Statusgruppen Ein weiteres Merkmal ist, dass Personen mehreren Statusgruppen gleichzeitig angehören können. Die Anzahl an Statuszugehörigkeiten ist hier mit zwei beschränkt. Größere Unterschiede ergeben sich für Arbeiter, die häufig einen Zweitstatus als Gewerbetreibende (7) aufweisen, Landwirte (5), die einen Zweitstatus als Arbeiter, Beamte oder Gewerbetreibende aufweisen. Bemerkenswert ist auch noch Status Studium (9), in dem immerhin fast 50 % bei den Männern und 40 % bei den Frauen einen Zweitstatus aufweisen.

4.4.3.2.2 Entwicklung der Bevölkerung unter 15 Jahren Das Modell umfasst alle Personen, die ab dem Alter von 15 Jahren (nach der Pflichtschule) in die jeweiligen Bereiche eintreten, wobei die typischen Eintrittsbereiche natürlicherweise vor allem in die Status Lehrlinge (3) und Schule (8) erfolgt, was weiter unten noch näher ausgeführt wird. Tabelle 4.4.6 zeigt die Bestandsgrößen und die Zu- und Abgänge aus dem Status der unter 15-jährigen. Diese Zu- und Abgänge lassen sich in Geburt und Sterbefälle, Immigration und Emigration und Abgänge in eine der zwölf Statusgruppen $w_{i \leftarrow 0}$ unterteilen. Aufgrund der Ermittlung der jeweiligen Anfangs- und Endwerte der Bestandsgrößen stimmen diese Zahlen nicht notwendigerweise überein. Während die Bestandsgrößen bei den Männern anstiegen, was auf die Entwicklung der Migrationsbewegungen zurückgeführt werden kann, sind die der Frauen rückläufig. Die Zahl der Geburten liegt bei ungefähr 45.000 für beide Statusgruppen und ist relativ konstant. Die stärksten Schwankungen weisen die Immigrations- und Emigrationsbewegungen auf: Die Immigration

Statusgruppe 0 - Männer							
	Bestand		Zu- und Abgänge				
Jahr	**Beginn**	**Ende**	**Geburt**	**Tod**	**Imm.**	**Emi.**	$w_{i\leftarrow 0}$
1989	568468	567419	45091	278	7546	2474	51413
1990	560950	566900	46082	160	14215	1873	52924
1991	568163	579041	48199	168	11722	1451	48204
1992	577865	590917	48678	354	12822	1399	47353
1993	591427	600500	48409	340	13330	1162	51824
1994	610906	608992	47086	330	4752	1178	52846
1995	610853	608341	45149	250	5460	1164	52258

Statusgruppe 0 - Frauen							
	Bestand		Zu- und Abgänge				
Jahr	**Beginn**	**Ende**	**Geburt**	**Tod**	**Imm.**	**Emi.**	$w_{i\leftarrow 0}$
1989	528379	526701	42932	197	7400	2744	49429
1990	521749	526620	43662	105	13175	1712	50680
1991	529591	538928	45724	115	8853	1430	44421
1992	537570	548883	45906	281	10478	1240	44050
1993	547453	557525	46200	251	12213	1085	47445
1994	477732	475761	44751	255	4075	875	50117
1995	476919	474100	43038	213	5199	881	50399

Tabelle 4.4.6: Entwicklungen in der Statusgruppe 0 (1989-1995)

erreichte in den Jahren 1990-1993 einen Höhepunkt mit 10.000 Personen in jeder Statusgruppe, die jedoch in den darauffolgenden Jahren stark zurückging. Die Emigration weist eine leicht sinkenden Tendenz auf und ist bei den Männern etwas höher. Schließlich gehen noch ungefähr 50.000 Personen bei Männern und Frauen in eine der Statusgruppen über. Die Anzahl dieser Übergänge sind mehr als jährlich durch Geburt hinzukommen.

4.4.3.3 Zu- und Abgänge

Die Zu- und Abgänge in beziehungsweise aus dem System machen einen nicht unerheblichen Teil der Dynamik einer Gesellschaft aus. Im Weiteren werden die Größenordnungen dieser Variablen beschrieben. Die Absolutwerte der Ein- und Austritte sind in Tabelle 4.4.7 getrennt nach Subpopulationen und Statusgruppen aufgelistet. Diese Tabelle zeigt auch Struktur (die Verteilung der Ein- und Austritte über die Statusgruppen) und die relativen Größenordnungen (Eintritte relativ zur absoluten Anzahl in den jeweiligen Statusverhältnissen).

Männer						
	Eintritte			Austritte		
	Absolut	Struktur	relativ	Absolut	Struktur	relativ
1	8466	9.08	1.44	3647	6.17	0.62
2	21661	23.23	2.82	4259	7.20	0.55
3	17961	19.26	19.31	166	0.28	0.18
4	79	0.08	0.03	1333	2.25	0.52
5	5426	5.82	2.36	4284	7.25	1.87
6	149	0.16	0.78	228	0.38	1.19
7	5403	5.79	3.42	4008	6.78	2.54
8	23300	24.98	14.23	1111	1.88	0.68
9	5038	5.40	4.44	3361	5.69	2.96
10	4322	4.63	2.65	2926	4.95	1.79
11	635	0.68	1.72	660	1.12	1.79
12	822	0.88	0.11	33131	56.05	4.59
	93263	100.00	2.82	59114	100.00	1.79

Frauen						
	Eintritte			Austritte		
	Absolut	Struktur	relativ	Absolut	Struktur	relativ
1	10127	12.04	1.47	4062	6.39	0.59
2	14714	17.50	3.57	3483	5.48	0.85
3	8209	9.76	17.6	99	0.16	0.21
4	48	0.06	0.05	588	0.93	0.55
5	3915	4.66	1.9	3100	4.88	1.51
6	78	0.09	0.7	110	0.17	0.99
7	3757	4.47	4.08	3300	5.19	3.58
8	26517	31.53	14.49	875	1.38	0.48
9	4187	4.98	4.22	2322	3.66	2.34
10	2497	2.97	2.78	1868	2.94	2.08
11	7818	9.30	1.16	3769	5.93	0.56
12	2233	2.66	0.22	39944	62.88	4.01
	84102	100.00	2.33	63520	100.00	1.76

Tabelle 4.4.7: Ein- und Austritte (Durchschnittswerte 1989-1995)

	Männer				Frauen			
B/D	**Eintritt**		**Austritt**		**Eintritt**		**Austritt**	
1	50975	56.11	38515	65.33	48077	57.93	44586	70.23
2	25621	25.34	7239	12.10	21214	24.08	6632	10.40
3	16667	18.54	12740	21.51	9304	11.27	6878	10.83
	93263	100.00	59114	100.00	84102	100.00	63520	100.00

Tabelle 4.4.8: Ein- und Austrittskategorien 1989-1995 (Durchschnitte)

Sowohl Zugänge als auch Austritte können in je drei Kategorien geteilt werden. Die Zugänge werden in

B1. Eintritt in einen Status im Alter von 15 Jahren

B2. Immigration

B3. Aufnahme eines Zweitstatus

gegliedert. Ähnlich können die Abgänge in drei Kategorien gegliedert werden

D1. Tod

D2. Emigration

D3. Aufgabe eines zweiten Status

Die absoluten und relativen Größenordnungen der Jahre 1989-1995 werden in Tabelle 4.4.8 zusammengefasst. Tabelle 4.4.9 zeigt die Struktur der Zugänge (B) und Abgänge (D) nach diesen drei Kategorien. Diese drei Kategorien werden im Folgenden besprochen

4.4.3.3.1 Demographische Bewegungen Diese Kategorie beinhaltet die demographischen Entwicklungen, den Eintritt in das System im Alter von 15 Jahren, was wiederum langfristig von der Geburtenrate und der Mortalitätsrate (Tod) abhängt. Diese Größen sind relativ stabil über die betrachtete kurze Periode. Jährlich treten ungefähr je 50.000 Männer und Frauen in das System ein und in etwa 40.000 Männer und 45.000 Frauen scheiden jährlich durch natürlichen Tod aus.

	Männer					
	Demographie		Migration		Zweitstatus	
	B1	D1	B2	D2	B3	D3
1	3.69	3.25	11.87	5.63	20.00	15.53
2	12.16	4.84	42.39	10.34	14.13	12.57
3	34.80	0.14	1.05	1.49	0.00	0.00
4	0.01	1.46	0.00	0.51	1.48	5.67
5	2.23	2.39	10.62	6.61	15.25	22.61
6	0.00	0.23	0.30	1.04	0.59	0.58
7	1.00	2.15	6.09	7.34	22.28	20.97
8	43.05	0.40	6.23	5.07	0.00	0.00
9	0.00	0.33	9.17	8.79	19.48	20.51
10	2.50	1.43	10.00	30.71	2.49	1.12
11	0.57	0.72	2.14	5.41	0.00	0.00
12	0.00	82.67	0.15	17.06	4.29	0.43
	100.00	100.00	100.00	100.00	100.00	100.00

	Frauen					
	Demographie		Migration		Zweitstatus	
	B1	D1	B2	D2	B3	D3
1	8.34	2.09	11.04	3.61	24.42	24.46
2	14.31	2.10	23.33	7.53	12.96	17.31
3	16.71	0.05	0.91	1.09	0.00	0.00
4	0.00	0.40	0.00	0.22	0.69	3.35
5	2.81	1.71	4.65	2.49	12.42	18.34
6	0.00	0.14	0.19	0.20	0.32	0.29
7	1.17	1.88	4.32	7.16	16.29	16.95
8	53.11	0.15	5.89	4.79	0.00	0.00
9	0.00	0.14	9.33	5.39	17.15	16.20
10	2.71	0.58	3.68	21.68	2.43	1.27
11	0.85	4.08	36.27	28.96	0.00	0.00
12	0.00	86.65	0.41	16.88	13.32	1.83
	100.00	100.00	100.00	100.00	100.00	100.00

Tabelle 4.4.9: Relative Anteile der Ein- und Austritte (Durchschnittswerte 1989-1995)

4.4.3.3.2 Migration Die zweite Kategorie bestehen aus den Immigrationen aus dem Ausland und den Emigrationen in das Ausland. Hier zeigt sich eine starke Veränderung innerhalb dieser Periode. Waren es zu Beginn der Periode noch in etwa 30.000 Männer und 25.000 Frauen (mit einer Spitze im Jahr 1990 mit 64.000 beziehungsweise 45.000), sank die Anzahl der Immigranten auf weniger als 10.000 Personen pro Jahr, was auf die restriktive Einwanderungspolitik in dieser Periode zurückgeführt werden kann. Die Zahl der Emigranten hingegen ist relativ stabil und liegt in einem Bereich von ungefähr 8.000-10.000 Männern und 6.000 und 8.000 Frauen. Insgesamt betrachtet zeigt das, dass es derzeit kaum noch Nettomigration nach Österreich gibt.

4.4.3.3.3 Zweitstatus Die letzte Kategorie ist die Aufnahme beziehungsweise Aufgabe eines Zweitstatus. Diese Zahl liegt bei den Männer bei ungefähr 16.000 beziehungsweise 14.000 Personen und bei den Frauen etwas geringer bei cirka 9.000 beziehungsweise 7.000 Personen. Die Differenz zeigt, dass immer mehr Personen einen Doppelstatus aufweisen, wobei die Aufnahme und im geringerem Ausmaß auch die Aufgabe pro-zyklischen Schwankungen unterliegen.

4.5 Zusammenfassung

Es wurde gezeigt, dass Arbeitsmärkte und Beschäftigungssysteme als dynamische Netzwerkmodelle aufgefasst werden können, wobei Personen zwischen verschiedenen Statusgruppen (oder allgemeiner Netzwerkknoten, die in einem anderen Modellaufbau auch Sektoren, Regionen, etc. beinhalten können) wechseln. Die jeweiligen Bestandsgrößen verändern sich aufgrund von Übergängen von Personen in und aus diesen Kategorien sowie durch Zu- und Abgänge von Personen. Diese Übergänge spiegeln die individuellen Entscheidungen auf Mikroebene wider, die unterschiedlich motiviert sein können und durch verschiedenste Restriktionen beschränkt oder hervorgerufen werden. Diese individuellen Entscheidungsmuster stehen jedoch nicht weiter im Mittelpunkt der Arbeit, sondern vielmehr die beobachtbaren Übergänge von Personen und die sich daraus ergebende Gesamtentwicklung des Systems, was in den nächsten Kapiteln modellmäßig weiter untersucht wird. Als konkretes Beispiel für ein derartiges dynamisches Netzwerk wurden im zweiten Teil dieses Kapitels Stromdaten, die aus der österreichischen Arbeitskräftegesamtrechnung errechnet werden, dargestellt. Dabei werden zwölf sozio-ökonomische Statusgruppen unterschieden, die sowohl unselbständig Erwerbstätige, selbständig Erwerbstätige, Personen in Ausbildung und Personen in Hausarbeit oder Pension sowie Arbeitslosigkeit beinhalten. Dabei werden sowohl die Ströme zwischen diesen Gruppen, die Ein- und Austritte aus den einzelnen Gruppen und die daraus resultierenden Bestandsgrößen und vor allem Veränderungen der Bestandsgrößen deskriptiv untersucht. Diese Daten werden in den folgenden Kapiteln für Untersuchungen im Rahmen eines komplexen dynamischen Netzwerkmodelles weiter verwendet.

Kapitel 5

Die Beschreibung komplexer Systeme: Der synergetische Ansatz

5.1 Einleitung

Sozio-ökonomische Systeme können als komplexe adaptive Multi-Komponenten-Systeme aufgefasst werden. In diesem Kapitel wird ein Modellrahmen eingeführt, der sich zur Modellierung derartiger Systeme eignet schon in einigen empirischen Analysen Verwendung gefunden hat. Das Kapitel gliedert sich folgendermaßen: Erstens wird ein Überblick über theoretische und empirische Anwendungen vor allem in den Sozial- und Wirtschaftswissenschaften gegeben. Anschließend werden die zugrundeliegenden Ideen und Annahmen, insbesondere der wahrscheinlichkeitstheoretische Rahmen, ausgeführt und die spezielleren Annahmen für Anwendungen in den sozialen Forschungsfeldern zusammengefasst. Drittens wird das Modell genau, aber nur soweit das zum Verständnis der nachfolgenden Kapiteln notwendig erscheint, dargestellt. Der Grund dafür ist, dass derartige Methoden in den Sozial- und Wirtschaftswissenschaften bislang wenig angewandt werden und daher einer einleitenden Erläuterung bedürfen. Dieser Abschnitt kann somit als erste Einführung in diese Art der Modellierung verstanden werden. Darstellungen der wichtigsten mathematischen Ergebnisse (Gleichgewichts- und Stationaritätsbedingungen, Modalwertgleichungen, etc.) finden sich im Anhang A.

5.2 Überblick über die wichtigste Literatur

Da die Anwendungsmöglichkeiten dieser Modellierungsart sehr weit sind, kann hier nur ein Überblick über Anwendungen in den Sozial- und Wirtschaftswissenschaften gegeben werden. Ich trenne dabei in theoretische Ansätze und empirische Anwendungen, obwohl die Grenze zwischen diesen beiden Gruppen nicht exakt festgelegt werden sollte.

5.2.1 Quantitative Modelle in den Sozialwissenschaften

Das ursprüngliche Konzept dieser Modellierungsart beruht auf der Theorie stochastischer Prozesse (z.B. Markov-Prozesse, Brownian motion, etc.), die vorwiegend in den Naturwissenschaften (vor allem der Physik und bei Beschreibung chemischer Prozesse) Anwendung finden. Diese 'Herkunft aus dem Geiste der Physik'[1] soll jedoch nicht zur Annahme verleiten, dass eine Anwendung in den Sozialwissenschaften ausgeschlossen oder *a priori* zum Scheitern verurteilt wäre (vergleiche dazu die 'Einladung an die Sozialwissenschaften' in Müller, 1994a):

> Mit diesen Ausblicken über ein gerade auch sozio-ökonomisch verwertbares Analysespektrum für komplexe gesellschaftliche Veränderungsprozesse wäre ein vorläufiges *Insgesamt* an möglichen *Mastergleichungs*-Applikationen vorgestellt worden. Mit weiteren anwendungsorientierten Beispielen sollte sich mit der Zeit *genauer* herauskristallisieren, *welchen* Beitrag dynamische Netzwerke nach dem Muster von Mastergleichungen zur Entwicklungsdynamik in *sozio-ökonomischen* Domänen leisten *können* und *wie stark* deren vorrangiger Startnachteil [...] ins Gewicht fällt. Die Bewertungskriterien für die Wirkungsweise der in diesem Abschnitt eingeführten Theorie- und Modellierungsstrategien sind im üblichen

[1] Vergleiche dazu folgende Bemerkung über den Übergang von Methoden aus der Soziologie in die Physik:

> Thermodynamische Systeme bestehen aus einer großen Anzahl von Molekülen, die sich in schneller ungleichmäßiger Bewegung befinden. Aufgrund ihrer Komplexität sind sie mit dem klassischen Verfahren nicht darstellbar, demgemäß für jedes einzelne Molekül die jeweilige Trajektorie zu berechnen wäre. Aus diesem Grund ging Maxwell von statistischen Mittelwerten aus, um die Geschwindigkeitsverteilung der Moleküle zu berechnen. Durch Übertragung des von Quetélet (Quetélet, 1835) [...] in der Soziologie angewandten Gesetzes der großen Zahl auf die Physik, gelang es Maxwell [...]. (Sandbothe, 1998)

> althergebracht und fast klassisch zu nennen: Sie bemessen sich einzig und allein an kritisch-rationalen Standards wie *Erklärungskraft, heuristische Fruchtbarkeit, Neuigkeitswerte, Komplexitätsreduktion* und Ähnliches aus dem überkommenen wissenschaftstheoretischen Bewertungsfundus. *Placebodosen* postmoderner Provenienz oder ein formalisierungszentriertes *l'art pour l'art* zählen mit Sicherheit nicht zu den Gründen, Mastergleichungen eine sozio-ökonomische Relevanz zuzuweisen. (Müller, 1998)

Eine ausführliche Einführung in diese Forschungsrichtung, die als 'Synergetik' bezeichnet wird, findet man in den Beiträgen von Haken (1982) und Haken (1983), wo die zugrundeliegenden stochastischen Prozesse erläutert werden.[2] Einen erste zusammenfassende Darstellung der Möglichkeiten dieses Ansatzes in den Sozialwissenschaften wird in Weidlich und Haag (1983) gegeben. Einen weiteren Überblick über die Anwendung stochastischer Modelle findet man schließlich in Helbing (1995) und schließlich für die Anwendung auf makroökonomische Prozesse in Aoki (1998). Tuma und Hannan (1984) zeigen unterschiedliche Anwendungen von Modellen dynamischer sozialer Prozesse in der mathematischen Soziologie, in Populationsanalysen und demographischen Modellen.

Helbing (1995) zeigt, dass die Modellierung sozialer dynamischer Prozesse mittels Mastergleichung, die im weiter unten behandelt wird, sehr allgemein ist und als Verallgemeinerung verschiedener bereits vorhandener Modelle gesehen werden kann. Es wird gezeigt, dass folgende theoretische Konzepte Spezialfälle der Mastergleichung sind :

1. *Logistische Gleichung*: Wachstumsprozesse mit Sättigungstendenzen, etc.

2. *Diffusionsmodelle*: Diffusion von Innovationen, Seuchen, Informationen, regionale Dynamiken, etc.

3. *Evolutionäre Spieltheorie*: Konkurrenz und Kooperation, Oligopolspiele, iterierte Spiele, etc.

4. *Gravity-Modelle*: z.B. für die Modellierung von Handels- und Spezialisierungsstrukturen, etc.

5. *Entscheidungsmodelle*: Multinomial logit model, etc.

[2]Fortgeschrittene Bücher zu diesem Thema sind Feistel und Ebeling (1989) und Doering (1990). In den genannten Werken finden sich ausführliche Literaturüberblicke.

Eine Einführung und Überblick über die Möglichkeiten dieses Ansatzes bei der Formulierung makroökonomischer Modelle, die Eigenschaften evolutionärer Dynamik, der Möglichkeit und Existenz multipler Gleichgewichte und der Modellierung von Externalitäten als Feldeffekte aufweisen, gibt wie bereits oben erwähnt, Aoki (1998). In diesem Buch werden auch weitergehende Konzepte diskutiert (hierarchische 'State-Spaces', Jump-Markov-Prozesse, 'generalized Birth-Death-Prozesse', das Konzept der 'first-passage-time', etc). Weiters wird die Verbindung zu nicht so häufig verwendeten statistischen Verteilungen (Gibbs, Zipf, ...) und bereits vorhandenen Modelle dargestellt.

Schließlich werden in einer Reihe von Beiträgen Zusammenhänge und Unterschiede dieser Modellierung mit üblichen ökonomischen Modellen behandelt, so beispielsweise in Kirman (1992, 1993) und Leijonhufvud (1993). Für einen weitergehenden Überblick über philosophische Hintergründe der unterschiedlichen Erklärungsansätze siehe Müller (1994b) und Müller (1998). In Müller (1994b) wird außerdem die Beziehungen zu anderen mikrosoziologischen und -ökonomischen Handlungskonzeptionen diskutiert: Auf der einen Seite stehen dabei die 'Rational Choice' Theorie und verschiedenste Erweiterungen davon, die sich dadurch auszeichnen, dass einerseits starke und sehr weitgehende Annahmen bezüglich menschlichen Verhaltens gemacht werden, und andererseits diese sowohl auf Mikro- als auch auf Makroebene angewendet werden. Dem stehen Handlungskonzeptionen gegenüber, die wesentliche schwächere Annahmen treffen, und als Theorien adaptiven Verhaltens, Lerntheorien, 'rules-of-thumb', 'bounded rationality' usw. bekannt sind. Auch hier kann man zwischen mikro- und makrosoziologischen oder -ökonomischen Aggregationsniveaus unterscheiden.

Diese Gruppe der schwachen Annahmen bezüglich der Handlungskonzeptionen und der Untersuchung auf der Makroebene stellt die am wenigsten gebräuchliche Anwendung dar. In dem im Weiteren vorgestellten Modell ist es jedoch genau diese Gruppe an Möglichkeiten, die den Schwerpunkt der Analyse bildet. Damit steht nicht die Entscheidung einzelner Individuen, wobei für etwaige Variablen statistisch kontrolliert wird, im Vordergrund, sondern vielmehr welche Populationsdynamiken aus den einzelnen, individuellen Entscheidungen und Verhaltensweisen resultieren und welche Faktoren diese Dynamiken langfristig beeinflussen. Dabei wird ein formalisierbarer und damit handhabbarer Rahmen entworfen der eine quantitative Analyse sozioökonomischer Prozesse ermöglicht. Bevor mit der Darstellung begonnen wird, wird ein kurzer Überblick über bereits existierende Anwendungen gegeben.

5.2.2 Überblick über empirische Anwendungen

Neben den vielfältigen theoretischen Ansätzen und Modellen gibt es einige empirische Anwendungen in sozialwissenschaftlichen Bereichen. Die Anwendungsgebiete, für die empirische Untersuchungen und Schätzungen vorliegen, sind nachstehend aufgelistet:

1. Schumpetersche Innovationszyklen: Weidlich und Haag (1983)
2. Migration zwischen Regionen: Weidlich und Haag (1988) und Haag (1989)
3. Wählerverhalten und Wählerströme: Hofinger (1994)
4. Beschäftigungsmodell: Müller (1990) und Müller und Haag (1994a)
5. Ausbildungssystem: Müller und Haag (1994c)

Diesen Anwendungen liegt mehr oder weniger die gleiche Modellstruktur zugrunde, die im nächsten Kapitel zur Modellierung der Dynamik sozioökonomischer Statusgruppen verwendet wird. Der nächste Abschnitt beschreibt die grundlegenden Anforderungen an Modellstruktur und Daten und das erkenntnisleitende Interesse (vergleiche dazu Haag, 1994).

5.2.3 Grundlagen

Haag (1994, S. 24ff) gibt einen Überblick über die notwendigen Bedingungen, die ein Mastergleichungsmodell erfüllen soll, wenn es sich forschungspraktisch umsetzen lassen sollte. Diese lassen sich in fünf Punkten zusammenfassen:

1. *Gesamtnetzwerke*: Diese Art der Modellierung (Mastergleichungsansatz) fokussiert auf die Dynamik innerhalb eines (stark) wechselwirkenden Netzwerkes und nicht innerhalb der Netzwerkknoten. Dieses Netzwerk besteht aus mehreren unterschiedlichen Knoten (sozialen Domänen), die untereinander in Verbindung stehen und Eingangs- und Ausgangsbeziehungen aufweisen.

2. *Netzwerkknoten*: Die Netzwerkknoten sind als Ensembles von Gruppen (oder allgemeiner: transferierbarer beziehungsweise austauschbarer 'units') zu modellieren, wobei in den meisten Fällen Ensembles von Personengruppen genommen werden.

3. *Austausch*: Der Austausch zwischen diesen Gruppen muss beobachtbar- und messbar sein. Im Prinzip können Mastergleichungsmodelle von allen Netzwerken, über die es derartige Daten gibt, erstellt und angewandt werden.

4. *Netzwerkumgebung*: Es müssen Beziehungen zwischen dem Netzwerk und seiner Umwelt (das sind exogene Einflüsse, Ein- und Ausgangsbeziehungen, etc.) spezifizierbar und beobachtbar sein. Dies bedeutet, dass in den Sozialwissenschaften nicht eindeutig von vorstrukturierten Netzwerken ausgegangen werden kann, sondern Separierungen, Aufteilungen und Konstruktionen entworfen werden.

5. *Perspektive*: Das zentrale forschungsleitende Interesse sollte an längerfristigen Veränderungen innerhalb des Netzwerkes orientiert sein.

Im Rahmen der Spezifikation und empirischen Anwendung müssen spezielle Annahmen getroffen werden, die unten in drei Punkten zusammengefasst sind. Diese Annahmen entspringen nicht zuletzt der wahrscheinlichkeitstheoretischen Herkunft dieses Modells und sind ebenso in anderen empirischen oder ökonometrischen Modellen üblich. Diese Eigenschaften sind:

1. *Markov-Eigenschaft*: Diese Annahme besagt, dass die Wahrscheinlichkeit eines Übergangs von einer Gruppe in eine andere, nicht von der Vorgeschichte abhängt.

2. *Homogenität*: Diese Annahme besagt, dass das Übergangsverhalten für jedes Individuum einer bestimmten Subpopulation identisch ist. In dieser Arbeit werden dabei zwei Subpopulationen unterschieden, sodass diese Annahme besagt, dass das Übergangsverhalten für jedes Individuum innerhalb der Subpopulationen identisch sein muss. Je mehr Subpopulationen unterschieden werden können, desto besser lässt sich das typische Verhalten modellieren.

3. *Unabhängigkeit*: Die Individuen müssen stochastisch unabhängig voneinander agieren.

Diese Annahmen werden auch üblicherweise in den anderen Anwendungen und Modellierungen stochastischer Prozesse getroffen und werden hier nicht weiter formal ausgeführt; eine ausführliche Diskussion findet man in Weidlich und Haag (1983). Damit kann nun zur mathematischen Darstellung dieser Methode übergegangen werden.

5.3 Die quantitative Beschreibung von Populationsdynamiken

In diesem Abschnitt wird die Technik der Mastergleichungen, soweit zum Verständnis des im Weiteren verwendeten Modells notwendig, dargestellt. Im nächsten Abschnitt werden anschließend die grundlegenden Gleichgewichtskonzepte und -bedingungen eingeführt. Die hier gegebene Darstellung lehnt sich an Weidlich und Haag (1983, 1988) an, wo diese Art der Modellierung für die Sozialwissenschaften eingeführt wird. Es muss darauf verzichtet werden, diesen Ansatz umfassend darzustellen, da dies weitergehenden mathematischen Formulierung bedarf (zum Beispiel stochastischer nichtlinearer Differentialgleichungen, partielle Differentialgleichungen, etc.), die über den Rahmen dieser Arbeit hinausgehen würden. Daher wird auf die grundlegenden Merkmale eingegangen, die zum Verständnis des Modells, der empirischen Anwendungen und der Interpretationen der Simulationen notwendig sind. Für detaillierte Ausführungen zur Mathematik siehe die oben zitierte Literatur.

5.3.1 Die Beschreibung der Soziokonfiguration

Für die quantitative Beschreibung einer Gesellschaft wird angenommen, dass sich die einzelnen Individuen in $i = 1, \ldots, L$ unterschiedlichen Zuständen (zum Beispiel Parteizugehörigkeit, Wahlverhalten, Sektoren, sozio-ökonomischen Statusverhältnissen, etc.) befinden und zwischen diesen wechseln können.[3] Unterscheiden sich einzelne Subgruppen der untersuchten Population in ihrem Übergangsverhalten zwischen den Statusgruppen, kann zwischen $s = 1, \ldots, S$ Subpopulationen differenziert werden, die mit α_s bezeichnet werden. Die Soziokonfiguration zu einem bestimmten Zeitpunkt t kann damit allgemein mit einem Vektor (dem Vektor der Soziokonfiguration)

$$\mathbf{n}(t) = \left(n_1^{\alpha_1}(t), \ldots, n_L^{\alpha_S}(t)\right) \tag{5.3.1}$$

beschrieben werden. $n_i^{\alpha_s}$ gibt dabei die Anzahl der Individuen der Subpopulation $s = 1, \ldots, S$ an, die sich in der Statusgruppe $i = 1, \ldots, L$ befinden. Dabei gilt unter der Annahme einer stationären Bevölkerung,[4] dass $N^{\alpha_s} = \sum_{i=1}^{L} n_i^{\alpha_s}$, $N_i = \sum_{s=1}^{S} n_i^{\alpha_s}$ und somit $N = \sum_{i=1}^{L} N_i = \sum_{s=1}^{S} N^{\alpha_s}$.

Die Wahrscheinlichkeit des Wechsels eines Individuums von Status i in Status j wird mit

$$p_{ji}^{\alpha_s}(\mathbf{n}; t)$$

bezeichnet. In den existierenden Anwendungen, die oben erwähnt wurden, wird diese Wahrscheinlichkeit als von drei Faktoren abhängig modelliert:

[3]In dieser Arbeit wird die Sozio-Konfiguration in sozio-ökonomische Statusgruppen unterteilt, was der Interpretation für die empirische Arbeit entspricht (vergleiche Kapitel 4).

[4]Die Birth- und Death-Prozesse, die die Größe der Population beziehungsweise der Subpopulationen ändern, werden später eingeführt.

1. einem globalen Fluktuationsparameter $v_0^{\alpha_s}$
2. Distanzen $d_{ji}^{\alpha_s}$ und
3. (bedingten) Attraktivitätsunterschieden $u_j^{\alpha_s} - u_i^{\alpha_s}$

Diese drei Faktoren werden im Folgenden dargestellt. Die Wahrscheinlichkeit $p_{ji}^{\alpha_s}(t)$ kann auch einen Trend aufweisen, was aber in den meisten Fällen und auch in dieser Arbeit nicht berücksichtigt wird (dazu siehe Weidlich und Haag, 1983). Es kann auch eine Wahrscheinlichkeit für einen Wechsel zwischen je zwei Subpopulationen modelliert werden. Da in dieser Arbeit jedoch die Subpopulationen nach der Variable Geschlecht unterschieden werden, wird diese Möglichkeit nicht weiter berücksichtigt.

5.3.2 Dynamische Attraktivitäten

In einer allgemeinen und in empirischen Anwendungen häufig verwendeten Spezifikation wird die Attraktivität, die ein bestimmter Status i für ein Individuum einer bestimmten Subpopulation s aufweist, modelliert als

$$\begin{aligned} u_i^{\alpha_s}(\mathbf{n}) &= \delta_i^{\alpha_s}(t) + \\ &+ \sum_{t=1}^{S} \kappa^{\alpha_s \alpha_t} \frac{n_i^{\alpha_t} - \bar{N}^{\alpha_t}}{\bar{N}^{\alpha_t}} + \\ &+ \sum_{t=1}^{S} \sigma^{\alpha_s \alpha_t} \frac{\left(n_i^{\alpha_t}\right)^2 - \left(\bar{N}^{\alpha_t}\right)^2}{\left(\bar{N}^{\alpha_t}\right)^2} \end{aligned} \tag{5.3.2}$$

wobei $\bar{N}^{\alpha_s} = \frac{1}{L} N^{\alpha_s}$. In dieser Form hängt die Attraktivität von einem exogenen, eventuell trendabhängigen, subpopulationsspezifischen Parameter $\delta_i^{\alpha_s}(t)$ und dem aktuellen Zustand der gesamten Soziokonfiguration $\mathbf{n}$ ab. Diese Abhängigkeit vom Gesamtzustand wird durch die endogen formulierten Agglomerations- beziehungsweise Sättigungsvariablen

$$\begin{aligned} AGG_i^{\alpha_s} &= \frac{n_i^{\alpha_s} - \bar{N}^{\alpha_s}}{\bar{N}^{\alpha_s}} \\ SAT_i^{\alpha_s} &= \frac{\left(n_i^{\alpha_s}\right)^2 - \left(\bar{N}^{\alpha_s}\right)^2}{\left(\bar{N}^{\alpha_s}\right)^2} \end{aligned}$$

repräsentiert. $\kappa^{\alpha_s \alpha_t} > 0$ wird entsprechend als Agglomerationsparameter und $\sigma^{\alpha_s \alpha_t} < 0$ als Sättigungsparameter bezeichnet. Für die Dynamik des Modells sind diese beiden Parameter ausschlaggebend, wobei das Modellverhalten von

Stabilität über zyklische Dynamiken bis zu chaotischen Trajektorien reichen kann.

Die Attraktivitätsdifferenz zwischen zwei Status - die für das Wechselverhalten entscheidend ist - ergibt sich mit[5]

$$\begin{aligned} u_i^{\alpha_s}(\mathbf{n}) - u_j^{\alpha_s}(\mathbf{n}) \equiv v_{ij}^{\alpha_s} &= \left(\delta_i^{\alpha_s}(t) - \delta_j^{\alpha_s}(t)\right) + \\ &+ \sum_{t=1}^{S} \kappa^{\alpha_s\alpha_t} \frac{n_i^{\alpha_t} - n_j^{\alpha_t}}{\bar{N}^{\alpha_t}} + \\ &+ \sum_{t=1}^{S} \sigma^{\alpha_s\alpha_t} \frac{(n_i^{\alpha_t})^2 - (n_j^{\alpha_t})^2}{(\bar{N}^{\alpha_t})^2} \end{aligned}$$

Ersetzt man mit $\frac{\kappa^{\alpha_s\alpha_s}}{\bar{N}^{\alpha_s}} \equiv \tilde{\kappa}^{\alpha_s\alpha_s}$, $\frac{\sigma^{\alpha_s\alpha_s}}{\bar{N}^{\alpha_s 2}} \equiv \tilde{\sigma}^{\alpha_s\alpha_s}$ und $(\delta_i^{\alpha_s} - \delta_j^{\alpha_s}) \equiv \delta_{ij}^{\alpha_s}$ erhält man die Differenz der Attraktivitäten als

$$v_{ij}^{\alpha_s}(\mathbf{n}) = \delta_{ij}^{\alpha_s}(t) + \sum_{t=1}^{S} \left[\tilde{\kappa}^{\alpha_s\alpha_t}\left(n_i^{\alpha_t} - n_j^{\alpha_t}\right) + \tilde{\sigma}^{\alpha_s\alpha_t}\left((n_i^{\alpha_t})^2 - \left(n_j^{\alpha_t}\right)^2\right)\right] \quad (5.3.3)$$

In Anhang A wird gezeigt, dass sich diese Differenz auch in relativen Werten ausdrücken lässt, also

$$v_{ij}^{\alpha_s}(\mathbf{x}) = \delta_{ij}^{\alpha_s} + \sum_{t=1}^{S} \left[L\kappa^{\alpha_s\alpha_t}\left(x_i^{\alpha_t} - x_j^{\alpha_t}\right) + L^2\sigma^{\alpha_s\alpha_t}\left((x_i^{\alpha_t})^2 - \left(x_j^{\alpha_t}\right)^2\right)\right] \quad (5.3.4)$$

mit $x_i^{\alpha_s} = \frac{n_i^{\alpha_s}}{\bar{N}^{\alpha_s}}$. Problematisch scheint hier, dass die Anzahl der Statusgruppen (L beziehungsweise L^2) eingeht, was aber durch entsprechende Normierung der Agglomerations- und Sättigungsparameter ausgeglichen werden kann.

5.3.3 Distanzen

Weiters wird die Wahrscheinlichkeit eines Wechsels durch die 'Ähnlichkeit' zweier Status beeinflusst: je geringer die Distanz zwischen zwei Status, desto höher ist die Wahrscheinlichkeit eines Wechsels. Die Distanz wird dabei als exogen, das heißt nicht abhängig von der Verteilung der Populationen beziehungsweise der Soziokonfiguration, modelliert und mit

$$d_{ij}^{\alpha_s}(t)$$

[5]Das wird ausführlich in Anhang A gezeigt.

bezeichnet. Häufig wird angenommen, dass diese Distanz symmetrisch ist, das heißt $d_{ij}^{\alpha_s} = d_{ji}^{\alpha_s} \equiv d^{\alpha_s}$. Formal werden in den Gleichungen für die Übergangswahrscheinlichkeiten am häufigsten entweder die Formulierungen $f_{ji}^{\alpha_s} = \frac{1}{d_{ji}^{\alpha_s}}$ oder $f_{ji}^{\alpha_s} = \exp^{-d_{ji}^{\alpha_s}}$ verwendet. Diese exponentielle Formulierung wird in den empirischen Untersuchungen im Weiteren verwendet. Als Grenzfälle ergeben sich $d_{ij}^{\alpha_s} \to 0$, sodass das Wechselverhalten überhaupt nicht beeinflusst wird, und $d_{ij}^{\alpha_s} \to \infty$, wobei keine Übergangsmöglichkeit besteht, also der Pfad $j \leftarrow i$ geschlossen ist.

5.4 Stationäre Lösungen

Bevor nach diesen einleitenden Bemerkungen das Modell für die dynamische Beschreibung gesellschaftlicher Transformationsprozesse erläutert wird, wird in diesem Teil auf die Analyse der Gleichgewichtszustände eingegangen.

5.4.1 2 Statusgruppen, 1 Subpopulation

Der einfachste Fall ist der, in der die Mitglieder einer homogenen Population, also $S = 1$, zwischen $L = 2$ Zuständen (z.B. Meinungen, Regionen, Parteien, Zugehörigkeiten, Beschäftigungsstatus, etc.) wechseln können.

5.4.1.1 Herleitung der Mastergleichung

Die $2\bar{N}$ Mitglieder einer Population befinden sich in einem von zwei Statusverhältnissen $i = 1, 2$. Unter der Annahme, dass die Population konstant bleibt, lässt sich der Soziokonfigurationsvektor schreiben als

$$n_1 + n_2 = 2\bar{N} \qquad \text{und} \qquad n_1 - n_2 = 2n \tag{5.4.5}$$

woraus sich

$$n_1 = \bar{N} + n \qquad \text{und} \qquad n_2 = \bar{N} - n$$

für $-\bar{N} \leq n \leq \bar{N}$ und $0 \leq n_i \leq 2\bar{N}$ ergibt. Der Zustand der Sozio-Konfiguration kann in diesem Fall mit einem Skalar n beschrieben werden. Die individuellen Übergangswahrscheinlichkeiten von i nach j werden mit

$$p_{j \leftarrow i}(n) \qquad \text{oder} \qquad p_{ji}(n)$$

bezeichnet, wobei zunächst angenommen wird, dass $p_{ji}(n)$ nur vom Zustand der Soziokonfiguration abhängig ist. Die Wahrscheinlichkeit, dass sich eine Population zum Zeitpunkt t in Zustand n befindet, wird mit

$$p(n; t)$$

bezeichnet, wobei die Normierungsbedingung

$$\sum_{n=-N}^{N} p(n;t) = 1 \tag{5.4.6}$$

zu jedem Zeitpunkt t gelten muss. Unter der Annahme, dass zu jedem Zeitpunkt nur eine Person wechseln kann, lassen sich die Übergangsraten $w(\cdot)$ als

$$\begin{aligned} w\big((n+1) \leftarrow n\big) &= n_2 p_{12}(n) = (\bar{N} - n)p_{12}(n) \equiv w_\uparrow(n) \\ w\big((n-1) \leftarrow n\big) &= n_1 p_{21}(n) = (\bar{N} + n)p_{21}(n) \equiv w_\downarrow(n) \\ w(n' \leftarrow n) &= 0 \qquad \text{für } n' \neq n \pm 1 \end{aligned} \tag{5.4.7}$$

anschreiben. Die letzte Bedingung in (5.4.7) schließt Übergänge in nicht benachbarte Zustände aus; diese Bedingung bedeutet, dass die Zeiteinheiten so klein gewählt werden, dass zu jedem Zeitpunkt nur ein Individuum den Status wechseln kann.[6] Zusätzlich müssen die Randbedingungen

$$w\big((n \pm 1) \leftarrow n\big) = 0 \qquad \text{für } n = \pm\bar{N} \tag{5.4.8}$$

beachtet werden. Damit lässt sich die Mastergleichung für die Wahrscheinlichkeiten $p(n;t)$ in folgender Form anschreiben:[7]

$$\begin{aligned} \frac{dp(n;t)}{dt} = &\big[w_\downarrow(n+1)p(n+1;t) - w_\downarrow(n)p(n;t)\big] + \\ &\big[w_\uparrow(n-1)p(n-1;t) - w_\uparrow(n)p(n;t)\big] \end{aligned} \tag{5.4.9}$$

Diese Gleichung gibt die Veränderung der Wahrscheinlichkeiten $p(n;t)$ an, und stellt im wesentlichen eine Bilanzgleichung dar: Die Veränderung der

[6] 'Benachbart' bezieht sich hier nicht auf die Statusgruppen, sondern darauf, dass sich die Variable n zu jedem Zeitpunkt t nur um ± 1 verändert. Für den allgemeineren Fall, dass mehrere Personen gleichzeitig wechseln, siehe Weidlich und Haag (1983).

[7] Aufgrund der letzten Bedingung in (5.4.7) ist diese Mastergleichung nur ein Spezialfall der allgemeineren Form:

$$\frac{dp(n;t)}{dt} = \sum_{n'} w(n \leftarrow n')p(n';t) - w(n' \leftarrow n)p(n;t)$$

die der Bedingung:

$$\frac{d}{dt}\sum_{n} p(n;t) = \sum_{n}\sum_{n'} w(n \leftarrow n')p(n';t) - w(n' \leftarrow n)p(n;t) \equiv 0$$

genügen muss. Diese Bedingung besagt, dass die gesamte Wahrscheinlichkeit des Systems in einem Zustand zu sein (das ist die Summe über alle möglichen Zustände) aufgrund der Normierungsbedingung gleich eins ist.

Wahrscheinlichkeit eines bestimmten Zustandes, $\dot{p}(n;t)$, ergibt sich aus der Summe der Wahrscheinlichkeiten, dass sich die Population zum Zeitpunkt t im Zustand $n \pm 1$ befindet, multipliziert mit der Übergangsrate $w(\cdot)$ in den Zustand n zu wechseln, minus der Summe der Wahrscheinlichkeiten im Zustand n zu sein $p(n;t)$ multipliziert mit der Übergangsrate $w(\cdot)$ in den Zustand $n \pm 1$ zu wechseln.

Diese Form der Mastergleichung lässt sich für bestimmte Spezifizierungen der Übergangswahrscheinlichkeiten $p_{ji}(n)$ exakt lösen, was im Folgenden gezeigt wird.

5.4.1.2 Exakte stationäre Lösungen der Mastergleichung

Im Gleichgewicht muss die Dichtefunktion konstant sein, was bedeutet, dass

$$\frac{dp(n;t)}{dt} = 0 \equiv p^*(n) \qquad \text{für alle } n$$

Wenn zusätzlich die Gleichgewichtsbedingung ('condition of detailed balance'), die in Anhang A erläutert wird,

$$\begin{aligned} w_\downarrow(n+1)p^*(n+1) &= w_\uparrow(n)p^*(n) \qquad \text{für alle } n \\ w_\downarrow(n)p^*(n+1) &= w_\uparrow(n+1)p^*(n+1) \qquad \text{für alle } n \end{aligned} \tag{5.4.10}$$

gilt, lässt sich eine exakte Lösung dieser Gleichung angeben. Die Bedingung besagt, dass die Wahrscheinlichkeit von $(n \pm 1)$ nach n zu wechseln, genau gleich ist der Wahrscheinlichkeit von n nach $(n \pm 1)$ zu wechseln, was für jeden benachbarten Zustand gelten muss. Obwohl es dabei auf der Mikroebene noch immer Fluktuationen zwischen den Status gibt, ist auf der Makroebene ein Gleichgewichtszustand erreicht, da sich diese Fluktuationen exakt ausgleichen.

Nimmt man für ein bestimmtes $p^*(n)$ einen beliebigen Wert an und setzt die Übergangsraten $w(\cdot)$ als bekannt voraus oder verwendet eine geeignete funktionale Spezifizierung, was weiter unten gezeigt wird, lässt sich daraus durch Rekursion die stationäre Lösung der Mastergleichung (5.4.9) bestimmen. Zum Beispiel ist für $p^*(\pm N)$

$$\begin{aligned} p^*(n) &= p^*(-N) \prod_{k=-N+1}^{n} \frac{w_\uparrow(k-1)}{w_\downarrow(k)} \qquad \text{für } (-N+1) \le n \le N \\ p^*(n) &= p^*(N) \prod_{v=k}^{N-1} \frac{w_\downarrow(k+1)}{w_\uparrow(k)} \qquad \text{für } -N \le n \le (N-1) \end{aligned}$$

Startet man bei der Rekursion mit $p^*(0)$, ergibt sich

$$\begin{aligned} p^*(n) &= p^*(0) \prod_{k=1}^{n} \frac{w_\uparrow(k-1)}{w_\downarrow(k)} && \text{für } 1 \leq n \leq N \\ p^*(-n) &= p^*(0) \prod_{k=-1}^{-n} \frac{w_\downarrow(k+1)}{w_\uparrow(k)} && \text{für } -N \leq n \leq -1 \end{aligned} \quad (5.4.11)$$

Durch die Normierungsbedingung (5.4.6) können anschließend die Werte für die stationären Wahrscheinlichkeiten $p^*(n)$ ermittelt werden (für Details siehe Anhang A).

5.4.1.2.1 Die explizite Form der Übergangswahrscheinlichkeiten

Im nächsten Schritt werden plausible Formulierungen für die individuellen Übergangswahrscheinlichkeiten eingesetzt, wobei eine Spezifizierung verwendet wird, für die einerseits eine geschlossene Lösung existiert und die andererseits in der Empirie Anwendung findet. Die Übergangswahrscheinlichkeit p_{ji} wird dabei in exponentieller Abhängigkeit von der Differenz der Attraktivitäten der beiden Status $v_{ji}(n) = u_j(n) - u_i(n)$, die vom Zustand der Soziokonfiguration n beeinflusst werden, modelliert. Im Anhang A wird gezeigt, dass in diesem einfachen Fall

$$v(n) = \delta_0 + \tilde{\kappa}_0 n \quad (5.4.12)$$

beziehungsweise

$$v(x) = \delta_0 + \kappa_0 n \quad (5.4.13)$$

ist. Wie bereits oben erwähnt (siehe Abschnitt 5.3.2), bezeichnet δ_0 einen exogenen Parameter und $\tilde{\kappa}_0$ (κ_0) ist ein Parameter, der sich - in diesem einfachen Fall - aus dem Agglomerations- und Sättigungsparameter zusammensetzt. Daraus ergibt sich, dass

$$\begin{aligned} p_{12}(n) &= \nu_0 \exp^{v(n)} = \nu_0 \exp^{v(x)} \\ p_{21}(n) &= \nu_0 \exp^{-v(n)} = \nu_0 \exp^{-v(x)} \end{aligned} \quad (5.4.14)$$

ν_0 ist ein allgemeiner Fluktuationsparameter, wobei angenommen wird, dass dieser symmetrisch ist, $\nu_{12} = \nu_{21} \equiv \nu_0$. Durch Einsetzen der expliziten Form (5.4.14) in die allgemeine Formulierung (5.4.7) erhält man

$$\begin{aligned} w_\uparrow(n) &= \nu_0(\bar{N} - n) \exp^{v(n)} \\ w_\downarrow(n) &= \nu_0(\bar{N} + n) \exp^{-v(n)} \end{aligned} \quad (5.4.15)$$

Weiters kann man Distanzen d_{ij} zwischen den zwei Status einführen, die ebenfalls in exponentieller Weise formuliert werden. Nimmt man an, dass diese symmetrisch sind, $d_{12} = d_{21} \equiv d$, ändern sich die Übergangsraten zu

$$\begin{aligned} w_{\uparrow}(n) &= \nu_0(N-n)\exp^{-d+v(n)} \\ w_{\downarrow}(n) &= \nu_0(N+n)\exp^{-d-v(n)} \end{aligned}$$

Diese Distanzen haben - wenn sie symmetrisch sind - keinen Einfluss auf den Gleichgewichtszustand, allerdings ändert sich die Dauer mit der der Gleichgewichtszustand erreicht wird. Bei den asymmetrischen Distanzen ändert sich der Gleichgewichtszustand, da diese dann wie die exogenen Präferenzparameter δ_i wirken.

5.4.1.2.2 Das stationäre Gleichgewicht Setzt man nun (5.4.15) in Gleichung (5.4.11) ein, ergibt sich

$$p^*(n) = p^*(0)\frac{(N!)^2}{(N+n)!(N-n)!}\exp^{(2\delta_0 n + \tilde{\kappa}_0 n^2)} \tag{5.4.16}$$

Durch Auswerten dieses Ausdrucks erhält man schließlich

$$p^*(n) = p^*(0)\exp^{N\phi(x)} \tag{5.4.17}$$

mit

$$\phi(x) = 2\delta_0 x + \kappa_0 x^2 - \left[(1+x)\ln(1+x) + (1-x)\ln(1-x)\right] \tag{5.4.18}$$

Die Extremwerte, das sind die Maxima und Minima der Dichtefunktion, erhält man durch Differenziation

$$\left.\frac{\partial\phi(x)}{\partial x}\right|_{x=x^*} = 2\delta_0 + 2\kappa_0 x^* - \left[\ln(1+x^*) - \ln(1-x^*)\right] = 0 \tag{5.4.19}$$

woraus sich die Gleichgewichtslösung

$$x^* = \tanh\left(\delta_0 + \kappa_0 x^*\right) \tag{5.4.20}$$

ergibt.

Die Bestimmung der Nullstellen für diese transzendentale Gleichung ist nur mehr numerisch oder graphisch möglich. Dabei müssen verschiedene Parameterstellungen unterschieden werden. Für $0 \leq \kappa_0 < 1$ gibt es eine stationäre Lösung mit nur einem Maximum der Dichtefunktion. Dieses Maximum liegt für $\delta_0 < 0$ im Bereich $-1 \leq x^* < 0$ und für $\delta_0 > 0$ im Bereich $0 < x^* \leq 1$. Für

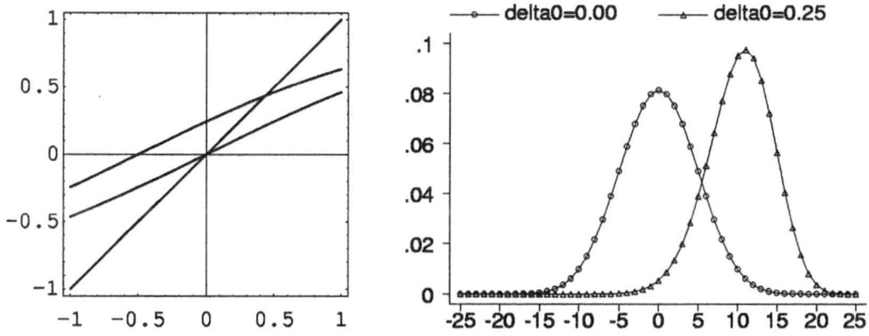

Abbildung 5.4.1: Graphische Lösung der Gleichung (5.4.20) mit $\kappa_0 = 0.5$, $\delta_0 = 0$ und $\delta_0 = 0.25$ und entsprechende Dichtefunktionen für N=50

$\delta_0 = 0$ liegt das Maximum bei $x^* = 0$. Abbildung 5.4.1 zeigt die graphische Lösung und die Dichtefunktion für den Fall $\kappa_0 = 0.75$ und zwei verschiedenen Werte von δ_0. Bei $\delta_0 = 0$ gibt es ein Maximum bei $n = 0$; durch eine exogenen Präferenz für einen Zustand, $\delta_0 \neq 0$, verschiebt sich dieses Maximum. Bei $\kappa_0 = 1$ wird für $\delta_0 = 0$ ein kritischer Wert erreicht, wobei das bisherige stabile und eindeutige Gleichgewicht instabil wird. Steigt κ_0 auf größer als 1, gibt es schließlich ein instabiles und zwei stabile Gleichgewichte. Dies wird in Abbildung 5.4.2 gezeigt. Für den Fall $\kappa_0 > 1$ und $\delta_0 \neq 0$ müssen drei Fälle unterschieden werden, wobei der oben gezeigte Fall $\delta = 0$ ist einen Spezialfall darstellt. Ist δ_0 unter einem kritischen Wert, $\delta_0 < |\delta_0^{cr}|$, gibt es drei Lösungen: zwei Maxima und ein Minimum.[8] Übersteigt δ_0 diesen kritischen Wert, gibt es wiederum ein stabiles Gleichgewicht). $\delta_0 = |\delta_0^{cr}|$ stellt dabei den Spezialfall einer Sattelpunktstabilität dar. Dieser kritische Wert δ_0^{cr} kann durch die Gleichung

$$|\delta_0^{cr}| = -\operatorname{arccosh}\left(\sqrt{\kappa_0}\right) + \sqrt{\kappa_0(\kappa_0 - 1)} \qquad (5.4.21)$$

bestimmt werden. Für $\kappa_0 = 1$ ergibt sich ein kritischer Wert von $\delta_0^{cr} = 0$ und der Gleichgewichtspunkt $x^* = 0$ ist sattelpunktstabil. Abbildung 5.4.3 zeigt drei unterschiedliche Dichtefunktionen für einen Wert von $\kappa_0 = 1.1$ und drei unterschiedliche Werte für δ_0.

[8] Diese können über die Iterationsvorschriften $x_{m,i+1} = \tanh(\delta_0 + \kappa_0 x_{m,i})$ für die Maxima beziehungsweise beziehungsweise $x_{m,i+1} = \frac{1}{\kappa_0}\left[\operatorname{arctanh}(x_{m,i}) - \delta_0\right]$ für das Minimum gefunden werden.

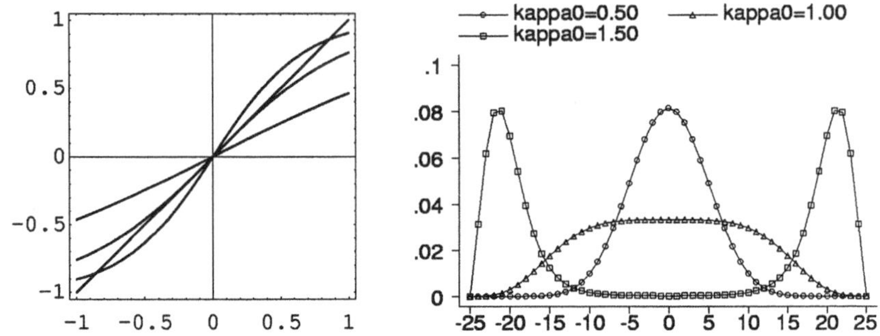

Abbildung 5.4.2: Graphische Lösung der Gleichung (5.4.20) mit $\delta_0 = 0.0$ und verschiedene Werte für κ_0 und entsprechende Dichtefunktionen für N=50

5.4.1.3 Die quasi-deterministische Mastergleichung

Aus diesen stochastischen Gleichungen kann - unter bestimmten Annahmen - eine deterministische Differentialgleichung für die Mittel- beziehungsweise Modalwerte und die Varianzen hergeleitet werden (siehe dazu Weidlich und Haag, 1983), die allerdings im Falle von Bifurkationen nicht angewendet werden kann. Diese wird als 'quasi-deterministisch' bezeichnet, da sie aus einer stochastischen Differentialgleichung abgeleitet wird.

5.4.1.3.1 Die Mittelwertsgleichung Ausgehend von der oben angeschriebenen Mastergleichung (5.4.9) kann die quasi-deterministische Modalwertsgleichung abgeleitet werden, die unter der Annahme, dass die Dichtefunktion $P(t)$ ein- und scharfgipflig ist, in folgender Weise angeschrieben werden kann, was allerdings nur eine Approximation an die exakte Lösung darstellt:[9]

$$\frac{d\bar{x}}{dt} = \frac{1}{\bar{N}}\big(w_{\uparrow}(\bar{n}) - w_{\downarrow}(\bar{n})\big) \tag{5.4.22}$$

mit

$$\bar{n} = \sum_n np(n;t) \qquad \text{und} \qquad \bar{x} = \frac{\bar{n}}{\bar{N}}$$

[9] Weidlich und Haag (1983) zeigen, dass die Mittelwertsgleichung entweder direkt von der Mastergleichung (5.4.9) oder über die Fokker-Planck Gleichung hergeleitet werden kann. Weiters können die Gleichungen für die Varianzen in dieser Art hergeleitet werden, was aber hier nicht weiter behandelt wird.

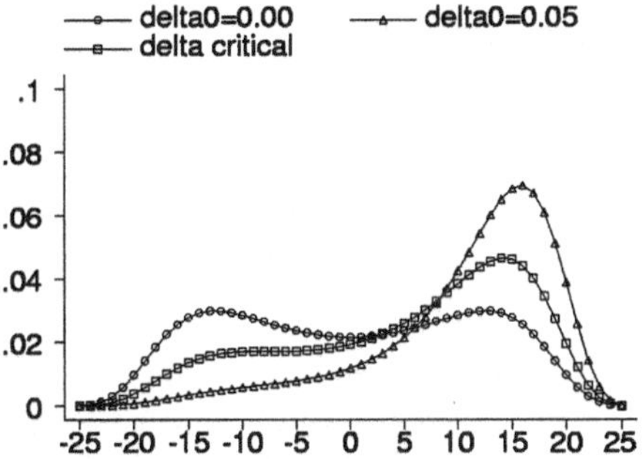

Abbildung 5.4.3: Dichtefunktion für N=50, $\kappa_0 = 1.1$ und unterschiedliche Werte für δ_0

Einsetzen der Übergangsraten (5.4.15) ergibt

$$\begin{aligned} \frac{d\bar{x}}{dt} &= \frac{1}{\bar{N}}\left[(\bar{N}-\bar{n})\nu_0 \exp^{v(\bar{n})} - (\bar{N}+\bar{n})\nu_0 \exp^{-v(\bar{n})}\right] \\ &= \nu_0\left[(1-\bar{x})\exp^{v(\bar{x})} - (1+\bar{x})\exp^{-v(\bar{x})}\right] \\ &= 2\nu_0\left[\frac{\exp^{v(\bar{x})} - \exp^{-v(\bar{x})}}{2} - x\frac{\exp^{v(\bar{x})} + \exp^{-v(\bar{x})}}{2}\right] \\ &= 2\nu_0\left[\sinh v(\bar{x}) - x\cosh v(\bar{x})\right] \end{aligned} \tag{5.4.23}$$

wobei $v(\bar{x}) = u_i(\bar{x}) - u_j(\bar{x}) = \delta_0 + \kappa_0\bar{x}$ und $\bar{x} = \frac{\bar{n}}{\bar{N}}$. Setzt man für t die dimensionslose Zeit $\tau = 2\nu_0 t$ und für $\sinh v(\bar{x}) = \tanh v(\bar{x})\cosh v(\bar{x})$ ein, ergibt sich

$$\frac{d\bar{x}}{d\tau} = \left[\tanh v(\bar{x}) - \bar{x}\right]\cosh v(\bar{x}) \tag{5.4.24}$$

Im Gleichgewicht muss $\frac{d\bar{x}}{d\tau} = 0$ gelten, woraus sich die Gleichgewichtslösung

$$\bar{x}^* = \tanh v(\bar{x}^*) \tag{5.4.25}$$

ergibt, die der exakten stationären Lösung (5.4.20) entspricht.

5.4.1.3.2 Bifurkationspunkte Für die Stabilitätsanalyse lässt sich Gleichung (5.4.25) linearisieren. Bilden der ersten Ableitung und Auswerten an den Fixpunkten ergibt

$$\begin{aligned}\frac{\partial}{\partial \bar{x}}\left(\frac{d\bar{x}}{d\tau}\right)\bigg|_{\bar{x}=\bar{x}^*} &= \left(\frac{v'(\bar{x})}{\cosh^2 v(\bar{x}^*)}-1\right)\cosh v(\bar{x}^*)\\ &= \frac{\kappa_0}{\cosh v(\bar{x}^*)} - \cosh v(\bar{x}^*)\\ &\equiv \gamma\end{aligned}$$

Durch Taylor-Reihen Entwicklung der Gleichung (5.4.24) lässt sich die Dynamik des Systems in Umgebung eines Gleichgewichtszustandes (das heißt für lokale Gleichgewichtspunkte) beschreiben:

$$\dot{\bar{x}} = \gamma(\bar{x} - \bar{x}^*)$$

Für $\gamma < 0$ ist der Fixpunkt stabil, für $\gamma > 0$ gibt es zwei (lokal) stabile und einen instabilen Fixpunkt. $\gamma = 0$ stellt einen Bifurkationspunkt dar, das heißt einen Übergang des Systems von einem stabilen Gleichgewichtspunkt zu zwei stabilen und einem instabilen Gleichgewichtspunkt auf. Dies lässt sich anhand eines Bifurkationsdiagrammes, das die Gleichgewichte x^* in Abhängigkeit der Parameter δ_0 und κ_0 zeigt. In Abbildung 5.4.4 kommt es an der Stelle $\kappa_0 = 1$ für $\delta_0 = 0$ zu einer Bifurkation: Der bisherige eindeutige und stabile Fixpunkt $x^* = 0$ wird instabil und es entstehen zwei neue stabile Fixpunkte. Im zweiten Fall für $\kappa_0 > 1$ gibt es für einen Parameter-

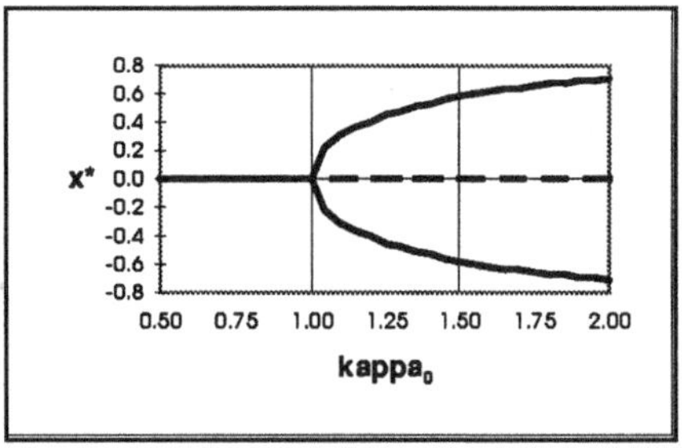

Abbildung 5.4.4: Bifurkationsdiagramm

wert von $\delta_0 > |\delta_0^{cr}|$ jeweils nur einen Fixpunkt. Für $\delta_0 < |\delta_0^{cr}|$ gibt es jeweils zwei stabile und einen instabilen Fixpunkt. In diesem Fall zeigen sich bei Einführung von Trends für die Parameter δ_0 beziehungsweise κ_0 interessante katastrophentheoretische Dynamiken, wenn angenommen wird, dass sich die Trendvariablen langsamer ändern als die Anpassung auf der Mikroebene erfolgt.[10] Weiters kann diese Struktur bei zeitlich variablen exogenen Präferenzparametern und Änderungen in den Distanzen zu Hysterese-Effekten führen, wie man in Abbildung (5.4.5), die eine Cusp-Katastrophe zeigt, sehen kann. Für einen bestimmten Wert von $\kappa_0 > 1$ wird der Parameter δ_0 variiert.

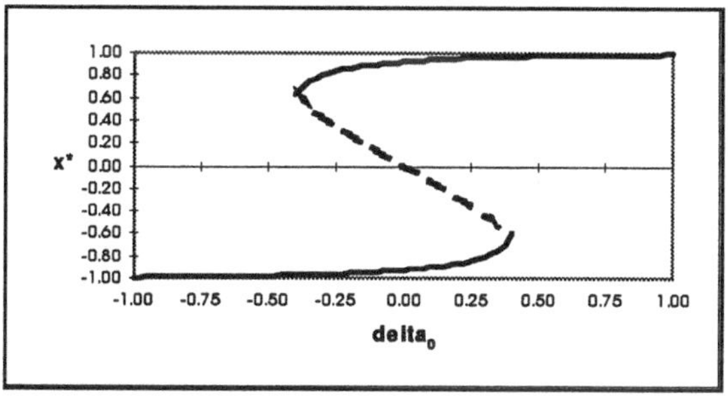

Abbildung 5.4.5: Cusp-Katastrophe

Für $\delta_0 < |\delta_0^{cr}|$ gibt es einen stabilen Fixpunkt. Steigt δ_0 über den kritischen Wert von $|\delta_0^{cr}|$, entstehen zwei stabile und ein instabiler Fixpunkt, allerdings springt das deterministische System nicht sofort in den zweiten stabilen Fixpunkt. Erst wenn δ_0 den zweiten kritischen Wert überschreitet, springt das System in diesen Fixpunkt.

5.4.2 Die Erweiterung auf mehrere Subpopulationen

Der nächste Schritt besteht in der Erweiterung des Modells auf mehrere Subpopulationen, wobei hier nur der Fall von $S = 2$ Subpopulationen behandelt wird. Die Erweiterung auf $S \geq 3$ Subpopulationen ist dann ohne wesentliche Schwierigkeiten möglich, wird aber in dieser Arbeit nicht weiter behandelt. Hier wird nur der Fall betrachtet, in dem keine Übergänge zwischen den Subpopulationen stattfinden.[11]

5.4.2.1 Die Herleitung der Mastergleichung für 2 Subpopulationen

Die absolute Anzahl von Personen einer Subpopulation α_s, $s = 1, 2$, kann geschrieben werden als

$$n_1^{\alpha_s} + n_2^{\alpha_s} = 2\bar{N}^{\alpha_s} \qquad \text{und} \qquad n_1^{\alpha_s} - n_2^{\alpha_s} = n^{\alpha_s}$$

[10]Beispiele dazu finden sich in Troitzsch (1990) und Haag (1989).
[11]Für Beispiele dazu siehe Haag (1989) und Troitzsch (1990).

woraus sich

$$n_1^{\alpha_s} = \bar{N}^{\alpha_s} + n^{\alpha_s} \qquad \text{und} \qquad n_2^{\alpha_s} = \bar{N}^{\alpha_s} - n^{\alpha_s}$$

mit den üblichen Grenzen $-\bar{N}^{\alpha_s} \leq n^{\alpha_s} \leq \bar{N}^{\alpha_s}$ und $0 \leq n_i^{\alpha_s} \leq 2\bar{N}^{\alpha_s}$ mit $s = 1,2$ für $S = 2$ Subpopulationen und $i = 1,2$ für zwei Statusgruppen ergibt. Die populationsspezifischen individuellen Übergangswahrscheinlichkeiten sind nun eine Funktion des Zustandes beider Subpopulationen

$$p_{ji}^{\alpha_s}(\mathbf{n})$$

wobei $\mathbf{n} = (n^{\alpha_1}, n^{\alpha_2})$. Die Wahrscheinlichkeit eines bestimmten Zustandes zum Zeitpunkt t ist

$$p(\mathbf{n}; t)$$

mit der entsprechenden Normierungsbedingung

$$\sum_{n^{\alpha_1}=-N^{\alpha_1}}^{N^{\alpha_1}} \sum_{n^{\alpha_2}=-N^{\alpha_2}}^{N^{\alpha_2}} p(\mathbf{n}; t) = 1 \tag{5.4.26}$$

Die Übergangsraten müssen ebenfalls subpopulationspezifisch formuliert werden:

$$\begin{aligned} w^{\alpha_s}\left[(n^{\alpha_s}+1, n^{\alpha_t}) \leftarrow \mathbf{n}\right] &= n_2^{\alpha_s} p_{12}^{\alpha_s}(\mathbf{n}) = (N^{\alpha_s} - n^{\alpha_s}) p_{12}^{\alpha_s}(\mathbf{n}) \equiv w_\uparrow^{\alpha_s}(\mathbf{n}) \\ w^{\alpha_s}\left[(n^{\alpha_s}-1, n^{\alpha_t}) \leftarrow \mathbf{n}\right] &= n_1^{\alpha_s} p_{21}^{\alpha_s}(\mathbf{n}) = (N^{\alpha_s} + n^{\alpha_s}) p_{21}^{\alpha_s}(\mathbf{n}) \equiv w_\downarrow^{\alpha_s}(\mathbf{n}) \end{aligned}$$

Die Übergänge in nicht benachbarte Zustände werden wiederum ausgeschlossen:

$$w^{\alpha_r}\left[(n^{\alpha_r} \pm k, n^{\alpha_s}) \leftarrow \mathbf{n}\right] = 0 \qquad \text{für } k > 1$$

mit $r, s = 1,2$. Die Randbedingungen lauten in diesem Fall

$$w^{\alpha_r}\left[(n^{\alpha_r} \pm 1, n^{\alpha_s}) \leftarrow \mathbf{n}\right] = 0 \qquad \text{für } n^{\alpha_r} = \pm\bar{N}^{\alpha_r}$$

Die Mastergleichung mit zwei Subpopulationen kann somit geschrieben werden als

$$\begin{aligned} \frac{dp(\mathbf{n};t)}{dt} = \; & \left[w_\downarrow^{\alpha_1}(n^{\alpha_1}+1, n^{\alpha_2}) p(n^{\alpha_1}+1, n^{\alpha_2}; t) - w_\uparrow^{\alpha_1}(\mathbf{n}) p(\mathbf{n}; t)\right] + \\ & \left[w_\uparrow^{\alpha_1}(n^{\alpha_1}-1, n^{\alpha_2}) p(n^{\alpha_2}-1, n^{\alpha_2}; t) - w_\downarrow^{\alpha_1}(\mathbf{n}) p(\mathbf{n}; t)\right] + \\ & \left[w_\downarrow^{\alpha_2}(n^{\alpha_1}, n^{\alpha_2}+1) p(n^{\alpha_1}, n^{\alpha_2}+1; t) - w_\uparrow^{\alpha_2}(\mathbf{n}) p(\mathbf{n}; t)\right] + \\ & \left[w_\uparrow^{\alpha_2}(n^{\alpha_1}, n^{\alpha_2}-1) p(n^{\alpha_1}, n^{\alpha_2}-1; t) - w_\downarrow^{\alpha_2}(\mathbf{n}) p(\mathbf{n}; t)\right] \end{aligned} \tag{5.4.27}$$

5.4.2.2 Die individuellen Übergangswahrscheinlichkeiten

Die explizite Form der individuellen Übergangswahrscheinlichkeiten wird ebenfalls subpopulationsspezifisch geschrieben als

$$p_{ij}^{\alpha_s}(\mathbf{n}) = \nu_0^{\alpha_s} \exp^{v^{\alpha_s}(\mathbf{n})} \tag{5.4.28}$$

mit der Differenz für die Attraktivitäten

$$v^{\alpha_s}(\mathbf{n}) = \delta_0^{\alpha_s} + \tilde{\kappa}_0^{\alpha_s} n^{\alpha_s} + \tilde{\kappa}_0^{\alpha_s \alpha_t} n^{\alpha_t}$$

Auch hier können wieder analog zum einfachen Fall mit einer homogenen Population Distanzen zwischen den Statusgruppen eingeführt werden, die nun aber subpopulationsspezifisch sind, $d_{ji}^{\alpha_s}$.

5.4.2.3 Die stationäre Lösung

Die stationäre Lösung der Mastergleichung (5.4.27) ist wieder definiert als

$$\frac{dp(\mathbf{n};t)}{dt} = 0 \qquad \forall \mathbf{n}$$

Für den Fall, dass die Gleichgewichtsbedingung

$$w^{\alpha_s}(\mathbf{n}+\mathbf{k} \leftarrow \mathbf{n})\, p^*(\mathbf{n}) = w^{\alpha_s}(\mathbf{n} \leftarrow \mathbf{n}+\mathbf{k})\, p^*(\mathbf{n}+\mathbf{k}) \qquad \forall \mathbf{n}$$

mit $\mathbf{k} = (1,0)$ oder $\mathbf{k} = (0,1)$, erfüllt ist, kann wiederum die stationäre Lösung $p^*(\mathbf{n})$ durch Rekursion gefunden werden. Zur Überprüfung, ob diese Bedingung erfüllt ist, muss es eine Kette von Übergängen geben, die wieder zum Ausgangspunkt zurückführt, beispielsweise

$$\Gamma\left((n_0^{\alpha_1}, n_0^{\alpha_s}), \ldots, (n_t^{\alpha_1}, n_t^{\alpha_s}), \ldots, (n_0^{\alpha_1}, n_0^{\alpha_s})\right)$$

wobei Γ einen geschlossenen Pfad ('closed loop') darstellt. In Weidlich und Haag (1988) wird gezeigt, dass wenn immer ein solcher existiert, die Gleichgewichtsbedingung ('condition of detailed balance') erfüllt ist.

Für die individuellen Übergangswahrscheinlichkeiten (5.4.28) gilt diese Bedingung nur in einem speziellen Fall, wie im Anhang A gezeigt wird. Daher werden für die stationäre Lösung zwei Fälle unterschieden:

1. CONDITION OF DETAILED BALANCE ERFÜLLT

   Im Anhand A wird gezeigt, dass diese Bedingung erfüllt ist, wenn gilt

$$\kappa_0^{\alpha_1 \alpha_2} = \kappa_0^{\alpha_2 \alpha_1} \equiv \kappa_0$$

In diesem Fall kann über den Pfad

$$\Gamma\big((0,0),(1,0),\ldots,(n^{\alpha_1},0),(n^{\alpha_1},1),\ldots,(n^{\alpha_1},n^{\alpha_2})\big)$$

die exakte stationäre Lösung

$$p^*(\mathbf{n}) = C\binom{2N^{\alpha_1}}{N^{\alpha_1}+n^{\alpha_1}}\binom{2N^{\alpha_2}}{N^{\alpha_2}+n^{\alpha_2}}\exp^{\phi(\mathbf{n})} \tag{5.4.29}$$

mit

$$\phi(\mathbf{n}) = 2\delta_0^{\alpha_1}n^{\alpha_1} + 2\delta_0^{\alpha_2}n^{\alpha_2} + \tilde{\kappa}_0^{\alpha_1}n^{\alpha_1 2} + \tilde{\kappa}_0^{\alpha_2}n^{\alpha_2 2} + 2\tilde{\kappa}_0 n^{\alpha_1}n^{\alpha_2}$$

gefunden werden. C stellt dabei einen Normierungsfaktor dar, der aus der Beschränkung (5.4.26) resultiert.

2. Condition of detailed balance nicht erfüllt

   Ist $\kappa_0^{\alpha_1\alpha_2} \neq \kappa_0^{\alpha_2\alpha_1}$ kann im Allgemeinen keine Lösung gefunden werden. Allerdings kann eine Lösung approximiert werden, die lautet

$$p_{st}(\mathbf{n}) = C\binom{2N^{\alpha_1}}{N^{\alpha_1}+n^{\alpha_1}}\binom{2N^{\alpha_2}}{N^{\alpha_2}+n^{\alpha_2}}\exp^{\varphi(\mathbf{n})} \tag{5.4.30}$$

   mit

$$\varphi(\mathbf{n}) = 2\delta_0^{\alpha_1}n^{\alpha_1} + 2\delta_0^{\alpha_2}n^{\alpha_2} + \tilde{\kappa}_0^{\alpha_1}n^{\alpha_1 2} + \tilde{\kappa}_0^{\alpha_2}n^{\alpha_2 2} + (\tilde{\kappa}_0^{\alpha_1\alpha_2} + \tilde{\kappa}_0^{\alpha_2\alpha_1})n^{\alpha_1}n^{\alpha_2}$$

   Wiederum ist C der Normierungsfaktor. Diese Lösung stellt den allgemeineren Fall dar und schließt die exakte Lösung mit ein.

5.4.2.4 Die Mittelwertsgleichungen

Auch in diesem Fall können wie für den einfachen Fall mit einer Subpopulation Mittelwertsgleichungen abgeleitet werden:[12]

$$\frac{d\bar{x}^{\alpha_s}}{d\tau} = [\tanh v^{\alpha_s}(\bar{\mathbf{x}}) - \bar{x}^{\alpha_s}]\cosh v^{\alpha_s}(\bar{\mathbf{x}}) \tag{5.4.31}$$

mit $\tau = 2\nu_0 t$, wobei angenommen wird, dass $\nu_0^{\alpha_s} = \nu_0$ für alle $s = 1, 2$. Je nach Parameterwerten kann es 1, 3, 5 oder 9 (stabile und instabile) Gleichgewichtspunkte geben. Die erste Ableitung dieser Gleichungen und Auswertung an den Fixpunkten ergibt die Jacobi-Matrix:

$$\mathbf{J} = \begin{pmatrix} \frac{\kappa_0^{\alpha_1}}{\cosh v^{\alpha_1}(\bar{\mathbf{x}}^*)} - \cosh v^{\alpha_1}(\bar{\mathbf{x}}^*) & \frac{\kappa_0^{\alpha_1\alpha_2}}{\cosh v^{\alpha_1}(\bar{\mathbf{x}}^*)} \\ \frac{\kappa_0^{\alpha_2\alpha_1}}{\cosh v^{\alpha_2}(\bar{\mathbf{x}}^*)} & \frac{\kappa_0^{\alpha_2}}{\cosh v^{\alpha_2}(\bar{\mathbf{x}}^*)} - \cosh v^{\alpha_2}(\bar{\mathbf{x}}^*) \end{pmatrix}$$

[12] Zur Ableitung der Mittelwerts- und Varianzengleichungen siehe wiederum Weidlich und Haag (1983).

Die Stabilität des Systems ist abhängig von der Struktur der Eigenwerte der Jacobi-Matrix **J**. In Weidlich und Haag (1983, Kap. 4) wird eine ausführliche Diskussion und graphische Darstellung der unterschiedlichen möglichen dynamischen Verläufe und des Gleichgewichtsverhaltens gegeben, die von monoton stabilen oder oszillierenden Annäherung an das Gleichgewicht bis zu Grenzzyklen reichen und hier nicht ausgeführt werden.

5.4.3 Der allgemeine Fall

Schließlich wird der allgemeine Fall mit mehreren Statusgruppen und mehreren Subpopulationen behandelt, wobei der für diese Arbeit relevante Fall mit L Statusgruppen und $S = 2$ Subpopulationen dargestellt wird.

5.4.3.1 Die Mastergleichung

Die Soziokonfiguration wird durch den Vektor (5.3.1) beschrieben mit

$$\mathbf{n} = (n_1^{\alpha_1}, \ldots, n_L^{\alpha_1}, n_1^{\alpha_2}, \ldots, n_L^{\alpha_2})$$

Dabei gilt $\sum_{i=1}^{L} n_i^{\alpha_s} = N^{\alpha_s}$, $\sum_{s=1}^{S} n_i^{\alpha_s} = N_i$ und schließlich $\sum_{i=1}^{L} \sum_{j=1}^{S} n_i^{\alpha_j} = N$. Die individuelle Übergangsrate ist abhängig vom gesamten Zustand des Systems **n** und folglich

$$p_{ji}^{\alpha_s}(\mathbf{n}) = \nu_0^{\alpha_s} \exp^{u_j^{\alpha_s}(\mathbf{n}) - u_i^{\alpha_s}(\mathbf{n})} = \nu_0^{\alpha_s} \exp^{v_{ji}^{\alpha_s}(\mathbf{n})} \tag{5.4.32}$$

Die Übergangsrate ergibt sich damit als

$$w_{ji}^{\alpha_s}(\mathbf{n}) = n_i^{\alpha_s} p_{ji}^{\alpha_s}(\mathbf{n}) \tag{5.4.33}$$

Die Wahrscheinlichkeit die Soziokonfiguration **n** zum Zeitpunkt t vorzufinden, wird mit $p(\mathbf{n}; t)$ bezeichnet; diese muss wieder der Normierungsbedingung

$$\sum_{\mathbf{n}} p(\mathbf{n}; t) = 1 \tag{5.4.34}$$

genügen. Damit kann schließlich die allgemeine Mastergleichung formuliert werden:[13]

$$\frac{dp(\mathbf{n}; t)}{dt} = \sum_{s=1}^{S} \sum_{i,j(j \neq i)}^{L} \left[w_{ij}^{\alpha_s}(\mathbf{n} + \mathbf{k}) p(\mathbf{n} + \mathbf{k}; t) - w_{ji}^{\alpha_s}(\mathbf{n}) p(\mathbf{n}; t) \right] \tag{5.4.35}$$

wobei $\mathbf{k} = \big(0, \ldots, (n_i^{\alpha_s} + 1), 0, \ldots, 0, (n_j^{\alpha_s} - 1), 0, \ldots, 0\big)$.

[13] Auch hier ist wieder nur die Mastergleichung für Übergänge in benachbarte Zustände angeschrieben.

5.4.3.2 Die Mittelwertsgleichungen

Die zeitabhängigen Mittelwerte werden definiert als:

$$\bar{n}_i^{\alpha_s}(t) = \sum_{\mathbf{n}} n_i^{\alpha_s} p(\mathbf{n}; t)$$

Unter den entsprechenden Annahmen lässt sich aus der Mastergleichung die Mittelwertsgleichung wie oben ableiten und lautet

$$\frac{d\bar{n}_i^{\alpha_s}(t)}{dt} = \sum_{j=1}^{L} \bar{n}_j^{\alpha_s} \nu_0^{\alpha_s} \exp^{v_{ij}^{\alpha_s}(\bar{\mathbf{n}})} - \sum_{i=1}^{L} \bar{n}_i^{\alpha_s} \nu_0^{\alpha_s} \exp^{v_{ji}^{\alpha_s}(\bar{\mathbf{n}})} \tag{5.4.36}$$

mit $\bar{\mathbf{n}} = (\bar{n}_1^{\alpha_1}, \ldots, \bar{n}_i^{\alpha_s}, \ldots, \bar{n}_L^{\alpha_S})$. Diese kann für die relativen Werte angeschrieben werden:

$$\frac{d\bar{x}_i^{\alpha_s}(t)}{d\tau} = \sum_{j=1}^{L} \bar{x}_j^{\alpha_s} \exp^{v_{ij}^{\alpha_s}(\bar{\mathbf{x}})} - \sum_{i=1}^{L} \bar{x}_j^{\alpha_s} \exp^{v_{ji}^{\alpha_s}(\bar{\mathbf{x}})} \tag{5.4.37}$$

mit $\bar{\mathbf{x}} = (\bar{x}_1^{\alpha_1}, \ldots, \bar{x}_i^{\alpha_s}, \ldots, \bar{x}_L^{\alpha_S})$ und $\tau = t\nu_0$, $\nu_0 \equiv \nu_0^{\alpha_s}$ für alle $s = 1 \ldots S$. Damit ergibt sich ein System nichtlinearer Differentialgleichungen mit SL Gleichungen, die in den meisten Fällen nicht mehr explizit lösbar sind. Allerdings lassen sich Bedingungen für die stationären Zustände angeben, wie in Anhang A gezeigt wird. Aus den Mittelwertsgleichungen ergibt sich unter Berücksichtigung der Gleichgewichtsbedingung die Bedingung für die stationäre Lösung des Mastergleichungssystems mit

$$\bar{n}_i^{\alpha_s *} = \exp^{2u_i^{\alpha_s}(\bar{\mathbf{n}}^*)} \left[\frac{N^{\alpha_s}}{\sum_{j=1}^{L} \exp^{2u_j^{\alpha_s}(\bar{\mathbf{n}}^*)}} \right] \tag{5.4.38}$$

beziehungsweise für die relativen Werte mit

$$\bar{x}_i^{\alpha_s *} = \exp^{2u_i^{\alpha_s}(\bar{\mathbf{x}}^*)} \left[\sum_{j=1}^{L} \exp^{2u_j^{\alpha_s}(\bar{\mathbf{x}}^*)} \right]^{-1}. \tag{5.4.39}$$

Kapitel 6

Mastergleichungsmodell für sozio-ökonomische Statusgruppen

6.1 Einleitung

Die Dynamik der Bevölkerung, die in Kapitel 4 gezeigt wurde, kann mit dem im Kapitel 5 vorgestellten Modelle empirisch untersucht werden. Dabei geht es um die Schätzung der dynamischen Attraktivitäten $u_i^{\alpha_s}(t)$, der Distanzen zwischen den Statusgruppen $d_{ji}^{\alpha_s}$ und der globalen Mobilität $\nu_0^{\alpha_s}(t)$. Das Kapitel gliedert sich in drei Teile. Im ersten wird eine Beschreibung der empirischen Modellspezifizierung gegeben, wobei zusätzliche Daten eingeführt werden, die im Weiteren als erklärende Faktoren dienen. Außerdem werden die zu schätzenden Parameter im Rahmen des empirischen Modells diskutiert. Im darauffolgenden Abschnitt 6.3 wird das angewandte Schätzverfahren beschrieben, da dieses von herkömmlichen Methoden abweicht. Der letzte Abschnitt 6.4 zeigt die Ergebnisse, das sind die geschätzten Parameterwerte sowie allgemeine Teststatistiken des Modells.

6.2 Modellbeschreibung

Die individuellen Übergangswahrscheinlichkeiten $p_{ji}^{\alpha_s}(\mathbf{n}, t)$ werden analog zu bereits existierenden Anwendungen (siehe Weidlich und Haag, 1983; Haag, 1989) modelliert und setzen sich aus folgenden drei Komponenten zusammen:

1. Globaler Mobilitätsfaktor: $\nu_0^{\alpha_s}(t)$

2. Distanzfaktoren $f_{ji}^{\alpha_s}(t)$, die mit weiteren Faktoren erklärt werden. Diese weiteren Faktoren sind:

(a) Institutionelle Distanzen: $d_{inst}^{\alpha_s}$

(b) Ausbildungsdistanz: $d_{edu}^{\alpha_s}$

(c) Altersdistanz: $d_{age}^{\alpha_s}$

3. Asymmetrischer (endogener) Präferenz-Faktor: $u_i^{\alpha_s}(\mathbf{n}, t)$

Diese drei Faktoren werden unten näher diskutiert. Formal können die individuellen Übergangswahrscheinlichkeiten demnach in folgender Form geschrieben werden,

$$p_{ji}^{\alpha_s}(\mathbf{n}, t) = \nu_0^{\alpha_s}(t) f_{ji}^{\alpha_s}(t) \exp^{[u_j^{\alpha_s}(\mathbf{n},t) - u_i^{\alpha_s}(\mathbf{n},t)]} \tag{6.2.1}$$

mit dem Distanzfaktor

$$f_{ji}^{\alpha_s}(t) = i_{ji}^{\alpha_s} \exp^{f\left(d_{ji,dist}^{\alpha_s}(t)\right)} \tag{6.2.2}$$

Dabei bezeichnet $p_{ji}^{\alpha_s}(\mathbf{n}, t)$ die individuelle Übergangswahrscheinlichkeit einer Person der Subpopulation s von Status i nach Status j, die durch die drei oben angeführten Komponenten bestimmt wird.

Die Vorgangsweise bei der Schätzung ist dabei die Folgende: Im ersten Schritt werden die Werte für $\nu_0^{\alpha_s}(t)$, $v_{ji}^{\alpha_s} = \nu_0(t) f_{ji}^{\alpha_s}$ und $u_i^{\alpha_s}(t)$ aus den in Kapitel 4 dargestellten empirischen Daten ermittelt. Im zweiten Schritt wird anschließend untersucht, inwieweit die Distanzfaktoren $f_{ji}^{\alpha_s}$ und die asymmetrischen Attraktivitäten $u_i^{\alpha_s}$ durch andere Faktoren erklärt werden können. Der geschätzte Wert der Übergangsraten $\hat{w}_{ji}^{\alpha_s}$ ergibt sich dann aus

$$\hat{w}_{ji}^{\alpha_s} = n_i^{\alpha_s} \hat{p}_{ji}^{\alpha_s} \tag{6.2.3}$$

die im Weiteren zur Überprüfung des Modells mittels herkömmlicher Teststatistiken verwendet werden.

Bevor jedoch auf das Schätzverfahren eingegangen wird, ist es sinnvoll, die einzelnen Komponenten näher zu diskutieren.

6.2.1 Globale Mobilität

Der globale Mobilitätsfaktor $\nu_0^{\alpha_s}(t)$ stellt einen allgemeinen zeitabhängigen Fluktuationsparameter zwischen den einzelnen Statusverhältnissen dar und erfasst die unsystematischen Übergänge und das nicht weiter erklärte Wechselverhalten. Aufgrund von verstärktem Strukturwandel und allgemein heterogeneren Lebensläufen ('Fragmentierung der Erwerbsbiographien') wäre zu erwarten, dass diese eine steigende Tendenz aufweist. Dem stehen allerdings kurzfristige Faktoren wie beispielsweise eine verringerte wirtschaftliche Dynamik entgegen, die ebenso eine Abnahme der Mobilität bedeuten können.

Leider lässt sich aufgrund der zur Verfügung stehenden kurzen Zeitreihen, keine statistisch gesicherte Aussage einer allgemeinen langfristigen Zu- oder Abnahme der Mobilität oder Abhängigkeit von anderen Größe, wie etwa der Konjunkturentwicklung, etc. ableiten. Es wird jedoch zumindest deskriptiv gezeigt, dass für den untersuchten Zeitraum eine höhere allgemeine Mobilität mit höheren Wachstumsraten des Bruttoinlandsproduktes einhergeht.

6.2.2 Distanzen

6.2.2.1 Institutionelle Distanzen

Die Matrix für institutionelle Distanzen bedarf einer besonderen Erklärung, da diese in Modellen dieser Art nicht üblich ist. Dieser Faktor wird eingeführt, da bei den empirischen Werten der Übergänge einige Werte $w_{ji}^{\alpha_s}(t) = 0$ sind. Für einige dieser geschlossenen Pfade gibt es Erklärungen, die mit rechtlichen und institutionellen Regelungen zusammenhängen, so zum Beispiel der Wechsel von Status Schule in Status Pension. Weiters gibt es Übergänge, die aus anderen Gründen gleich null oder sehr gering sind, zum Beispiel der Wechsel von Status Pension in Status Angestellte. Der institutionelle Distanzfaktor $i_{ji}^{\alpha_s}$, mit $i_{ji}^{\alpha_s} = 0, 1$, schließt somit Übergänge aus ($i_{ji}^{\alpha_s} = 0$), die aus rechtlichen, institutionellen, etc. oder sonstigen Gründen nicht oder kaum getätigt werden. Mit der Einführung der institutionellen Distanzen wird somit den empirisch beobachteten Nullstellen bei den Flows Rechnung getragen. Ein 'data smoothing', wie es für andere Anwendungen vorgeschlagen worden ist, ist dementsprechend in diesem Modellrahmen nicht erwünscht, da den Nullwerten in der Flow-Matrix keine Datenprobleme zugrundeliegen.

Damit ergeben sich jedoch besondere Probleme, die im Weiteren berücksichtigt werden müssen. Erstens kommt es zu einer Verletzung der Annahme der Symmetrie des Distanzfaktors zwischen den Statusgruppen, da manche Übergänge nur in eine Richtung ausgeschlossen werden. Zweitens wird eine Art Hierarchie beziehungsweise Ordnung der Übergänge postuliert, die größeren Aggregaten entsprechen: Eintritte (Übergänge) ins (innerhalb) des Bildungssystems (Status 3, 8 und 9), davon ausgehend Übertritte in Erwerbstätigkeit (Status 1,2,4,5,6,7,10) oder Hausarbeit (11), wobei sich innerhalb dieser Gruppen weitere Übergänge ergeben, und schließlich Übergang in Pension (12), von wo aus kaum mehr Übergänge getätigt werden.

Aus diesen Gründen werden einerseits die Ergebnisse für ein reduziertes Modell präsentiert, in denen die Statusgruppen 3, 8, 9 und 12 nicht berücksichtigt werden. Und andererseits werden die statistischen Kennzahlen der Schätzungen mit und ohne der Einbeziehung dieser institutionellen Distanzen präsentiert.

Für diese institutionellen Distanzen wurden jeweils für Männer und Frauen separat folgende Werte festgelegt, die in Tabelle 6.2.1 zu sehen sind. Alle mit $\nrightarrow$ versehenen Übergänge sind als geschlossen zu betrachten. Hier zeigt sich ein Unterschied zwischen Männern und Frauen, die nicht institutionell oder rechtlich begründet sind, allerdings offensichtlich vorhanden sind. Dabei ist zu berücksichtigen, dass einige dieser Statusgruppen heterogen sind: Beispielsweise enthalten die Gruppen der selbständig Beschäftigten (5, 6 und 7) mithelfende Familienangehörige, die Gruppe Pension (12) Witwen- oder Witwerpensionen, etc., was einerseits die zwar geringen Besetzungszahlen mancher Übergänge erklärt, andererseits aber eine völlige Schließung der Pfade nicht zulässt. Der Unterschied zwischen dem institutionellen Distanzfaktor, der asymmetrisch ist, und dem asymmetrischen Faktor $u_i^{\alpha_s}(t)$ ist, dass ersterer unabhängig vom jeweiligen Systemzustand ist, letzterer jedoch in Abhängigkeit des Zustandsvektors $\mathbf{n}(t)$ modelliert wird.

6.2.2.2 Ausbildungs- und Altersdistanz

Die beiden anderen Distanzfaktoren geben an, inwieweit Unterschiede in der Verteilung von Ausbildungsniveaus oder Alter die Übergangswahrscheinlichkeiten beeinflussen. Dabei wird angenommen, dass je größer die Distanz zwischen je zwei Status ist, desto geringer auch die Wahrscheinlichkeit eines Wechsels zwischen diesen ist. Die Distanzen werden dabei mittels geeigneter Distanzmaße, die unten angeführt werden, aus den Verteilungen der Ausbildungs- und Altersniveaus in den einzelnen Statusgruppen berechnet.

Diese Distanzen werden als symmetrisch angenommen, was in manchen Fällen problematisch scheint, da oftmals Mobilität in eine Richtung größer sein kann als in die andere. Das gilt natürlicher vor allem für Altersunterschiede aber auch für Distanzen in Ausbildungsniveaus. Teilweise werden jedoch diese asymmetrischen Effekte einerseits durch den asymmetrischen Attraktivitätsfaktor $u_i^{\alpha_s}(\mathbf{n}, t)$ und durch Einführung der institutionellen Distanzmatrix berücksichtigt. Das ist ein weiterer Grund, warum die Ergebnisse unter Einbeziehung aller zwölf Statusgruppen aber auch für das reduzierte Modell mit acht Statusgruppen präsentiert werden.

Ein weiteres Problem besteht dahingehend, dass sich diese Verteilungen über die Zeit verändern. Obwohl es prinzipiell möglich wäre, diesen Effekt in den Schätzungen zu berücksichtigen, wird das hier nicht gemacht, da erstens diese Verteilungsänderungen relativ langsam vonstatten gehen, und somit im betrachteten Zeitraum 1989-1995 nicht relevant sind. Und zweitens stehen für diese beiden Variablen vergleichbare Daten nur von 1989-1994 zur Verfügung, sodass im Weiteren nur die Durchschnittswerte über diesen Zeitraum herangezogen werden können.

Männer	1	2	3	4	5	6	7	8	9	10	11	12
1		$1 \leftarrow 2$	$1 \leftarrow 3$	$1 \leftarrow 4$	$1 \leftarrow 5$	$1 \leftarrow 6$	$1 \leftarrow 7$	$1 \leftarrow 8$	$1 \leftarrow 9$	$1 \leftarrow 10$	$1 \leftarrow 11$	$1 \not\leftarrow 12$
2	$2 \leftarrow 1$		$2 \leftarrow 3$	$2 \leftarrow 4$	$2 \leftarrow 5$	$2 \leftarrow 6$	$2 \leftarrow 7$	$2 \leftarrow 8$	$2 \leftarrow 9$	$2 \leftarrow 10$	$2 \leftarrow 11$	$2 \not\leftarrow 12$
3	$3 \not\leftarrow 1$	$3 \leftarrow 2$		$3 \not\leftarrow 4$	$3 \leftarrow 5$	$3 \leftarrow 6$	$3 \leftarrow 7$	$3 \leftarrow 8$	$3 \leftarrow 9$	$3 \leftarrow 10$	$3 \leftarrow 11$	$3 \not\leftarrow 12$
4	$4 \leftarrow 1$	$4 \leftarrow 2$	$4 \leftarrow 3$		$4 \leftarrow 5$	$4 \leftarrow 6$	$4 \leftarrow 7$	$4 \leftarrow 8$	$4 \leftarrow 9$	$4 \not\leftarrow 10$	$4 \not\leftarrow 11$	$4 \not\leftarrow 12$
5	$5 \leftarrow 1$	$5 \leftarrow 2$	$5 \leftarrow 3$	$5 \leftarrow 4$		$5 \leftarrow 6$	$5 \leftarrow 7$	$5 \leftarrow 8$	$5 \leftarrow 9$	$5 \leftarrow 10$	$5 \leftarrow 11$	$5 \leftarrow 12$
6	$6 \leftarrow 1$	$6 \leftarrow 2$	$6 \leftarrow 3$	$6 \leftarrow 4$	$6 \leftarrow 5$		$6 \leftarrow 7$	$6 \leftarrow 8$	$6 \leftarrow 9$	$6 \leftarrow 10$	$6 \leftarrow 11$	$6 \not\leftarrow 12$
7	$7 \leftarrow 1$	$7 \leftarrow 2$	$7 \leftarrow 3$	$7 \leftarrow 4$	$7 \leftarrow 5$	$7 \leftarrow 6$		$7 \leftarrow 8$	$7 \leftarrow 9$	$7 \leftarrow 10$	$7 \leftarrow 11$	$7 \leftarrow 12$
8	$8 \not\leftarrow 1$	$8 \not\leftarrow 2$	$8 \leftarrow 3$	$8 \not\leftarrow 4$	$8 \not\leftarrow 5$	$8 \not\leftarrow 6$	$8 \not\leftarrow 7$		$8 \not\leftarrow 9$	$8 \not\leftarrow 10$	$8 \not\leftarrow 11$	$8 \not\leftarrow 12$
9	$9 \not\leftarrow 1$	$9 \leftarrow 2$	$9 \not\leftarrow 3$	$9 \not\leftarrow 4$	$9 \leftarrow 5$	$9 \leftarrow 6$	$9 \leftarrow 7$	$9 \leftarrow 8$		$9 \leftarrow 10$	$9 \leftarrow 11$	$9 \not\leftarrow 12$
10	$10 \leftarrow 1$	$10 \leftarrow 2$	$10 \leftarrow 3$	$10 \not\leftarrow 4$	$10 \leftarrow 5$	$10 \leftarrow 6$	$10 \leftarrow 7$	$10 \leftarrow 8$	$10 \leftarrow 9$		$10 \leftarrow 11$	$10 \not\leftarrow 12$
11	$11 \leftarrow 1$	$11 \leftarrow 2$	$11 \leftarrow 3$	$11 \not\leftarrow 4$	$11 \leftarrow 5$	$11 \leftarrow 6$	$11 \leftarrow 7$	$11 \leftarrow 8$	$11 \leftarrow 9$	$11 \leftarrow 10$		$11 \not\leftarrow 12$
12	$12 \leftarrow 1$	$12 \leftarrow 2$	$12 \not\leftarrow 3$	$12 \leftarrow 4$	$12 \leftarrow 5$	$12 \leftarrow 6$	$12 \leftarrow 7$	$12 \not\leftarrow 8$	$12 \not\leftarrow 9$	$12 \leftarrow 10$	$12 \leftarrow 11$	

Frauen	1	2	3	4	5	6	7	8	9	10	11	12
1		$1 \leftarrow 2$	$1 \leftarrow 3$	$1 \leftarrow 4$	$1 \leftarrow 5$	$1 \leftarrow 6$	$1 \leftarrow 7$	$1 \leftarrow 8$	$1 \leftarrow 9$	$1 \leftarrow 10$	$1 \leftarrow 11$	$1 \leftarrow 12$
2	$2 \leftarrow 1$		$2 \leftarrow 3$	$2 \leftarrow 4$	$2 \leftarrow 5$	$2 \leftarrow 6$	$2 \leftarrow 7$	$2 \leftarrow 8$	$2 \leftarrow 9$	$2 \leftarrow 10$	$2 \leftarrow 11$	$2 \leftarrow 12$
3	$3 \not\leftarrow 1$	$3 \leftarrow 2$		$3 \not\leftarrow 4$	$3 \leftarrow 5$	$3 \leftarrow 6$	$3 \leftarrow 7$	$3 \leftarrow 8$	$3 \leftarrow 9$	$3 \leftarrow 10$	$3 \leftarrow 11$	$3 \not\leftarrow 12$
4	$4 \leftarrow 1$	$4 \leftarrow 2$	$4 \leftarrow 3$		$4 \leftarrow 5$	$4 \leftarrow 6$	$4 \leftarrow 7$	$4 \leftarrow 8$	$4 \leftarrow 9$	$4 \not\leftarrow 10$	$4 \not\leftarrow 11$	$4 \not\leftarrow 12$
5	$5 \leftarrow 1$	$5 \leftarrow 2$	$5 \leftarrow 3$	$5 \leftarrow 4$		$5 \leftarrow 6$	$5 \leftarrow 7$	$5 \leftarrow 8$	$5 \leftarrow 9$	$5 \leftarrow 10$	$5 \leftarrow 11$	$5 \leftarrow 12$
6	$6 \leftarrow 1$	$6 \leftarrow 2$	$6 \leftarrow 3$	$6 \leftarrow 4$	$6 \leftarrow 5$		$6 \leftarrow 7$	$6 \leftarrow 8$	$6 \leftarrow 9$	$6 \leftarrow 10$	$6 \leftarrow 11$	$6 \leftarrow 12$
7	$7 \leftarrow 1$	$7 \leftarrow 2$	$7 \leftarrow 3$	$7 \leftarrow 4$	$7 \leftarrow 5$	$7 \leftarrow 6$		$7 \leftarrow 8$	$7 \leftarrow 9$	$7 \leftarrow 10$	$7 \leftarrow 11$	$7 \leftarrow 12$
8	$8 \not\leftarrow 1$	$8 \not\leftarrow 2$	$8 \leftarrow 3$	$8 \not\leftarrow 4$	$8 \not\leftarrow 5$	$8 \not\leftarrow 6$	$8 \not\leftarrow 7$		$8 \not\leftarrow 9$	$8 \not\leftarrow 10$	$8 \not\leftarrow 11$	$8 \not\leftarrow 12$
9	$9 \not\leftarrow 1$	$9 \leftarrow 2$	$9 \not\leftarrow 3$	$9 \not\leftarrow 4$	$9 \leftarrow 5$	$9 \leftarrow 6$	$9 \leftarrow 7$	$9 \leftarrow 8$		$9 \leftarrow 10$	$9 \leftarrow 11$	$9 \not\leftarrow 12$
10	$10 \leftarrow 1$	$10 \leftarrow 2$	$10 \leftarrow 3$	$10 \not\leftarrow 4$	$10 \leftarrow 5$	$10 \leftarrow 6$	$10 \leftarrow 7$	$10 \leftarrow 8$	$10 \leftarrow 9$		$10 \leftarrow 11$	$10 \leftarrow 12$
11	$11 \leftarrow 1$	$11 \leftarrow 2$	$11 \leftarrow 3$	$11 \leftarrow 4$	$11 \leftarrow 5$	$11 \leftarrow 6$	$11 \leftarrow 7$	$11 \leftarrow 8$	$11 \leftarrow 9$	$11 \leftarrow 10$		$11 \leftarrow 12$
12	$12 \leftarrow 1$	$12 \leftarrow 2$	$12 \not\leftarrow 3$	$12 \leftarrow 4$	$12 \leftarrow 5$	$12 \leftarrow 6$	$12 \leftarrow 7$	$12 \not\leftarrow 8$	$12 \not\leftarrow 9$	$12 \leftarrow 10$	$12 \leftarrow 11$	

Tabelle 6.2.1: Institutionelle Distanzen

6.2.2.2.1 Ausbildungsdistanz Als Distanzmaße für Ausbildungsunterschiede wird verwendet:

$$d_{ji}^{\alpha_s}(t) = \frac{1}{\sum_{l=1}^{Q} \tau_l} \sum_{k=1}^{Q} \tau_k |s_{k_i}^{\alpha_s}(t) - s_{k_j}^{\alpha_s}(t)|^{\zeta^{\alpha_s}} \tag{6.2.4}$$

Dabei ist τ_k die durchschnittliche Zeit um ein bestimmtes Ausbildungsniveau k zu erreichen, $s_{k_j}^{\alpha_s}(t)$ ist der Anteil der Personen in Status j mit Qualifikationsniveau $k = 1...Q$. In den nachstehenden Schätzungen wurde der Skalenparameter $\zeta^{\alpha_s} = 1$ angenommen. Es werden $Q = 6$ Qualifikationsniveaus unterschieden, die jeweils eine unterschiedliche Dauer in der Erreichung dieses Abschlusses aufweisen (siehe Tabelle 6.2.2). Tabelle 6.2.3 zeigt

Abschluß		Jahre
A	Pflichtschule	9
B	Lehrabschluß	12
C	BMS	11
D	AHS	12
E	BHS	13
F	Universität	19.5

Tabelle 6.2.2: Bildungsabschlüsse und Dauer

die Durchschnittswerte über die Periode 1989-1994 der Verteilung der Ausbildungsniveaus $s_{k_j}^{\alpha_s}$ in den zwölf Statusgruppen, aus denen die Werte der Distanzen $d_{ij,edu}^{\alpha_s}$ errechnet werden. Datengrundlage sind die Mikrozensus-Jahresdurchschnitte für 1989-1994. Die Werte für die Status Schule (100 % in A) und die Aufteilung der Bildungsabschlüsse zwischen AHS und BHS im Status Studium mit je 50 % wurden angenommen, da keine Daten zur Verfügung stehen. Aufgrund einer Umstellung des Mikrozensus im Jahre 1995 stehen die Daten ab diesem Zeitpunkt nicht mehr in vergleichbarer Form zur Verfügung.

6.2.2.2.2 Altersdistanz Die Distanzmatrix aufgrund der Altersverteilung wird mit dem Distanzmaß

$$a_{ji}^{\alpha_s}(t) = \left(\sum_{k=1}^{A} |s_{ji}^{\alpha_s}(t) - s_{ik}^{\alpha_s}(t)|^{\rho^{\alpha_s}} \right)^{\rho^{\alpha_s}} \tag{6.2.5}$$

berechnet. Der Gewichtungsfaktor ρ^{α_s} ergibt für $\rho^{\alpha_s} = 1$ die City-Block-Metrik und für $\rho^{\alpha_s} = 2$ die Euklidische Distanzmetrik. In den unten ge-

Männer						
	A	**B**	**C**	**D**	**E**	**F**
1	10.78	40.04	11.62	9.26	13.74	14.54
2	33.46	61.18	3.16	0.82	1.24	0.18
3	91.50	5.73	1.82	0.78	0.17	0.00
4	10.78	40.04	11.62	9.26	13.74	14.54
5	50.57	32.81	14.47	0.55	1.28	0.31
6	3.35	8.46	5.62	10.24	9.71	62.63
7	14.44	50.41	15.97	6.36	8.51	4.31
8	100.00	0.00	0.00	0.00	0.00	0.00
9	0.00	0.00	0.00	50.00	50.00	0.00
10	35.88	48.26	4.48	4.30	3.98	3.10
11	33.00	32.66	5.36	14.02	7.88	7.12
12	39.04	42.70	5.28	4.54	3.88	4.58

Frauen						
	A	**B**	**C**	**D**	**E**	**F**
1	16.86	30.36	23.24	8.98	9.58	10.98
2	63.44	29.56	4.60	1.30	0.96	0.20
3	91.50	5.73	1.82	0.78	0.17	0.00
4	16.86	30.36	23.24	8.98	9.58	10.98
5	70.62	18.95	8.39	0.98	0.93	0.15
6	3.35	8.46	5.62	10.24	9.71	62.63
7	14.44	50.41	15.97	6.36	8.51	4.31
8	100.00	0.00	0.00	0.00	0.00	0.00
9	0.00	0.00	0.00	50.00	50.00	0.00
10	44.66	29.64	12.56	4.92	4.72	3.52
11	55.92	25.14	8.94	4.28	3.20	1.98
12	66.52	17.04	8.84	3.52	2.50	1.58

Tabelle 6.2.3: Verteilung der Ausbildungsniveaus (in %)

zeigten Resultaten wurde die Euklidische Distanzmetrik verwendet. Die Mikrozensusdaten erlauben $A = 13$ Altersstufen unterschieden, nämlich von $15-20, 21-25, ..., > 75$. Tabelle 6.2.4 gibt die relativen Häufigkeiten wider.

6.2.2.3 Attraktivitäten

Der asymmetrische und endogene Faktor $u_i^{\alpha_s}(\mathbf{n}, t)$ gibt die relativen Attraktivitäten zwischen den einzelnen Statusgruppen wider. Diese Attraktivitäten werden üblicherweise als abhängig von einem exogenen Präferenzparameter $\delta_i^{\alpha_s}(t)$ und vom Zustand der Soziokonfiguration $\mathbf{n}(t)$ modelliert. Letzteres erlaubt die Berücksichtigung von Agglomerations- und Sättigungseffekte, die weiter unten spezifiziert werden. Diese können bei Erreichen gewisser Schwellenwerte zu Phänomenen wie raschem Strukturwandel und schnellem Schrumpfen oder Wachsen von Gruppen führen. Die geschätzten Parameterwerte können demnach zu Aussagen über die Stabilität und Dynamik des Systems herangezogen werden.

Die exogenen Präferenzparameter ließen sich auf weitere Faktoren zurückführen, wie Entlohnungs- oder Einkommensunterschiede in den einzelnen Statusgruppen, Jobqualitäten, soziale Akzeptanz, etc., die hier jedoch aufgrund der unzureichenden Datenlage nicht weiter berücksichtigt werden konnten. Weiter unten wird jedoch deskriptiv gezeigt, inwieweit die Änderung der Attraktivitäten mit dem BIP-Wachstums, der Anzahl der offenen Stellen und der Veränderung der Anzahl der offenen Stellen zusammenhängen. Wichtig scheint der Hinweis zu sein, dass exogene Einflüsse nur einige oder wenige Statusgruppen oder die Statusgruppen in unterschiedlichem Ausmaß direkt betreffen können. Die Auswirkungen auf die nicht direkt betroffenen Gruppen ergeben sich dann indirekt aus den Netzwerkzusammenhängen.

6.3 Schätzung

Die Parameter des Modells werden nach dem in Weidlich und Haag (1988) vorgeschlagenen Verfahren geschätzt wobei hier nur die grundlegenden Gleichungen angegeben werden (für Details siehe die ausführliche Darstellung in Weidlich und Haag, 1988; Haag, 1989). Bei der log-linearen Schätzung wird der Ausdruck

$$F(\cdot) = \sum_{t=1}^{T} \sum_{j,i(j\neq i)}^{L} \left(\ln w_{ji}^{\alpha_s}(t) - \ln \hat{w}_{ji}^{\alpha_s}(t)\right)^2 \tag{6.3.6}$$

	Männer												
	15-20	**20-25**	**25-30**	**30-35**	**35-40**	**40-45**	**45-50**	**50-55**	**55-60**	**60-65**	**65-70**	**70-75**	**>75**
1	0.039	0.121	0.163	0.150	0.133	0.117	0.120	0.099	0.046	0.009	0.002	0.000	0.001
2	0.113	0.157	0.157	0.136	0.106	0.105	0.092	0.083	0.045	0.005	0.000	0.000	0.000
3	1.000	0.000	0.000	0.000	0.000	0.000	0.000	0.000	0.000	0.000	0.000	0.000	0.000
4	0.004	0.046	0.118	0.157	0.144	0.144	0.149	0.132	0.064	0.040	0.001	0.000	0.001
5	0.024	0.079	0.113	0.115	0.116	0.115	0.100	0.150	0.136	0.039	0.009	0.003	0.002
6	0.004	0.036	0.087	0.132	0.129	0.152	0.165	0.146	0.080	0.041	0.018	0.005	0.005
7	0.004	0.036	0.087	0.132	0.129	0.152	0.165	0.146	0.080	0.041	0.018	0.005	0.005
8	0.513	0.313	0.139	0.024	0.005	0.002	0.001	0.002	0.000	0.000	0.000	0.001	0.001
9	0.513	0.313	0.139	0.024	0.005	0.002	0.001	0.002	0.000	0.000	0.000	0.001	0.001
10	0.062	0.164	0.152	0.116	0.098	0.089	0.095	0.110	0.102	0.010	0.001	0.000	0.000
11	0.027	0.122	0.172	0.101	0.142	0.064	0.067	0.113	0.055	0.054	0.026	0.021	0.037
12	0.000	0.001	0.002	0.002	0.003	0.007	0.013	0.031	0.100	0.238	0.217	0.138	0.247

	Frauen												
	15-20	**20-25**	**25-30**	**30-35**	**35-40**	**40-45**	**45-50**	**50-55**	**55-60**	**60-65**	**65-70**	**70-75**	**>75**
1	0.085	0.190	0.190	0.142	0.107	0.100	0.097	0.069	0.015	0.003	0.001	0.000	0.001
2	0.110	0.169	0.148	0.116	0.114	0.120	0.100	0.088	0.029	0.005	0.001	0.000	0.000
3	1.000	0.000	0.000	0.000	0.000	0.000	0.000	0.000	0.000	0.000	0.000	0.000	0.000
4	0.010	0.090	0.162	0.201	0.181	0.139	0.100	0.070	0.041	0.005	0.000	0.000	0.000
5	0.007	0.041	0.093	0.117	0.119	0.130	0.137	0.201	0.112	0.032	0.008	0.001	0.002
6	0.003	0.033	0.078	0.129	0.144	0.162	0.178	0.144	0.074	0.024	0.019	0.004	0.008
7	0.003	0.033	0.078	0.129	0.144	0.162	0.178	0.144	0.074	0.024	0.019	0.004	0.008
8	0.623	0.265	0.092	0.015	0.002	0.001	0.000	0.001	0.000	0.000	0.000	0.000	0.001
9	0.623	0.265	0.092	0.015	0.002	0.001	0.000	0.001	0.000	0.000	0.000	0.000	0.001
10	0.088	0.157	0.168	0.126	0.108	0.109	0.085	0.124	0.030	0.003	0.000	0.001	0.001
11	0.003	0.032	0.096	0.126	0.107	0.100	0.109	0.116	0.090	0.080	0.065	0.035	0.041
12	0.000	0.001	0.001	0.002	0.003	0.005	0.011	0.022	0.085	0.157	0.202	0.151	0.360

Tabelle 6.2.4: Verteilung der Altersgruppen

das ist die quadrierte Abweichung der logarithmierten empirischen Übergänge, $w_{ji}^{\alpha_s}(t)$ und den logarithmierten geschätzten Werten

$$\hat{w}_{ji}^{\alpha_s}(t) = n_i^{\alpha_s}(t)\nu_{ji}^{\alpha_s}(t)\exp^{u_j^{\alpha_s}(t)-u_i^{\alpha_s}(t)}$$

durch Festlegung der Werte für die Distanzen und den asymmetrischen Präferenzfaktor minimiert.

Aus der Minimierung der Gleichung (6.3.6) mittels Variationsrechnung ergibt sich folgende Berechnung der Mobilitätsmatrix $\nu_{ji}^{\alpha_s}(t)$:

$$\nu_{ji}^{\alpha_s}(t) = \nu_{ij}^{\alpha_s}(t) = \left[p_{ji}^{\alpha_s}(t)p_{ij}^{\alpha_s}(t)\right]^{\frac{1}{2}} \tag{6.3.7}$$

mit

$$p_{ji}^{\alpha_s}(t) = \frac{w_{ji}^{\alpha_s}(t) + 0.5}{n_i^{\alpha_s}(t)} \tag{6.3.8}$$

Die Addition des Faktors 0.5 ist aufgrund der Nullstellen in der empirischen Flow-Matrix notwendig. Sen und Pruthi (1983) empfehlen die Addition des Faktors 0.5 statt 1, um die Verzerrung durch die Logarithmierung für kleine Werte von $w_{ji}^{\alpha_s}(t)$ zu reduzieren.

Die asymmetrischen Attraktivitäten $u_i^{\alpha_s}$ werden durch

$$u_i^{\alpha_s}(t) = \frac{1}{2L}\sum_{j=1(j\neq i)}^{L} \ln\frac{p_{ij}^{\alpha_s}(t)}{p_{ji}^{\alpha_s}(t)} \tag{6.3.9}$$

berechnet, was ebenfalls aus der Minimierung von $F(\cdot)$ mittels Variationsrechnung resultiert.

Schließlich ergibt sich die zeitunabhängige Matrix mit den Distanzfaktoren f_{ji}^{α} aus

$$f_{ji}^{\alpha_s} = f_{ij}^{\alpha_s} = C\prod_{t=1}^{T}\left[p_{ji}^{\alpha_s}(t)p_{ij}^{\alpha_s}(t)\right]^{\frac{1}{2T}} \tag{6.3.10}$$

wobei C einen Normierungsfaktor darstellt, der aus der Beschränkung

$$\sum_{i,j(i\neq j)}^{L} f_{ji}^{\alpha_s} = L(L-1)$$

resultiert. Der globale Mobilitätsfaktor $\nu_0^{\alpha_s}(t)$ kann anschließend durch

$$\nu_0^{\alpha_s}(t) = \frac{1}{C}\frac{\prod_{j,i(j\neq i)}^{L}\left[p_{ji}^{\alpha_s}(t)p_{ij}^{\alpha_s}(t)\right]^{\frac{1}{2L(L-1)}}}{\prod_{j,i(j\neq i)}^{L}\prod_{t=1}^{T}\left[p_{ji}^{\alpha_s}(t)p_{ij}^{\alpha_s}(t)\right]^{\frac{1}{2TL(L-1)}}} \tag{6.3.11}$$

ermittelt werden. $f_{ji}^{\alpha_s}$ stellt somit das geometrische Mittel der Übergangsraten über die Zeit dar, wohingegen $\nu_0^{\alpha_s}(t)$ das geometrische Mittel der Übergangsraten zwischen den Statusgruppen angibt.

Die Distanzfaktoren können schließlich, wie weiter oben gezeigt wurde, in Form der Distanzen geschrieben werden, also

$$\frac{f_{ji}^{\alpha_s}}{L(L-1)} = \exp^{-D_{ji}^{\alpha_s}} \tag{6.3.12}$$

wobei $D_{ji}^{\alpha_s} = D_{ij}^{\alpha_s}$ als effektive Distanz bezeichnet wird. Die Alters- beziehungsweise Ausbildungsdistanzen werden als proportional zu dieser angenommen, also

$$D_{ji}^{\alpha_s} = f(d_{ji,dist}^{\alpha_s}) \tag{6.3.13}$$

Setzt man $f_{ji}^{\alpha} = \big(L(L-1)\big)\exp^{\hat{\beta}_{dist}^{\alpha_s} d_{ji,dist}^{\alpha_s}}$ und die oben ermittelten Werte für $u_i^{\alpha_s}(t)$ in Gleichung (6.3.6) oben ein, lässt sich der Schätzparameter $\hat{\beta}_{dist}^{\alpha_s}$ über ein numerisches Optimierungsverfahren ermitteln (vergleiche Weidlich und Haag, 1988). Eine alternative Vorgangsweise ist die Folgende: Um die effektive Distanz $D_{ji}^{\alpha_s}$ mit den Ausbildungs- und Altersdistanzen vergleichen zu können, müssen die letzteren entsprechend skaliert werden. Aus (6.3.12) ergibt sich für die effektive Distanz

$$D_{ji}^{\alpha_s} = -\ln f_{ji}^{\alpha_s} + \ln\big(L(L-1)\big) \tag{6.3.14}$$

mit $D_{ji}^{\alpha_s} > 0$, da gelten muss, dass $0 < \frac{f_{ji}^{\alpha_s}}{L(L-1)} < 1$. Wird beispielsweise für die Distanzfaktormatrix $f_{ji}^{\alpha_s} = \exp^{\hat{\beta}_{dist}^{\alpha_s} d_{ji}^{\alpha_s}}$ eingesetzt, ergibt sich

$$\tilde{D}_{ji,dist}^{\alpha_s} = \hat{\beta}^{\alpha_s} d_{ji,dist}^{\alpha_s} + \ln\big(L(L-1)\big) \tag{6.3.15}$$

Allgemein ergibt sich damit, dass

$$-\ln(f_{ji}^{\alpha_s}) = f\left(d_{ji,dist}^{\alpha_s}\right)$$

wobei die funktionale Spezifizierung zunächst offen bleibt. Diese Vorgangsweise hat den Vorteil, dass erstens unterschiedliche Spezifikationen relativ einfach getestet, und zweitens, mehrere erklärende Variablen herangezogen werden können. Schließlich sind Signifikanztests der jeweiligen erklärenden Variablen leicht durchzuführen.

Der asymmetrische Faktor $u_i^{\alpha_s}(t)$ kann auf weitere sozio-ökonomische Faktoren regressiert werden. Als solche gelten vorerst die Synergieparameter, also die Agglomerations- und Sättigungsparameter des gesamten Systems, sowie andere Variablen, die oben bereits angeführt wurden. Im Konkreten heißt das, dass die Attraktivitäten auf die Agglomerations- und Sättigungsvariablen, die mit

$$AGG_i^{\alpha_s} = \frac{n_i^{\alpha_s} - \bar{N}^{\alpha_s}}{\bar{N}^{\alpha_s}}$$

$$SAT_i^{\alpha_s} = \frac{(n_i^{\alpha_s})^2 - (\bar{N}^{\alpha_s})^2}{(\bar{N}^{\alpha_s})^2}$$

errechnet werden, regressiert werden. Die Ergebnisse sind Schätzwerte für den Agglomerationsparameter $\hat{\kappa}^{\alpha_s\alpha_t}$ und den Sättigungsparameter $\hat{\sigma}^{\alpha_s\alpha_t}$, die die endogene Dynamik des Systems bestimmen.

Die erwarteten Vorzeichen für die Schätzer sind dabei $\hat{\kappa}^{\alpha_s} > 0$ und $\hat{\sigma}^{\alpha_s} < 0$ für die intrapopulationsspezifischen Parameter. Für die interpopulationsspezifischen Parameter $\hat{\kappa}^{\alpha_s\alpha_t}$, $t \neq s$ und $\hat{\sigma}^{\alpha_s\alpha_t}$, $t \neq s$ gibt es keine a-priori Erwartungen, da die Auswirkung von Agglomerations- beziehungsweise Sättigungstendenzen einer Subpopulation auf die zweite Subpopulation in beide Richtungen gehen kann: So kann beispielsweise Agglomeration der Subpopulation t anziehend aber ebenso abstoßend für die Subpopulation s wirken.

Damit ist das Verfahren der empirischen Überprüfung in den Grundzügen erläutert. Im nächsten Abschnitt werden die Ergebnisse zusammengefasst.

6.4 Zusammenfassung der empirischen Ergebnisse

Wie oben bereits erwähnt, werden die Resultate jeweils für das gesamte Modell mit zwölf Statusgruppen und ein reduziertes Modell ohne die Status Lehrlinge (3), Schule (8) und Studium (9) und dem Status Pension (12), also mit acht Statusgruppen, präsentiert.

6.4.1 Schätzwerte für die globale Mobilität

Die Werte für die globale Mobilität $\nu_0^{\alpha_s}(t)$ können mittels Gleichung (6.3.11) berechnet werden und zeigen das geometrische Mittel der Übergangsraten zwischen den Statusgruppen. Tabelle 6.4.5 zeigt die Werte für die Jahre 1989-1995 getrennt nach den beiden Subpopulationen Männer und Frauen und jeweils für das gesamte mit L=12 und das reduzierte Modell mit L=8 Statusgruppen. Dabei fällt zunächst der Unterschied zwischen Männern und Frauen auf. In beiden Schätzungen sind die Werte bei den Frauen höher als bei den Männern. Weiters sind die Veränderungen über die Zeit interessant: In beiden Modellen und für beide Subpopulationen weist die Mobilität einen

	Gesamtes Modell		Reduziertes Modell		BIP
Jahr	**Männer**	**Frauen**	**Männer**	**Frauen**	(in %)
1989	0.0034793	0.0046193	0.0069819	0.0090196	4.2
1990	0.0032013	0.0042099	0.0054469	0.0075547	4.6
1991	0.0028528	0.0039468	0.0042203	0.0071363	3.4
1992	0.0028177	0.0036374	0.0044232	0.0063304	1.3
1993	0.0027227	0.0035708	0.0044811	0.0062833	0.5
1994	0.0023971	0.0035317	0.0038731	0.0059362	2.4
1995	0.0028766	0.0036607	0.0054927	0.0066219	1.7

Tabelle 6.4.5: Globale Mobilität

sinkenden Trend auf, der sich allerdings in den letzten beiden Jahren umkehrt. Vergleicht man diesen Trend mit dem Wachstum des Bruttoinlandsproduktes in Österreich (zu Preisen 1986), das in der letzten Spalte der Tabelle eingetragen, ist lässt sich ein einfacher Zusammenhang mit der wirtschaftlichen Dynamik herstellen. Die Mobilitätsrate weist in diesem Zeitraum eine ähnliche Bewegung wie die BIP-Wachstumsrate auf, was bedeutet, dass eine geringere wirtschaftliche Dynamik auch zu geringerer Mobilität führt.

6.4.2 Distanzen

Die effektiven Distanzwerte, die aus Gleichung (6.3.14) resultieren, werden in Tabelle 6.4.6 gezeigt. Im nächsten Schritt werden diese Werte durch die Distanzen, die aus der Ausbildungs- oder Altersverteilung resultieren, erklärt.

6.4.2.1 Ausbildungsdistanzen

Nimmt man die einfache Formulierung der effektiven Distanz in (6.3.15) kann diese als lineare Regression angeschrieben werden.

$$-\ln(f_{ji}^{\alpha_s}) = \hat{\beta}^{\alpha_s} d_{ji,dist}^{\alpha_s} + \epsilon_{ji}^{\alpha_s}$$

wobei der Koeffizient $\hat{\beta}^{\alpha_s}$ für das gesamte Modell mit zwölf und das reduzierte Modell mit acht Statusgruppen geschätzt wird. Die Regressionsresultate sind in Tabelle 6.4.7 zu sehen. Die Tabelle zeigt die Regressionskoeffizienten, das Signifikanzniveau und das $\bar{R}^2$ als Gütemaß der Schätzung. Der Koeffizient ist in allen Fällen signifikant und hat das erwartete Vorzeichen. Lässt man im reduzierten Modell den Status Beamte (4) weg, ergibt sich nochmals eine bessere Erklärung.

Wenn man annimmt, dass zwischen jeweils zwei Statusgruppen auch andere Faktoren die Distanzen beeinflussen, die nicht durch die Verteilung der

Männer

	1	2	3	4	5	6	7	8	9	10	11	12
1		3.581	7.323	5.433	5.117	5.389	4.322	7.790	7.752	2.588	4.703	7.760
2	3.581		3.474	7.164	4.496	7.853	4.563	8.394	7.234	2.071	4.649	7.602
3	7.323	3.474		10.107	4.802	7.608	5.349	3.198	8.854	3.561	6.404	10.995
4	5.433	7.164	10.107		8.536	6.655	9.276	10.677	9.570	11.808	11.166	7.742
5	5.117	4.496	4.802	8.536		9.147	4.576	8.092	6.664	4.609	4.818	7.379
6	5.389	7.853	7.608	6.655	9.147		5.699	8.123	6.171	5.922	6.376	8.120
7	4.322	4.563	5.349	9.276	4.576	5.699		8.229	5.241	4.101	5.587	6.145
8	7.790	8.394	3.198	10.677	8.092	8.123	8.229		6.767	7.762	8.130	12.467
9	7.752	7.234	8.854	9.570	6.664	6.171	5.241	6.767		5.907	5.905	12.282
10	2.588	2.071	3.561	11.808	4.609	5.922	4.101	7.762	5.907		5.829	7.386
11	4.703	4.649	6.404	11.166	4.818	6.376	5.587	8.130	5.905	5.829		7.991
12	7.760	7.602	10.995	7.742	7.379	8.120	6.145	12.467	12.282	7.386	7.991	

Frauen

	1	2	3	4	5	6	7	8	9	10	11	12
1		3.427	7.236	5.727	5.359	5.742	4.619	8.062	8.078	2.773	3.497	6.615
2	3.427		4.064	7.891	4.735	7.137	4.843	8.527	8.054	2.206	3.234	7.215
3	7.236	4.064		9.989	5.035	6.540	5.025	3.433	9.005	3.572	6.414	11.109
4	5.727	7.891	9.989		9.317	7.144	9.464	10.661	9.469	11.369	10.152	8.364
5	5.359	4.735	5.035	9.317		9.466	4.998	8.386	7.429	4.867	4.819	6.738
6	5.742	7.137	6.540	7.144	9.466		5.611	8.328	5.993	5.370	6.384	7.105
7	4.619	4.843	5.025	9.464	4.998	5.611		8.247	5.547	4.042	4.719	5.722
8	8.062	8.527	3.433	10.661	8.386	8.328	8.247		7.032	7.888	9.131	12.976
9	8.078	8.054	9.005	9.469	7.429	5.993	5.547	7.032		6.117	6.000	12.664
10	2.773	2.206	3.572	11.369	4.867	5.370	4.042	7.888	6.117		5.115	6.761
11	3.497	3.234	6.414	10.152	4.819	6.384	4.719	9.131	6.000	5.115		6.319
12	6.615	7.215	11.109	8.364	6.738	7.105	5.722	12.976	12.664	6.761	6.319	

Tabelle 6.4.6: Effektive Distanzmatrix

	Männer			Frauen		
	$\hat{\beta}^{\alpha_m}_{edu}$	$p > \|t\|$	$\bar{R}^2$	$\hat{\beta}^{\alpha_f}_{edu}$	$p > \|t\|$	$\bar{R}^2$
Gesamtes Modell	10.892	0.000***	0.470	10.754	0.000***	0.430
Reduziertes Modell	11.213	0.000***	0.353	10.883	0.000***	0.354
ohne Status 4	7.464	0.000***	0.491	6.791	0.000***	0.436

Tabelle 6.4.7: Erklärung der Distanzen durch Ausbildungsverteilung

Ausbildungsniveaus beschrieben werden, lässt sich auf unterschiedliche Konstanten testen. Unter der Annahme einer spezifischen Konstante für jeden Status und einem einheitlichen Parameter für die Effekte der Ausbildungsverteilung ergeben sich die in Tabelle 6.4.8 gezeigten Resultate. Die Distanzmaße der Ausbildung sind für beide Subpopulationen wiederum hoch signifikant. Die Konstanten sind jedoch nur für die Statusgruppen Beamte (4) und Pension (12) signifikant größer als null. Das bestätigt sich auch im reduzierten Modell, wo die Konstante für den Status Beamte (4) sowohl bei den Männer als auch bei den Frauen signifikant von Null verschieden sind. Lässt man diesen Status weg ergibt sich eine erklärte Varianz von mehr als 60 %. Insgesamt zeigt das, dass die Verteilung der Bildungsabschlüsse einen hohen Erklärungswert besitzt.

6.4.2.2 Altersdistanzen

Dieselbe Analyse lässt sich für die Distanzen, die aus der Verteilung der Altersunterschiede errechnet wurde, durchführen.

$$-\ln(f^{\alpha_s}_{ji}) = \hat{\beta}^{\alpha_s} d^{\alpha_s}_{ji,age} + \epsilon^{\alpha_s}_{ji}$$

In diesem Fall ergeben sich keine signifikanten Ergebnisse, was heißt, dass die Altersverteilung die Distanzen zwischen den Statusgruppen nicht erklären kann. Lässt man wie oben Variationen in den Konstanten für die jeweiligen Statusgruppen zu, zeigt sich ebenfalls, dass die Variable Altersdistanz nicht signifikant ist.

Allerdings ist zu erwarten, dass zumindest für einzelne Statusgruppen eine signifikante Beziehung besteht, beispielsweise für Übergänge aus den Status Lehre (3) oder in den Status Pension (12). Daher wurde die Regression für jede Statusgruppe separat durchgeführt. Die Resultate sind in Tabelle 6.4.9 zusammengefasst.

In diesem Fall zeigt sich, dass die Altersdistanz nur in den Statusgruppen Lehrlinge (3), Schule (8), Studium (9) und Pension (12) die Distanz $f^{\alpha_s}_{ji}$

	Gesamtes Modell				Reduziertes Modell			
	Männer		Frauen		Männer		Frauen	
	Koeff.	p > |t|	Koeff.	p > |t|	Koeff.	p > |t|	Koeff.	p > |t|
$d^{\alpha_f}_{ji,edu}$	10.102	0.000***	7.887	0.001***	10.005	0.025***	8.838	0.029***
1	-0.716	0.287	-0.494	0.481	-0.948	0.289	-0.822	0.346
2	-0.812	0.230	-0.262	0.696	-0.740	0.438	-0.560	0.527
3	-0.246	0.734	0.399	0.572				
4	2.591	0.000***	2.999	0.000***	3.182	0.001***	3.452	0.000***
5	-0.066	0.921	0.616	0.361	0.254	0.789	0.776	0.396
6	-0.573	0.498	-0.212	0.807	-0.113	0.932	0.167	0.893
7	-0.537	0.419	-0.429	0.547	0.063	0.943	0.056	0.951
8	1.195	0.113	2.181	0.003***				
9	-0.216	0.803	0.670	0.450				
10	-0.536	0.410	-0.349	0.602	-0.109	0.902	-0.039	0.963
11	0.361	0.580	0.201	0.763	0.782	0.379	0.201	0.814
12	2.620	0.000***	2.516	0.000***				
N	132		132		56		56	
p > F	0.000		0.000		0.000		0.000	
$\bar{R}^2$	0.589		0.556		0.474		0.491	

Tabelle 6.4.8: Erklärung der Distanzen durch Ausbildungsverteilung

	Männer			Frauen		
	$\hat{\beta}^{\alpha_m}_{i,age}$	$p > \lvert t \rvert$	$\bar{R}^2$	$\hat{\beta}^{\alpha_f}_{i,age}$	$p > \lvert t \rvert$	$\bar{R}^2$
1	-2.833	0.118	0.149	-3.431	0.095*	0.179
2	1.298	0.664	-0.078	-0.084	0.978	-0.100
3	-1.859	0.055*	0.253	-1.757	0.062*	0.236
4	-5.537	0.154	0.112	-5.467	0.121	0.145
5	-0.432	0.847	-0.096	-1.185	0.601	-0.069
6	-2.887	0.186	0.085	-2.148	0.278	0.028
7	-0.834	0.616	-0.071	-0.825	0.607	-0.069
8	-28.643	0.001***	0.647	-20.626	0.000***	0.800
9	-23.266	0.002***	0.613	-13.856	0.008***	0.479
10	1.111	0.723	-0.086	0.808	0.796	-0.092
11	-1.791	0.467	-0.041	-2.237	0.293	0.020
12	-8.063	0.052*	0.259	-8.965	0.019**	0.384
N			132			132
$p > F$			0.000			0.000
$\bar{R}^2$			0.229			0.279

Tabelle 6.4.9: Erklärung der Distanzen durch Altersverteilung

einen signifikanten Effekt aufweist. Das sind genau die Gruppen, die im reduzierten Modell weggelassen werden. Diese Variable wird daher nicht weiter berücksichtigt.

6.4.3 Schätzwerte für den asymmetrischen Faktor

6.4.3.1 Parameter

Die Attraktivitäten können direkt aus Gleichung (6.3.9) berechnet werden. Die Ergebnisse sind in Tabelle 6.4.10 zusammengefasst. Der untere Teil der Tabelle zeigt drei Variablen, die als Erklärung für die kurzfristigen Änderungen herangezogen werden können. Das sind das BIP-Wachstum (zu Preisen 1986), die schon in Tabelle 6.4.5 gezeigt wurden, die Anzahl der offenen Stellen $V(t)$ und die jährliche prozentuelle Veränderung der offenen Stellen $\Delta V(t)$. Die letzte Spalte zeigt die Durchschnittswerte über die Jahre 1989-1995. Zur Interpretation werden einige bemerkenswerte Punkte aufgelistet:[1]

[1]Bemerkung: Positive beziehungsweise negative Werte der Attraktivitäten bedeuten nicht, dass die *Nettoinflows* auch positiv oder negativ sind, da in dieses Maß die *Stockgrößen* eingehen: Bei gleichen absoluten In- beziehungsweise Outflows ergeben sich unterschiedliche Werte abhängig von den jeweiligen Stockgrößen bzw. der Verteilung der Stockgrößen (vergleiche dazu Gleichung 6.3.9).

	Männer							
	1989	**1990**	**1991**	**1992**	**1993**	**1994**	**1995**	**89-95**
1	1.148	1.213	1.271	1.305	1.064	1.121	1.102	1.175
2	0.727	0.881	0.843	0.917	0.581	0.755	0.565	0.753
3	-0.944	-0.751	-0.693	-0.770	-0.901	-0.814	-0.911	-0.826
4	0.481	0.588	0.389	0.360	0.370	0.275	0.233	0.385
5	0.731	0.311	0.332	0.461	0.284	0.376	0.401	0.414
6	-0.924	-1.011	-0.936	-0.941	-0.889	-1.054	-1.054	-0.973
7	0.208	0.275	0.313	0.223	0.376	0.261	0.348	0.286
8	-2.748	-2.802	-2.771	-2.692	-2.734	-2.582	-2.567	-2.700
9	-1.349	-1.379	-1.364	-1.244	-1.259	-1.246	-1.237	-1.297
10	-0.253	-0.105	-0.203	-0.265	-0.299	-0.283	-0.086	-0.213
11	-0.365	-0.453	-0.415	-0.701	-0.176	-0.425	-0.325	-0.408
12	3.289	3.234	3.234	3.347	3.581	3.616	3.529	3.404

	Frauen							
	1989	**1990**	**1991**	**1992**	**1993**	**1994**	**1995**	**89-95**
1	1.504	1.544	1.502	1.516	1.464	1.444	1.351	1.475
2	0.609	0.598	0.546	0.623	0.577	0.446	0.323	0.531
3	-1.190	-1.108	-0.967	-1.108	-1.167	-1.083	-1.196	-1.117
4	-0.136	-0.113	-0.175	-0.176	-0.149	-0.152	-0.233	-0.162
5	0.694	0.441	0.501	0.487	0.354	0.356	0.835	0.524
6	-1.102	-1.057	-1.137	-1.309	-1.218	-1.175	-1.165	-1.166
7	0.073	0.127	0.046	0.224	-0.017	0.040	0.030	0.075
8	-2.814	-2.826	-2.773	-2.701	-2.671	-2.570	-2.496	-2.693
9	-1.274	-1.401	-1.278	-1.201	-1.169	-1.096	-1.000	-1.203
10	-0.286	-0.187	-0.335	-0.357	-0.297	-0.379	-0.544	-0.341
11	1.334	1.367	1.269	1.068	1.195	1.120	1.031	1.198
12	2.590	2.615	2.803	2.934	3.096	3.051	3.065	2.879

	Erklärende Variablen							
	1989	**1990**	**1991**	**1992**	**1993**	**1994**	**1995**	**89-95**
V(t)	45599	55622	49448	43561	32906	30197	24986	40331
$\boldsymbol{\Delta V(t)}$	46.23	21.98	-11.10	-11.91	-24.46	-8.23	-17.26	
BIP	4.2	4.6	3.4	1.3	0.5	2.4	1.7	2.6

Tabelle 6.4.10: Dynamische Attraktivitäten

1. Alle Status, die mit Beschäftigung verbunden sind, mit Ausnahme der Gruppen Freie Berufen (6) und Lehrlinge (3), sind absorbierend. Der Status Lehrlinge ist jedoch ein typischer Eintrittsbereich von dem aus weitere Übergänge getätigt werden. Eine weitere Ausnahme ist der Status Beamte (4), der für Frauen, nicht jedoch für Männer, einen negativen Wert enthält.

2. Drei der abstoßenden Status (Lehrlinge, Schule, Studium), die alle Ausbildung beinhalten, können leicht damit erklärt werden, dass diese den klassischen Eintritt in das System darstellen, die in andere Status weiterführen und es kaum Übergänge aus den anderen Statusgruppen in diese gibt.

3. Arbeitslosigkeit weist im betrachteten Zeitraum durchgehend negative Werte auf. Das heißt aber nicht unbedingt, dass der Abfluss in Beschäftigungsgruppen (1-4) erfolgt, da Personen in Hausarbeit oder Pension wechseln können.

4. Landwirtschaft weist ebenfalls einen positiven Wert auf, was hauptsächlich durch die geringen Übertritte in andere Statusverhältnisse erklärt wird.

5. Hausarbeit ist neben dem Status Beamte der zweite Status, in dem sich für Männer und Frauen unterschiedliche Vorzeichen ergeben, wobei die Werte bei den Männern negativ und bei den Frauen positiv sind.

6. Der Status Pension stellt nicht überraschend einen absorbierenden Sektor dar, da so gut wie keine Übergänge in andere Status vorgenommen werden.

7. Die größten absoluten Werte weisen die Statusgruppen Pension (12) und Angestellte (1) auf, wenn man die beiden Ausbildungsbereiche (8 und 9) und den Lehrlingsstatus nicht in Betracht zieht. Das Attraktivitätsmaß ist im Status 11 (Hausarbeit) bei den Frauen ebenfalls relativ hoch.

Diese Ergebnisse können mit den Werten für das reduzierte Modell mit acht Statusgruppen verglichen werden, die in Tabelle 6.4.11 angeführt sind. Der wichtigste Unterschied zu vorhin ist der, dass bei den Männern die Arbeiter (2) höhere Werte als die Angestellten aufweisen, während die Differenz bei den Frauen leicht angestiegen ist.

Schließlich kann untersucht werden, inwieweit diese dynamischen Attraktivitäten von der Veränderung ökonomischer Größen, die in Tabelle 6.4.10 angefügt wurden, beeinflusst werden. Beispielsweise würde man für den Status

	Männer							
	1989	**1990**	**1991**	**1992**	**1993**	**1994**	**1995**	**89-95**
1	0.381	0.429	0.379	0.421	0.218	0.285	0.260	0.339
2	0.461	0.532	0.462	0.568	0.246	0.466	0.204	0.420
4	0.271	0.492	0.414	0.401	0.423	0.499	0.460	0.423
5	0.609	0.066	0.112	0.319	0.191	0.330	0.221	0.264
6	-0.934	-1.020	-0.993	-0.939	-0.940	-1.113	-1.132	-1.010
7	0.182	0.211	0.297	0.209	0.393	0.240	0.277	0.258
10	-0.571	-0.389	-0.376	-0.407	-0.502	-0.424	-0.142	-0.402
11	-0.399	-0.322	-0.295	-0.572	-0.028	-0.283	-0.148	-0.292

	Frauen							
	1989	**1990**	**1991**	**1992**	**1993**	**1994**	**1995**	**89-95**
1	0.608	0.566	0.575	0.565	0.534	0.487	0.344	0.525
2	0.225	0.178	0.151	0.243	0.221	0.084	-0.089	0.145
4	-0.339	-0.344	-0.263	-0.240	-0.184	0.004	-0.080	-0.207
5	0.357	0.090	0.291	0.275	0.109	0.145	0.786	0.293
6	-1.233	-1.175	-1.256	-1.442	-1.247	-1.331	-1.303	-1.284
7	-0.070	0.018	0.045	0.201	-0.095	0.018	-0.024	0.013
10	-0.626	-0.527	-0.673	-0.527	-0.513	-0.573	-0.694	-0.590
11	1.078	1.195	1.129	0.924	1.175	1.167	1.060	1.104

Tabelle 6.4.11: Dynamische Attraktivitäten für reduziertes Modell

Arbeitslosigkeit erwarten, dass die Werte bei höheren BIP-Wachstumsraten ebenfalls größer sind. Dieser Zusammenhang zeigt sich mehr oder weniger bei den Männern, jedoch weniger bei den Frauen. Ein ähnlicher Zusammenhang lässt sich für die Statusgruppe der unselbständig Erwerbstätigen erkennen, wo die Attraktivität beispielsweise im Jahr 1993 vor allem bei den Männern wesentlich geringer wird. Im Gegensatz dazu verhalten sich die Werte beim Status Pension (12) umgekehrt und haben bei geringerem Wirtschaftswachstum eine ansteigende Tendenz. Analoge Interpretationen können für die beiden anderen erklärenden Variablen gegeben werden.

6.4.3.2 Exogene Parameter und endogene Dynamiken

Wie oben bereits erläutert, können die Attraktivitäten in exogene und endogene Größen, das sind die Agglomerations- und Sättigungseffekte, getrennt werden. Letztere können, wenn man das Modell als Makromodell auffasst, zur Beschreibung des Gesamtzustandes eines Systems und über die Stabilität oder Instabilität der Entwicklung und Dynamik herangezogen werden.

	Männer		Frauen	
	Koeff.	$p > \|t\|$	Koeff.	$p > \|t\|$
$\hat{\kappa}^{\alpha_m \alpha_m}$	1.016	0.000***		
$\hat{\kappa}^{\alpha_m \alpha_f}$	-0.362	0.055*		
$\hat{\sigma}^{\alpha_f \alpha_m}$			0.209	0.038**
Fixe Effekte				
1	0.489	0.157	0.740	0.038**
2	-0.941	0.037**	-0.902	0.188
3	-0.464	0.033**	-0.933	0.000***
4	0.218	0.086*	-0.135	0.005***
5	0.452	0.000***	0.580	0.000***
6	-0.375	0.177	-0.958	0.000***
7	0.472	0.004***	0.216	0.009***
8	-2.430	0.000***	-2.558	0.000***
9	-0.941	0.000***	-1.029	0.000***
10	-0.037	0.818	-0.202	0.013**
11	0.940	0.008***	1.403	0.000***
12	2.616	0.000***	1.675	0.004***
$\bar{R}^2$	0.995		0.993	
$p > F$	0.000		0.000	

Tabelle 6.4.12: Exogene und endogene Einflüsse

Das Datenset der Werte $u_i^{\alpha_s}(t)$ stellt ein Panel der zwölf Statusgruppen über die Jahre 1989-1995 dar. Unter der Annahme, dass die modellexogenen Präferenzen jeweils spezifisch für die Statusgruppen und über die Zeit stabil sind, kann ein Fixed-effects-Modell geschätzt werden. Tabelle 6.4.12 zeigt die Resultate der Schätzung für die jeweils signifikanten Parameter der Agglomerations- und Sättigungsvariablen und den fixen Effekten. Die Schätzung erfolgt mittels LSDV-Schätzer. Bei den Männern ist die intrasubpopulationsspezifische Agglomerationsvariable $\hat{\kappa}^{\alpha_m \alpha_m}$ bei ungefähr eins und stark signifikant, während die Agglomerationsvariable bei den Frauen negativ ist. Umgekehrt ist es bei den Frauen, wo nur die Sättigungsvariable der Männer signifikant positiv ist. Der positive Agglomerationswert bei den Männern deutet darauf hin, dass ein Ansteigen der Anzahl an Statusverhältnissen in den ohnehin schon anteilsmäßig großen Gruppen (also vor allem Angestellte und Pensionen) zu erwarten ist. Allerdings gibt es einen gegenläufigen Effekt, wenn die Statusgruppen bei den Frauen relativ große Anteile aufweisen. Bei den Frauen hingegen ist nur die Sättigungsvariable der Männer signifikant und positiv, was darauf hindeutet, dass der Anteil der Frauen

	Männer		Frauen	
	Koeff.	$p > \|t\|$	**Koeff.**	$p > \|t\|$
$\hat{k}^{\alpha_m \alpha_m}$	0.942	0.002***		
$\hat{k}^{\alpha_m \alpha_f}$	-0.504	0.012**		
Fixe Effekte				
1	-0.011	0.978	0.525	0.000***
2	-1.032	0.045**	0.145	0.004***
4	0.174	0.178	-0.207	0.000***
5	0.270	0.001***	0.293	0.000***
6	-0.617	0.050**	-1.284	0.000***
7	0.326	0.065*	0.013	0.785
10	-0.345	0.053*	-0.590	0.000***
11	1.235	0.002***	1.104	0.000***
$\bar{R}^2$	0.951		0.966	
$p > F$	0.000		0.000	

Tabelle 6.4.13: Exogene und endogene Einflüsse

in den von Männern dominierten Bereiche über die Zeit zunehmen wird. Die exogenen Präferenzparameter sind bei den Männern für die Statusgruppen Arbeiter (2), Lehrlinge (3), die Bildungsbereiche Schule (8) und Studium (9) signifikant kleiner als null. Signifikant positiv sind sie nur für die Gruppen Beamte (4) auf dem 10%-Niveau, für Landwirtschaft (5), für Gewerbe (7), auch für den Bereich Haushalt (11) und mit einem sehr großen Wert für den Status Pension (12). Keine von null verschiedenen Werte gibt es für den Status Angestellte (1), Freie Berufe (6) und Arbeitslosigkeit (8). Bei den Frauen gibt es Unterschiede vor allem bei den Angestellten mit einem positiven signifikanten und bei der Gruppe Arbeiterinnen (2) mit einem insignifikanten und für den Status Beamte (4) und Freie Berufe (6) mit einem signifikant negativen Wert. Schließlich zeigt der Wert beim Status Arbeitslosigkeit einen negativen Wert, was gegenüber den Männern auf eine höhere Bereitschaft in Nicht-Erwerbsbereiche zu wechseln interpretiert werden kann.

Für das reduzierte Modell sind die Werte in Tabelle 6.4.13 zu zusammengefasst. Bei den Männern sind die Resultate ähnlich wie im Modell mit zwölf Statusgruppen. Bei den Frauen hingegen ist keine der Agglomerations- oder Sättigungsvariablen mehr signifikant. In der Tabelle sind daher nur die fixen Effekte, die in diesem Fall den Durchschnittswerten der Variablen über die sieben Jahre entsprechen, angeführt.

6.4.4 Statistische Kennzahlen

6.4.4.1 Allgemeine Bemerkungen

Nachdem oben gezeigt wurde, welche Parameterwerte für dieses Modell geschätzt werden und inwieweit sich diese durch andere Faktoren erklären lassen, werden hier noch allgemeine statistische Kennzahlen, die den Erklärungswert des Modells zeigen, reportiert. Als statistische Kennzahlen werden der multiple Korrelationskoeffizient R^2, der um die Anzahl der Freiheitsgrade korrigierte Korrelationskoeffizient $\bar{R}^2$ und der F-Wert herangezogen. Die Anzahl der geschätzten symmetrischen Faktoren $v_{ji}^{\alpha_s}(t)$ ist dabei $TL(L-1)/2$ und die Anzahl der asymmetrischen Faktoren $u_i(t)$ ist TL, woraus sich die Anzahl der *'fitting parameter'* f ergibt. Die Anzahl der Beobachtungen ergibt sich aus $N = TL(L-1) = 924$. Daraus resultiert die Anzahl der Freiheitsgrade mit $df = N - f$. Setzt man $v_{ji}^{\alpha_s}(t) = v_0(t) f_{ji}^{\alpha_s}$ ein (Modellstufe II) reduziert sich die Anzahl der zu schätzenden Parameter auf $L(L-1)/2$ bei den symmetrischen Faktoren plus T Werte für die globalen Mobilitäten. Schließlich kann man die Distanzmatrix f_{ji} durch eine geeignete Schätzung mit den Bildungsdistanzen ersetzen (Modellstufe III), was die Anzahl der zu schätzenden Parameter nochmals reduziert, abhängig von der spezifischen funktionalen Form für $-\ln f_{ji}^{\alpha_s} = f\left(d_{ji,edu}^{\alpha_s}\right)$. Im Folgenden wird dabei die einfache Regression über alle Statusgruppen verwendet. Auf jeder Modellstufe werden die Resultate sowohl für das gesamte mit zwölf und für das reduzierte Modell mit acht Statusgruppen jeweils für beide Subpopulationen reportiert. Für jedes dieser beiden Modelle werden die zwei Versionen ohne und mit Einbezug der institutionellen Distanzen gezeigt. Im ersten Fall muss die Anzahl der zu schätzenden Parameter angepasst werden. Die Anzahl f reduziert sich um die Hälfte der Anzahl der symmetrisch geschlossenen Übergänge. Nach Tabelle 6.2.1 sind zehn Übergänge jeweils symmetrisch geschlossen, was heißt, dass fünf *'fitting parameters'* weniger sind. Für das reduzierte System beträgt die Anzahl, um die reduziert werden muss, zwei.

6.4.4.2 Statistische Kennzahlen

Insgesamt zeigt sich, dass die Dynamik in diesem Netzwerk sehr gut durch die geschätzten Parameter abgebildet wird, da das R^2 in den meisten Fällen sehr hoch (bis zu über 90 %) liegt.

6.4.4.2.1 Modellstufe I Tabelle 6.4.14 zeigt die Werte für die Modellstufe I. Auf dieser Stufe müssen sehr viele Parameter geschätzt werden, sodass die Zahl der Freiheitsgrade gering ist. Für das gesamte Netzwerk zeigt sich ein R^2 von über 90 %. Der korrigierte multiple Korrelationskoeffizient $\bar{R}^2$

	Institutionelle Distanzen			
	nicht berücksichtigt		berücksichtigt	
	Männer	**Frauen**	**Männer**	**Frauen**
		Gesamtes Modell		
N	924	924	924	924
f	546	546	511	511
df	378	378	413	413
$\mathbf{R^2}$	0.932	0.945	0.962	0.965
$\mathbf{\bar{R}^2}$	0.833	0.865	0.914	0.922
F-Wert	9.537	11.917	20.201	22.327
		Reduziertes Modell		
N	392	392	392	392
f	252	252	224	224
df	140	140	168	168
$\mathbf{R^2}$	0.975	0.977	0.976	0.979
$\mathbf{\bar{R}^2}$	0.930	0.958	0.943	0.952
F-Wert	21.753	23.693	30.637	35.121

Tabelle 6.4.14: Statistische Kennzahlen für Modellstufe I

ist jedoch wesentlich geringer, was auf die geringe Anzahl der Freiheitsgrade zurückzuführen ist. Die Resultate sind erwartungsgemäß besser, wenn man die institutionellen Distanzen berücksichtigt. Für das reduzierte Modell sind diese Kennzahlen nochmals höher.

6.4.4.2.2 Modellstufe II Auf dieser Stufe wird $v_{ji}^{\alpha_s}(t) = \nu_0^{\alpha_s}(t) f_{ji}^{\alpha_s}$ eingesetzt. Die Kennzahlen sind in Tabelle 6.4.15 abgebildet. Gegenüber der Modellstufe I sind die R^2 leicht gesunken, allerdings ist der multiple Korrelationskoeffizient $\bar{R}^2$ angestiegen, was auf die größere Anzahl an Freiheitsgraden zurückzuführen ist.

6.4.4.2.3 Modellstufe III Wie oben gezeigt wurde, können die Distanzen durch Verteilungsunterschiede in Ausbildung zumindest teilweise erklärt werden. Im Folgenden werden daher die Resultate gezeigt, die sich ergeben, wenn anstelle der Distanzen $f_{ji}^{\alpha_s}$ eine funktionale Spezifizierung in Abhängigkeit der Distanzwerte für Ausbildung gesetzt wird. Dabei wird die simple lineare Spezifizierung verwendet. Die Resultate sind in Tabelle 6.4.16 zu sehen. Da die Distanzen $f_{ji}^{\alpha_s}$ durch die Bildungsdistanzen nur teilweise erklärt werden, sinkt der Korrelationskoeffizient auf immer noch beachtliche 70 % für das große und auf mehr als 80 % für das reduzierte Modell.

	Institutionelle Distanzen			
	nicht berücksichtigt		berücksichtigt	
	Männer	**Frauen**	**Männer**	**Frauen**
	Gesamtes Modell			
N	924	924	924	924
f	157	157	152	152
df	767	767	772	772
$\mathbf{R^2}$	0.923	0.943	0.959	0.963
$\mathbf{\bar{R}^2}$	0.914	0.931	0.951	0.956
F – Wert	58.936	81.341	119.585	133.065
	Reduziertes Modell			
N	392	392	392	392
f	91	91	89	89
df	301	301	303	303
$\mathbf{R^2}$	0.972	0.976	0.973	0.978
$\mathbf{\bar{R}^2}$	0.964	0.968	0.966	0.972
F – Wert	116.100	136.007	124.082	153.065

Tabelle 6.4.15: Statistische Kennzahlen für Modellstufe II

	Institutionelle Distanzen			
	nicht berücksichtigt		berücksichtigt	
	Männer	**Frauen**	**Männer**	**Frauen**
	Gesamtes Modell			
N	924	924	924	924
f	92	92	92	92
df	832	832	832	832
R^2	0.697	0.715	0.827	0.821
$\mathbf{\bar{R}^2}$	0.664	0.684	0.808	0.801
F – Wert	21.032	22.937	43.706	41.935
	Reduziertes Modell			
N	392	392	392	392
f	64	64	64	64
df	328	328	328	328
$\mathbf{R^2}$	0.785	0.801	0.866	0.859
$\mathbf{\bar{R}^2}$	0.744	0.763	0.840	0.832
F – Wert	19.009	20.956	33.647	31.718

Tabelle 6.4.16: Statistische Kennzahlen für Modellstufe III

6.5 Zusammenfassung

In diesem Kapitel wurde das im vorhergehenden Kapitel beschriebene Modell empirisch analysiert. Als Grundlage dienen die Daten, die in Kapitel 4 vorgestellt wurden. Aus diesen lassen sich die empirische Werte für die globale Mobilität, die Distanzen und die Attraktivitäten ermittelt. Weiters wurde gezeigt, inwieweit diese beziehungsweise deren Veränderungen mit ökonomischen Variablen und sozio-ökonomischen Faktoren im Zusammenhang stehen oder erklärt werden können, obwohl für eine statistische Analyse längere Zeitreihen nötig wären. Dabei wird auch auf mögliche Erweiterungen, die bei entsprechender Datenlage durchaus möglich wären, hingewiesen. Im letzten Abschnitt sind noch die allgemeinen Teststatistiken des Modells reportiert. Insgesamt zeigt sich, dass das Modell einen hohen Erklärungswert aufweist. Aufbauend auf diesen Schätzungen werden im nächsten Kapitel verschiedene Simulationsstudien und Szenarienanalysen durchgeführt.

Kapitel 7

Prognoserechnungen und Szenarienanalysen

7.1 Einleitung

In Kapitel 5 wurde darauf hingewiesen, dass für Mastergleichungen im Allgemeinen nur in einfachen Fällen explizite Lösungen für stationäre Gleichgewichte oder Zeittrajektorien angegeben werden können. Insbesondere wenn die Gleichgewichtsbedingungen nicht erfüllt sind oder bei zeitvariablen Parametern ist eine geschlossene Lösung nicht möglich. Aber auch wenn die stationären Gleichgewichtslösungen gezeigt werden können, sind die dynamischen Anpassungspfade und zeitlichen Trajektorien als solche interessant, insbesondere da diese Art von Systemen nicht sofort in den Gleichgewichtszustand 'springen', also die Konvergenz zum Gleichgewicht einen längeren Zeitraum in Anspruch nimmt. Ein weiterer Punkt ist auch noch bei multiplen (lokalen) Gleichgewichten zu erwähnen. Die Dynamik des Systems führt zu einem lokalen Gleichgewicht, wobei nicht gelöst werden kann, in welchen Gleichgewichtszustand das System konvergiert. In diesen Fällen können jedoch Zeit- und Phasenraumtrajektorien simuliert werden, anhand derer die Systemdynamik und die langfristigen Entwicklungen studiert werden können.

Ein wesentliches Merkmal der Modellierung mit Mastergleichungen ist somit die Möglichkeit, langfristige Szenarien zu berechnen, da aufgrund der Herleitung der Mastergleichung und der daraus resultierenden Mittelwertsgleichungen die Pfade mit den höchsten Wahrscheinlichkeiten ermittelt werden. In diesem letzten Kapitel werden daher einige Zukunftsszenarien gezeigt, die sich durch Einsetzen der empirisch geschätzten Werte aus Kapitel 6 ergeben. Dabei werden verschiedene Szenarien präsentiert, die folgende Entwicklungen modellieren:

1. Basisszenarien
   (a) Konstante Fertilitätsraten
   (b) Sinkende Fertilitätsraten
2. Migration
   (a) Nullimmigration
   (b) Höhere Immigration
   (c) Migrationsschock
3. Arbeitsnachfrageschock
   (a) Positiver Schock
   (b) Negativer Schock
4. Wirtschaftliche Dynamik
   (a) Höhere wirtschaftliche Dynamik
   (b) Geringere wirtschaftliche Dynamik
5. Politische Maßnahme (Anhebung des Pensionsalters)

Modelltechnisch werden diese Szenarien als Änderung der Parameterwerte oder als Änderung der Startwerte interpretiert. Grundsätzlich ist dabei zu bemerken, dass es sich bei diesen Prognoserechnungen und Szenarien um Fortschreibungen des Modells unter Annahme von Parameterkonstanz handelt, die die Wahrscheinlichkeit von zu erwartenden Trends widerspiegeln. Die Auswirkungen von Änderungen der Parameter und/oder Startbedingungen können durch Sensitivitätsanalysen getestet werden. Weiters ist der Prognosezeitraum für derartige Modelle als langfristig zu betrachten. Im Folgenden werden die Prognosen und Szenarien für fünfzig Jahre berechnet. Der Grund dafür liegt einerseits darin, die Auswirkungen langfristiger demographischer Veränderungen, für die Prognosen bis zum Jahr 2050 vorliegen, abschätzen zu können, andererseits sollte gezeigt werden, dass dieses Modell auch nichtlineare Trends (das heißt beispielsweise für verschiedene Statusgruppen vorerst ansteigende und später fallende Anteile) generiert. Somit zeigt sich die Möglichkeit der Modellierung von dynamischen Entwicklungen, die in herkömmlichen linearen Trendfortschreibungen nicht möglich sind.

Bevor die Ergebnisse gezeigt werden, soll auf die speziellen Annahmen bei diesen Berechnungen eingegangen werden. Für die Szenarien wird das Modell diskret (und nicht kontinuierlich) formuliert. Für die Interpretation und das Verständnis der Szenarien sind weiters die spezifischen Annahmen, die getroffen wurden, wichtig. In den nachstehend gezeigten Berechnungen wurden folgende Parameterwerte eingesetzt: Für den Mobilitätsparameter $\nu_0^{\alpha_s}$ wurde der Mittelwert aus den Jahren 1989-1995 verwendet. Die Distanzmatrix $f_{ji}^{\alpha_s}$ wurde konstant über den Prognosezeitraum angenommen. Diese Werten entsprechen somit den Distanzwerte in Tabelle 6.4.6. Es wurde somit nicht versucht, diese durch die Bildungsdistanzen anzunähern, da für letztere zwar ein signifikanter Einfluss gefunden werden konnte, die Entsprechung für längerfristige Prognosen jedoch als unzureichend betrachtet wird. Durch diese Annahme resultieren keinerlei Veränderungen der Distanzen aufgrund der Populationsbewegungen; Veränderungen dieser Distanzen werden jedoch als exogene Änderungen simuliert, womit die möglichen Auswirkungen zumindest qualitativ abgeschätzt werden können. Schließlich wurden die asymmetrischen Attraktivitäten $u_i^{\alpha_s}$ ebenfalls konstant gehalten (Mittelwerte der Jahre 1989-1995). In diesem Fall heißt das, dass die Agglomerations- und Sättigungsparameter nicht verwendet wurden und somit keine selbstverstärkenden Tendenzen beziehungsweise Sättigungseffekte modelliert wurden. Das kann so interpretiert werden, dass die exogenen Präferenzparameter $\delta_i^{\alpha_s}$ über die Zeit konstant bleiben und die Agglomerations- und Sättigungsparameter keinen Einfluss haben.[1] Schließlich wurden, da größere Werte systematisch unterschätzt werden, diese mit einem Korrekturfaktor, der aus den Durchschnittswerten der empirischen und theoretischen Werte resultierte, angepasst. Alle diese Annahmen implizieren, dass die gezeigten Szenarien mit konstanten Übergangswahrscheinlichkeiten $p_{ji}^{\alpha_s}$ gerechnet werden, sofern diese nicht geändert werden. Dies impliziert jedoch nicht, dass die Übergangsraten $w_{ji}^{\alpha_s}(t)$ über die Zeit konstant bleiben, da diese von den Besetzungszahlen der Status $n_i^{\alpha_s}(t)$ abhängen.

[1] Versuche einer Einbeziehung dieser Effekte waren nicht zielführend und von einer unrealistisch schnellen Agglomeration vor allem in den Status Pension (12) gekennzeichnet. Geschlossene Pfade, die in den Schätzungen nur ungenügend berücksichtigt werden konnten, können dynamische Effekte bewirken, was einen Grund für diese rasche Agglomeration darstellt. Weiters müssen in den Szenarien zusätzlich die Ein- und Austritte berücksichtigt werden, die bei relativ geringen Eintritten ebenfalls die selbstverstärkenden Effekte in den anteilsmäßig großen Sektoren beschleunigen. Wie in den beiden letzten Szenarien zu sehen sein wird, werden die Ergebnisse relativ stark von Werten der Attraktivitäten (vor allem der anteilsmäßig großen Statusgruppen) beeinflusst. Insbesondere der Status Pension (12) ist hier zu beachten, da diese Statusgruppe anteilsmäßig den höchsten Wert aufweist, zweitens, die höchsten Attraktivitätsparameter, die durch die Agglomerationseffekte verstärkt würden, und drittens geschlossene Pfade $i \leftarrow 12$ aufweist, was die Sensitivität der Ergebnisse teilweise erklärt. Ähnliches (allerdings umgekehrt) gilt schließlich für die Statusgruppen Schule (8) und Studium (9).

Weiters müssen die Ein- und Austritte modelliert werden, die bis jetzt kaum berücksichtigt wurden (vergleiche jedoch die Ausführungen zu den empirischen Werten in Kapitel 4, Abschnitt 4.3). Im ersten Basisszenario werden für die Eintritte die durchschnittlichen absoluten Werte der Jahre 1989-1995 herangezogen. Diese Annahme wird im zweiten Basisszenario dahingehend geändert, dass die erste Komponente der Eintritte $B1$ (das sind die Eintritte der jeweils 15jährigen) mit einer konstanten Rate abnimmt. Die Austritte werden mit den durchschnittlichen gruppenspezifischen Raten der Jahre 1989-1995 angenommen. Problematisch ist dabei insbesondere für die Sterberaten, dass - aufgrund mangelnder Daten - nicht altersspezifische Raten berechnet werden konnten, was einen Einfluss auf die Gesamtzahl der Population in den jeweiligen Szenarien hat. Das bedeutet, dass die statusgruppenspezifische Veränderung der Altersverteilung nicht berücksichtigt wird. Der Schwerpunkt der Interpretation wird allerdings hauptsächlich auf den Entwicklungen der Anteile und nicht auf der Entwicklung der absoluten Anzahl an Statusverhältnissen liegen. Schließlich sollte der Aspekt, dass nicht die Anzahl an Personen sondern an Statusverhältnissen modelliert wird für den Fall, dass Vergleiche zu anderen Studien hergestellt werden, nochmals in Erinnerung gerufen werden.

Modelliert wird somit ein interdependentes Differenzengleichungssystem mit je zwölf Gleichungen für jede der beiden Subpopulationen. Eine typische Differenzengleichung kann aufgrund der oben getroffenen Annahmen somit folgendermaßen angeschrieben werden:

$$\Delta n_{i,t}^{\alpha_s} = \sum_{j}^{L} \bar{p}_{ij}^{\alpha_s} n_{j,t} - \sum_{i}^{L} \bar{p}_{ji}^{\alpha_s} n_{i,t} + B1_{i,t} + \bar{B}2_i + \bar{B}3_i - (\bar{d}1_i + \bar{d}2_i + \bar{d}3_i) n_{i,t}$$

wobei $\bar{p}_{ji}^{\alpha_s} = \bar{\nu}_0^{\alpha_s} f_{ji}^{\alpha_s} \exp^{(\bar{u}_j^{\alpha_s} - \bar{u}_i^{\alpha_s})}$ die Übergangswahrscheinlichkeiten, $\bar{B}1$, $\bar{B}2$ und $\bar{B}3$ die drei Eintrittskategorien (Eintritt mit 15, Immigration und Aufnahme eines Zweitstatus) und $\bar{d}1_i$, $\bar{d}2_i$ und $\bar{d}3_i$ die Austrittsraten der drei Kategorien (Tod, Emigration und Aufgabe eines Zweitstatus) darstellen.

7.2 Basisszenarien

7.2.1 Konstante Fertilitäts- und Mortalitätsraten

Im ersten Szenario werden zunächst - wie oben beschrieben - die Parameter konstant gehalten und die Ein- und Austrittsdynamik folgendermaßen modelliert: Die Eintritte in das System ($\bar{B}1$, $\bar{B}2$ und $\bar{B}3$) werden mit konstanten absoluten Zahlen modelliert, die den Durchschnittswerten der Periode 1989-1995 entsprechen. Die Austritte werden mit konstanten Raten modelliert, das heißt als Summe der Austritte relativ zur Besetzungszahl in der jeweiligen Statusgruppe (ebenfalls zu den Durchschnittswerten 1989-1995). Die Resultate dieses Szenario sind in Tabelle 7.2.1 zu sehen, wobei die jeweiligen Anteile der zwölf Statusgruppen, die aggregierten Anteile der unselbständig Beschäftigten (1-4), der selbständig Beschäftigten (5-7) und der Personen in Ausbildung (7 und 8) gezeigt werden. Die Spalte 0 entspricht den durchschnittlichen Anteilen der Periode 1989-1995. Die letzten drei Spalten geben die Wachstumsraten (in %) der Anteile beziehungsweise der absoluten Anzahl für die Prognosezeiträume von 0-15, 0-25 und 25-50 wider.[2] Die absolute Anzahl an Statusverhältnissen steigt in beiden Subpopulationen an, jedoch mit langfristig abnehmenden Wachstumsraten. Bei den Männern steigt die Anzahl mit einer Rate von ungefähr 0.7 % in den ersten 25 Jahren, bei den Frauen mit etwa 0.4 %. In beiden Fällen ist die Wachstumsrate in den Jahren 25-50 geringer als in der Periode 0-25. Ab ungefähr dem fünfundzwanzigsten Jahr weisen die Männer sogar absolut mehr Statusverhältnisse als die Frauen auf. Das lässt sich vor allem durch die Immigration erklären, da verhältnismäßig mehr Männer als Frauen immigrieren, wie in Kapitel 4 gezeigt wurde. Eine zweite Ursache ist, dass sich relativ mehr Frauen als Männer im Status Pension (12) sind, der die höchsten Sterberaten aufweist.

Für die Erwerbsstruktur ergeben sich folgende Tendenzen: Bei den Männern sinkt der Anteil der unselbständig Erwerbstätigen (1-4) beständig mit langfristig mehr oder weniger konstanten Raten (-0.1 %). Innerhalb dieser Gruppe weisen die Angestellten (1) positive Wachstumsraten auf. Die geringsten Wachstumsraten, das heißt die stärkste anteilsmäßige Abnahme, weisen die Beamten (4) auf, die jedoch einen relativ kleinen Anteil ausmachen. In Prozentpunkten sinkt der Anteil der Arbeiter (2) am stärksten. Hier ist jedoch wichtig zu beachten, dass die absolute Anzahl der Erwerbstätigen weiterhin ansteigt, was sich aus Addition der Wachstumsrate der Anteile und der Wachstumsrate der Subpopulation ergibt. Der Anteil der unselbständig Erwerbstätigen bei den Frauen weist im Gegensatz zu den Männern positive Zuwachsraten auf, jedoch ebenfalls mit abnehmender Tendenz. Auch hier gibt es wieder Unterschiede zwischen den Statusgruppen 1-4, wobei die Arbeiterinnen als einzige negative Werte der Wachstumsraten der Anteile aufweisen.

Abnehmende Anteile an der Gesamtanzahl der Statusverhältnisse weisen die selbständig Beschäftigten auf, wobei jedoch diese Abnahme hauptsächlich auf die Entwicklung in Gruppe 5 (Landwirtschaft) zurückzuführen ist.

[2]Die Wachstumsraten der absoluten Werte der Anzahl der jeweiligen Verhältnisse in Statusgruppe i ergeben sich aus der Summe der Wachstumsraten der Anteile und der Wachstumsrate der Subpopulation. Die Wachstumsraten wurden dabei mit $\phi_{t-T} = \frac{\ln x_T - \ln x_t}{T-t}$ berechnet.

Männer							
Status	**0**	**15**	**25**	**50**	ϕ_{0-15}	ϕ_{0-25}	ϕ_{25-50}
1	17.84	18.69	18.79	18.66	0.31	0.21	-0.03
2	22.25	21.60	21.19	20.49	-0.20	-0.20	-0.13
3	2.47	2.32	2.22	2.07	-0.40	-0.43	-0.28
4	7.38	6.60	6.44	6.45	-0.74	-0.54	0.00
1-4	49.94	49.21	48.64	47.66	-0.10	-0.11	-0.08
5	6.12	4.95	4.63	4.32	-1.41	-1.11	-0.28
6	0.60	0.69	0.74	0.81	0.97	0.83	0.34
7	4.87	5.04	5.04	4.99	0.22	0.14	-0.04
5-7	11.59	10.68	10.41	10.11	-0.54	-0.43	-0.12
8	5.01	4.51	4.28	3.96	-0.70	-0.63	-0.31
9	3.54	3.75	3.68	3.49	0.38	0.16	-0.22
8-9	8.55	8.26	7.97	7.45	-0.23	-0.28	-0.27
10	5.75	5.18	5.13	5.02	-0.70	-0.46	-0.09
11	1.51	1.37	1.34	1.32	-0.67	-0.48	-0.06
12	22.66	25.30	26.51	28.44	0.74	0.63	0.28
Gesamt	3419558	3852653	4062020	4396291	0.80	0.69	0.32

Frauen							
Status	**0**	**15**	**25**	**50**	ϕ_{0-15}	ϕ_{0-25}	ϕ_{25-50}
1	20.45	22.82	23.13	22.94	0.73	0.49	-0.03
2	10.94	10.27	9.99	9.62	-0.42	-0.36	-0.15
3	1.07	1.14	1.11	1.06	0.41	0.14	-0.19
4	3.05	3.61	3.95	4.58	1.12	1.04	0.59
1-4	35.51	37.83	38.18	38.20	0.42	0.29	0.00
5	5.82	5.36	5.18	4.94	-0.55	-0.47	-0.18
6	0.32	0.37	0.39	0.41	0.96	0.78	0.20
7	2.38	2.16	2.12	2.05	-0.65	-0.47	-0.12
5-7	8.52	7.89	7.68	7.41	-0.51	-0.41	-0.15
8	5.41	5.23	5.08	4.83	-0.22	-0.25	-0.20
9	3.09	3.80	3.91	3.88	1.39	0.94	-0.04
8-9	8.50	9.04	9.00	8.71	0.41	0.23	-0.13
10	2.60	2.67	2.65	2.59	0.17	0.08	-0.09
11	16.66	13.25	12.46	11.81	-1.53	-1.16	-0.21
12	28.20	29.32	30.03	31.29	0.26	0.25	0.16
Gesamt	3667394	3933353	4065349	4282213	0.47	0.41	0.21

Tabelle 7.2.1: Prognoserechnung: Basisszenario I

Bei den Frauen sinkt der Anteil im Status Gewerbe (7). Bemerkenswert ist der Anstieg in beiden Subpopulationen bei den Freien Berufen (6). Im Bildungsbereich zeigen sich sinkende Anteile bei den Schülern (8) und für beide Subpopulationen vorerst steigende, jedoch später fallende Anteile des Status Studium (9). Die Arbeitslosigkeit (10) weist einen fallenden Trend auf, bei den Frauen jedoch vorerst ansteigend. Einen wesentlichen Unterschied zwischen den beiden Subpopulationen gibt es im Status Haushalt (11), wo der Anteil bei den Männern fällt, die absolute Anzahl jedoch leicht ansteigt. Bei den Frauen ist die Wachstumsrate der Anteile stark negativ, sodass die absolute Anzahl in diesem Status sinkt. Die schnellste Entwicklung ist hier jedoch ebenfalls wieder in der ersten Periode (0-25) zu erwarten. Schließlich gibt es, wie zu erwarten, steigende Anteile bei den Pensionen (12). Hier ist bemerkenswert, dass die Zuwachsraten für beide Statusgruppen am zweithöchsten sind und dieser Status schon jetzt die höchsten Anteile aufweist. Bei den Männern wird nach diesen Berechnungen die Anzahl der Statusverhältnisse in Statusgruppe Pension um mehr als 600.000 Statusverhältnisse, bei den Frauen um ungefähr 250.000 ansteigen.

7.2.2 Änderungen der Fertilitätsraten

Diese Änderung des Basisszenarios I bezieht sich auf die Annahme konstanter Zutritte in das System. Diese Annahme erscheint problematisch, da die längerfristigen Bevölkerungsprognosen einen Rückgang der Eintritte aufgrund sinkender Fertilitätsraten und des Nachrückens geburtenschwacher Jahrgänge ins Elternalter prognostizieren. Die Bevölkerungsprognose des Österreichischen Statistischen Zentralamtes (ÖSTAT) geht beispielsweise von einem Rückgang der Geburtenzahlen von ungefähr -25 % bis 2050 aus (vergleiche dazu ÖSTAT-Nachrichten, Heft 11/1999). Auf Seite der Sterbefälle sind einerseits die steigende Lebenserwartung und andererseits der Alterungsprozess der Bevölkerung zu berücksichtigen. Dieser Alterungsprozess bedeutet, dass stärker besetzte Jahrgänge in höhere Altersgruppen vorrücken, was zu einem Anstieg der Sterbefälle führen dürfte. Nach Berechnung des ÖSTAT werden die Sterbefälle bis 2015 um ungefähr 7 % bis, 2050 jedoch um 46 % ansteigen.

Im nächsten Szenario wird daher von folgenden Annahmen ausgegangen: Die Eintrittsraten (B1) sinken mit 1 % jährlich. Das entspricht ungefähr der langfristigen Prognose des Rückgangs der Geburten. Da der erwartete Anstieg der Todesfälle hauptsächlich auf eine zahlenmäßige Änderung der Gruppen mit höheren Mortalitätsraten zurückzuführen ist, wird hier angenommen, dass wie bereits Basisszenario die Raten konstant bleiben.

Die Ergebnisse dieses Szenarios sind in Tabelle 7.2.2 zu sehen. Gegenüber dem Basisszenario I zeigt sich ein wesentlich geringerer Anstieg der Anzahl der Statusverhältnisse insgesamt. Hier ist jedoch bemerkenswert, dass die Anzahl ab dem dreißigsten Jahr bei den Frauen und etwas später bei den Männern zu sinken beginnt. Die wesentlichsten Unterschiede zum Basisszenario I sind bei den Gruppen Lehrlinge (3), Schule (8) und Studium (9) zu finden, deren Anteile in beiden Subpopulationen stärker zurückgeht. Aber auch die beiden Erwerbsbereiche (1-4 und 5-7) weisen langfristig kleinere Anteile auf. Bemerkenswert ist hier wieder, dass bei den Frauen in der Periode 0-25 der Anteil der unselbständig Erwerbstätigen zuerst ansteigt, dann aber konstant bleibt, beziehungsweise leicht abnimmt. Weiter bemerkenswert sind die relativ hohen Wachstumsraten der Frauen im Status Beamte (4). Größere Unterschiede gegenüber dem Basisszenario I gibt es beim Status Pension (12), der wesentlich stärker ansteigt, und bei den Frauen im Status Haushalt (11), wo die Anteile zwar etwas weniger, aber weiterhin stark schrumpfen.

Die Szenarien, die anschließend gezeigt werden, sind mit den Annahmen des Basisszenarios II (betreffend der Ein- und Austritte) gerechnet und werden im Vergleich zu diesem diskutiert werden.

7.3 Migrationsszenarien

Wie schon mehrmals erwähnt wurde, hängt die Entwicklung der Anzahl der Personen und der Bevölkerungsstrukturen auch von den Migrationsbewegungen ab. Tatsächlich wird bei einer sehr geringen Migration ein baldiger Rückgang der absoluten Bevölkerungszahl erwartet. Weiters würde eine geringe Migration das Problem der Überalterung verschärfen beziehungsweise die Altersquote (oder allgemein die demographischen Belastungsquoten) ansteigen lassen. In verschiedenen Studien wird mittelfristig Arbeitskräftemangel ab ungefähr 2020 bis 2030 prognostiziert, der auch durch höhere Immigrationsraten verhindert werden kann.

In den bisherigen Szenarien wurde die Migration als konstant (durchschnittliche Anzahl der Jahre 1989-1995) angenommen. Die Migration kann jedoch über die Zeit aufgrund verschiedenster Faktoren relativ stark schwanken. Um diese Migrationseffekte abschätzen zu können, werden daher im Folgenden drei Migrationsszenarien gezeigt, wobei die ersten beiden Szenarien längerfristige Trends modellieren, und das dritte Szenario die Auswirkungen eines Immigrationsschocks testet. Bei diesen Szenarien ist zu beachten, dass dabei nicht berücksichtigt wird, dass Migration die Übergangswahrscheinlichkeiten einerseits aufgrund unterschiedlichen Verhaltens von Immigranten und inländischen Personen und andererseits aufgrund der Änderungen der Alters-

Männer							
Status	**0**	**15**	**25**	**50**	ϕ_{0-15}	ϕ_{0-25}	ϕ_{25-50}
1	17.84	18.75	18.85	18.54	0.33	0.22	-0.07
2	22.25	21.55	21.02	19.99	-0.21	-0.23	-0.20
3	2.47	2.14	1.92	1.56	-0.95	-1.01	-0.83
4	7.38	6.69	6.63	6.86	-0.66	-0.43	0.14
1-4	49.94	49.13	48.41	46.95	-0.11	-0.12	-0.12
5	6.12	4.98	4.67	4.39	-1.38	-1.08	-0.25
6	0.60	0.70	0.76	0.84	1.05	0.93	0.44
7	4.87	5.08	5.13	5.19	0.28	0.21	0.04
5-7	11.59	10.76	10.56	10.43	-0.50	-0.37	-0.05
8	5.01	4.20	3.73	2.95	-1.18	-1.18	-0.93
9	3.54	3.73	3.62	3.31	0.35	0.09	-0.37
8-9	8.55	7.93	7.35	6.26	-0.50	-0.60	-0.64
10	5.75	5.19	5.13	4.96	-0.69	-0.46	-0.13
11	1.51	1.37	1.35	1.33	-0.63	-0.44	-0.05
12	22.66	25.62	27.20	30.07	0.82	0.73	0.40
Gesamt	3419558	3796490	3920495	3942284	0.70	0.55	0.02

Frauen							
Status	**0**	**15**	**25**	**50**	ϕ_{0-15}	ϕ_{0-25}	ϕ_{25-50}
1	20.45	22.84	23.08	22.56	0.74	0.48	-0.09
2	10.94	10.21	9.87	9.35	-0.46	-0.41	-0.22
3	1.07	1.06	0.97	0.80	-0.09	-0.41	-0.73
4	3.05	3.65	4.05	4.84	1.19	1.13	0.72
1-4	35.51	37.75	37.96	37.55	0.41	0.27	-0.04
5	5.82	5.38	5.21	4.99	-0.53	-0.44	-0.17
6	0.32	0.37	0.39	0.42	1.01	0.84	0.23
7	2.38	2.17	2.13	2.08	-0.63	-0.45	-0.10
5-7	8.52	7.92	7.73	7.48	-0.49	-0.39	-0.13
8	5.41	4.87	4.41	3.57	-0.71	-0.82	-0.85
9	3.09	3.78	3.83	3.61	1.35	0.85	-0.23
8-9	8.50	8.65	8.24	7.18	0.11	-0.13	-0.55
10	2.60	2.66	2.62	2.51	0.14	0.03	-0.17
11	16.66	13.37	12.69	12.24	-1.46	-1.09	-0.15
12	28.20	29.66	30.76	33.04	0.34	0.35	0.29
Gesamt	3667394	3880454	3931884	3851717	0.38	0.28	-0.08

Tabelle 7.2.2: Prognoserechnung: Sinkende Eintrittsraten (Basisszenario II)

und Bildungsstruktur ändern könnte. Diese Annahme impliziert, dass sich das Verhalten von immigrierten Personen in ihrem Wechselverhalten nicht von den inländischen Personen unterscheiden. Da hier langfristige Prognosen im Vordergrund stehen, scheint diese Annahme gerechtfertigt, da verschiedene Studien zeigen, dass sich die Verhaltensweisen schon nach relativ kurzer Zeit anpassen. Ein Problem dieser Annahmen ist, dass es bei dieser Spezifikation zu keiner Änderung der Alters- oder Bildungsstruktur kommt. Modelltechnisch ausgedrückt bedeutet das, dass die Distanzmatrix $f_{ji}^{a_s}$ konstant bleibt. Hier sind somit sowohl daten- als auch modellierungsmäßig weitere Studien notwendig.

7.3.1 Nullimmigration

Das erste Szenario geht davon aus, dass es einen sofortigen Migrationsstop gibt und ab sofort keine weitere Immigration mehr zugelassen wird. Die Werte für dieses Szenario sind in Tabelle 7.3.3 zu finden. Im Vergleich zum Basisszenario II gibt es einen Anstieg des langfristigen Anteils der Pensionisten (12) um etwa 2-2.5 Prozentpunkte, der hauptsächlich auf eine höhere Wachstumsrate in der Periode 0-25 zurückgeführt werden kann. Weiters zeigt sich ein leicht stärkerer Rückgang der Anteile in Status Arbeitslosigkeit (10), wobei jedoch zu beachten ist, dass dieser stärkere Rückgang nicht durch höhere Beschäftigung erreicht wird, sondern durch den Anstieg der Anteile in Nicht-Erwerbsbereiche (insbesondere Status Pension). Bei den Frauen zeigt sich ein wesentlich stärkerer Rückgang des Anteils in Hausarbeit (11). Der Anteil der Arbeiter (2) geht für beide Subpopulationen ebenfalls zurück. In diesem Szenario sinkt die Anzahl der Statusverhältnisse absolut, bei den Männern um beinahe 11 % und bei den Frauen sogar um 16 %.

7.3.2 Verstärkte Immigration

Das zweite Migrationsszenario geht davon aus, dass die Immigration ansteigt und einen Wert erreicht, der doppelt so hoch ist, wie die bisher verwendeten Durchschnittswerte. Hier zeigt sich zunächst ein wesentlich stärkerer Anstieg der Gesamtanzahl der Statusverhältnisse. Verschiebungen in den Anteilen ergeben sich wiederum hauptsächlich in den anteilsmäßig großen Statusgruppen, wobei die augenscheinlichsten langfristigen Entwicklungen ein höherer Anteil der Arbeiter (2) und ein geringerer Anteil im Status Pension (12) sind. In Status Arbeiter (2) gibt es bei den Männern sogar einen Anstieg der Anteile. Im Erwerbsbereich (Statusgruppen 1-4) bleibt der Anteil bei den Männern beinahe konstant.

Männer							
Status	**0**	**15**	**25**	**50**	ϕ_{0-15}	ϕ_{0-25}	ϕ_{25-50}
1	17.84	18.86	18.84	18.36	0.37	0.22	-0.10
2	22.25	19.70	18.74	17.39	-0.81	-0.69	-0.30
3	2.47	2.28	2.12	1.84	-0.55	-0.62	-0.55
4	7.38	7.23	7.33	7.68	-0.13	-0.03	0.19
1-4	49.94	48.07	47.02	45.28	-0.25	-0.24	-0.15
5	6.12	4.78	4.40	4.08	-1.65	-1.32	-0.30
6	0.60	0.74	0.80	0.91	1.36	1.16	0.50
7	4.87	5.07	5.12	5.22	0.26	0.20	0.08
5-7	11.59	10.58	10.32	10.21	-0.61	-0.46	-0.04
8	5.01	4.36	4.03	3.47	-0.92	-0.87	-0.60
9	3.54	3.62	3.57	3.44	0.16	0.03	-0.14
8-9	8.55	7.99	7.61	6.91	-0.46	-0.47	-0.38
10	5.75	4.87	4.73	4.49	-1.10	-0.78	-0.20
11	1.51	1.35	1.30	1.25	-0.76	-0.59	-0.17
12	22.66	27.15	29.03	31.85	1.20	0.99	0.37
Gesamt	3419558	3443987	3375461	3057406	0.05	-0.05	-0.40

Frauen							
Status	**0**	**15**	**25**	**50**	ϕ_{0-15}	ϕ_{0-25}	ϕ_{25-50}
1	20.45	23.06	23.22	22.53	0.80	0.51	-0.12
2	10.94	9.44	8.95	8.30	-0.98	-0.80	-0.30
3	1.07	1.10	1.04	0.92	0.18	-0.13	-0.48
4	3.05	3.88	4.39	5.37	1.60	1.46	0.80
1-4	35.51	37.48	37.60	37.12	0.36	0.23	-0.05
5	5.82	5.42	5.23	4.99	-0.48	-0.43	-0.19
6	0.32	0.38	0.41	0.43	1.18	0.95	0.25
7	2.38	2.09	2.05	2.03	-0.86	-0.59	-0.04
5-7	8.52	7.89	7.69	7.46	-0.51	-0.41	-0.12
8	5.41	5.07	4.77	4.17	-0.44	-0.51	-0.53
9	3.09	3.65	3.74	3.70	1.11	0.76	-0.04
8-9	8.50	8.72	8.51	7.88	0.17	0.00	-0.31
10	2.60	2.57	2.52	2.40	-0.07	-0.12	-0.20
11	16.66	12.12	10.94	9.85	-2.12	-1.68	-0.42
12	28.20	31.22	32.74	35.29	0.68	0.60	0.30
Gesamt	3667394	3586893	3474853	3095392	-0.15	-0.22	-0.46

Tabelle 7.3.3: Szenario: Nullimmigration

Männer							
Status	**0**	**15**	**25**	**50**	ϕ_{0-15}	ϕ_{0-25}	ϕ_{25-50}
1	17.84	18.65	18.85	18.65	0.30	0.22	-0.04
2	22.25	23.10	22.74	21.64	0.25	0.09	-0.20
3	2.47	2.03	1.77	1.38	-1.30	-1.32	-1.01
4	7.38	6.24	6.09	6.35	-1.12	-0.77	0.16
1-4	49.94	50.02	49.46	48.01	0.01	-0.04	-0.12
5	6.12	5.15	4.88	4.59	-1.16	-0.91	-0.24
6	0.60	0.67	0.72	0.80	0.78	0.74	0.43
7	4.87	5.09	5.14	5.17	0.30	0.22	0.02
5-7	11.59	10.91	10.74	10.56	-0.40	-0.30	-0.07
8	5.01	4.06	3.50	2.63	-1.40	-1.44	-1.15
9	3.54	3.82	3.66	3.22	0.51	0.14	-0.52
8-9	8.55	7.88	7.16	5.85	-0.54	-0.71	-0.81
10	5.75	5.45	5.42	5.26	-0.36	-0.23	-0.12
11	1.51	1.40	1.39	1.39	-0.53	-0.33	-0.01
12	22.66	24.35	25.82	28.94	0.48	0.52	0.46
Gesamt	3419558	4148994	4465526	4827159	1.29	1.07	0.31

Frauen							
Status	**0**	**15**	**25**	**50**	ϕ_{0-15}	ϕ_{0-25}	ϕ_{25-50}
1	20.45	22.64	22.97	22.57	0.68	0.47	-0.07
2	10.94	10.87	10.59	10.05	-0.04	-0.13	-0.21
3	1.07	1.02	0.91	0.73	-0.33	-0.65	-0.90
4	3.05	3.45	3.78	4.49	0.82	0.86	0.69
1-4	35.51	37.98	38.25	37.84	0.45	0.30	-0.04
5	5.82	5.34	5.19	4.98	-0.57	-0.46	-0.16
6	0.32	0.36	0.39	0.41	0.87	0.74	0.22
7	2.38	2.23	2.19	2.10	-0.44	-0.34	-0.15
5-7	8.52	7.94	7.76	7.50	-0.47	-0.37	-0.14
8	5.41	4.69	4.13	3.16	-0.95	-1.08	-1.07
9	3.09	3.89	3.89	3.55	1.54	0.93	-0.37
8-9	8.50	8.59	8.03	6.71	0.07	-0.23	-0.72
10	2.60	2.73	2.70	2.59	0.32	0.15	-0.17
11	16.66	14.46	14.07	13.84	-0.95	-0.68	-0.07
12	28.20	28.31	29.19	31.53	0.03	0.14	0.31
Gesamt	3667394	4174014	4388914	4608042	0.86	0.72	0.19

Tabelle 7.3.4: Szenario: Doppelte Immigrationsraten

7.3.3 Immigrationsschock

Im dritten Migrationsszenario wird eine temporäre schockartige Zunahme der Immigration im ersten Jahr angenommen, wobei die Struktur der Immigration der durchschnittlichen Struktur der Periode 1989-1995 entspricht. Die explizite Annahme in diesem Szenario ist eine Verfünffachung der Durchschnittswerte der Immigration im ersten Jahr, wobei für die weiteren Jahren die üblichen Durchschnittswerte der Immigration genommen wurden. Diese Annahme ist insofern als extrem zu bezeichnen, da dieser Wert den Spitzenwert der Immigration im Jahr 1990 um das Vierfache übersteigt. Tabelle 7.3.5 zeigt die längerfristigen Auswirkungen eines derartigen Immigrationsschubes. Die wichtigste Folgerung aus diesem Szenario ist, dass sich durch einen derartigen Migrationsschub langfristig (t=50) so gut wie keine Auswirkungen auf die Struktur der Gesellschaft ergeben. Die dynamischsten Effekte zeigen sich in den ersten 15 Jahren, die sich in höheren (absoluten) Wachstumsraten ausdrücken. Die Wachstumsraten in der Periode 0-25 sind beinahe gleich. Die Schlussfolgerung daraus ist, dass eine hohe Absorptionsfähigkeit auch bei schockartigen Entwicklungen gegeben ist und somit keine langfristigen Auswirkungen zu erwarten sind. Dabei ist zu berücksichtigen, dass keinerlei Effekte der Immigration auf die Übergangswahrscheinlichkeiten modelliert wurden.

7.4 Arbeitsnachfrageschock

Die Dynamik der Struktur ist ebenfalls von der wirtschaftlichen Entwicklung und der damit verbundenen Arbeitsnachfrage abhängig. Dabei sind nicht nur konjunkturelle Entwicklungen sondern auch langfristige Entwicklungen der Technologie und Wirtschaftsstruktur wichtig. In den nächsten beiden Szenarien werden die Auswirkungen eines Arbeitsnachfrageschocks modelliert. Daran anschließend werden längerfristige Änderungen der wirtschaftlichen Dynamik analysiert.

7.4.1 Negativer Nachfrageschock

Im ersten dieser Szenarien wird ein negativer Arbeitsnachfrageschock modelliert. Die spezifische Annahme dabei ist, dass die Arbeitsnachfrage bei den Angestellten um jeweils 5 % und bei den Arbeitern um 10 % im ersten Jahr ($t = 0$) sinkt. Jeweils ein Drittel der freigesetzten Personen wandert in den Status Pension (12); die restlichen zwei Drittel wandern in den Status Arbeitslosigkeit (10). Auch diese Annahme ist wieder in ihrer Größenordnung als extrem zu klassifizieren, bedeutet sie doch, dass bei den Männern ungefähr

Männer							
Status	**0**	**15**	**25**	**50**	ϕ_{0-15}	ϕ_{0-25}	ϕ_{25-50}
1	17.63	18.81	18.89	18.52	0.43	0.28	-0.08
2	23.27	21.78	21.06	19.93	-0.44	-0.40	-0.22
3	2.41	2.10	1.89	1.54	-0.92	-0.98	-0.81
4	7.12	6.59	6.59	6.89	-0.51	-0.31	0.18
1-4	50.43	49.28	48.44	46.89	-0.15	-0.16	-0.13
5	6.20	5.00	4.67	4.38	-1.44	-1.13	-0.26
6	0.58	0.70	0.76	0.85	1.24	1.06	0.45
7	4.88	5.09	5.13	5.18	0.28	0.20	0.04
5-7	11.66	10.78	10.56	10.40	-0.52	-0.40	-0.06
8	5.02	4.10	3.65	2.92	-1.34	-1.27	-0.90
9	3.65	3.71	3.58	3.27	0.12	-0.07	-0.36
8-9	8.67	7.82	7.24	6.19	-0.69	-0.72	-0.63
10	5.91	5.23	5.14	4.95	-0.82	-0.56	-0.15
11	1.50	1.38	1.36	1.34	-0.53	-0.39	-0.08
12	21.84	25.50	27.26	30.24	1.03	0.89	0.41
Gesamt	3547663	900652	4007197	3992221	0.63	0.49	-0.01

Frauen							
Status	**0**	**15**	**25**	**50**	ϕ_{0-15}	ϕ_{0-25}	ϕ_{25-50}
1	20.20	22.89	23.12	22.54	0.83	0.54	-0.10
2	11.43	10.28	9.88	9.32	-0.71	-0.58	-0.23
3	1.06	1.04	0.95	0.80	-0.14	-0.43	-0.71
4	2.96	3.61	4.04	4.86	1.32	1.24	0.74
1-4	35.65	37.82	37.99	37.52	0.39	0.25	-0.05
5	5.78	5.37	5.21	4.98	-0.48	-0.42	-0.18
6	0.32	0.37	0.39	0.42	1.01	0.84	0.22
7	2.43	2.17	2.12	2.07	-0.76	-0.54	-0.10
5-7	8.53	7.92	7.72	7.47	-0.50	-0.40	-0.13
8	5.40	4.77	4.33	3.53	-0.82	-0.88	-0.83
9	3.20	3.78	3.79	3.58	1.10	0.68	-0.24
8-9	8.60	8.55	8.13	7.10	-0.04	-0.23	-0.54
10	2.63	2.67	2.62	2.51	0.09	-0.01	-0.18
11	17.18	13.59	12.80	12.25	-1.56	-1.18	-0.18
12	27.42	29.46	30.74	33.16	0.48	0.46	0.30
Gesamt	3773469	3968168	4006346	3897223	0.34	0.24	-0.11

Tabelle 7.3.5: Szenario: Migrationsschub

30.000 Angestellte und 75.000 Arbeiter, bei den Frauen 37.500 Angestellte und etwa 40.000 Arbeiterinnen freigesetzt werden. Davon wandern 70.000 Männer und 50.000 Frauen in den Status Arbeitslosigkeit. Das Szenario zeigt demnach, wie das System auf starke Schocks (Variation in den Anfangsbedingungen) reagiert, beziehungsweise inwieweit die langfristigen Trends von Variationen in den Anfangsbedingungen abhängen. Dabei ist zu beachten, dass in den Szenarien weiterhin die Übergangswahrscheinlichkeiten $\bar{p}_{ji}^{\alpha_s}$ konstant gehalten werden, was bei derartigen Schocks nicht unbedingt der Fall sein muss und dass der Schock nur im ersten Jahr auftritt und nicht mehrere Zeitperioden dauert. Tabelle 7.4.6 zeigt die Ergebnisse dieses negativen Arbeitsnachfrageschocks. Dieser Schock führt einerseits zu einem wesentlichen Anstieg der Arbeitslosigkeit, der allerdings über die Zeit wieder abklingt. Langfristig gesehen kommt es wieder zu einer sehr ähnlichen Struktur wie im Basisszenario II. Auch die temporären Entwicklungen sind interessant: So gibt es bei den Arbeitern (2) zwar einen Rückgang auf ungefähr den gleichen Anteil wie im Basisszenario, der jedoch in diesem Szenario wesentlich langsamer verläuft, andererseits verläuft der Anstieg bei den Angestellten schneller. Der Anteil am Status Pension (12) ist langfristig ebenfalls höher, was auf den höheren Anfangswert und auf eine höhere Wachstumsrate zurückzuführen ist.

7.4.2 Positiver Nachfrageschock

Der Arbeitsnachfrageschock kann aber auch in die andere Richtung gehen, das heißt zu einer Steigerung der Arbeitskräftenachfrage führen. Im nächsten Szenario wurde daher angenommen, dass die Nachfrage bei den Angestellten (1) in beiden Subpopulationen um 5 % und bei den Arbeiter (2) um 2.5 % ansteigt. Die zusätzliche Nachfrage wird zur Gänze aus dem Pool der arbeitslosen Personen (10) gedeckt. Tabelle 7.4.7 zeigt die langfristigen Auswirkungen eines derartigen positiven Nachfrageschocks. Auch bei diesem positiven Schock zeigen sich keine wesentlichen langfristigen Auswirkungen betreffend die Struktur und nur geringfügige Änderungen betreffend dem Niveau gegenüber Basisszenario II. Vor allem ist der langfristige Anteil der Arbeitslosigkeit langfristig kaum unterschiedlich zum Basisszenario II.

Insgesamt zeigen diese beiden Szenarien zweierlei: Modelltechnisch zeigt sich, dass die langfristigen Prognosen nicht sensibel von Änderungen in den Anfangsbedingungen abhängen, was teilweise von der Annahme konstanter dynamischer Attraktivitäten abhängt. Zweitens ist bemerkenswert, dass das System - ähnlich wie bei den modellierten Migrationsschocks - schockartige Veränderungen relativ schnell absorbiert.

Männer							
Status	**0**	**15**	**25**	**50**	ϕ_{0-15}	ϕ_{0-25}	ϕ_{25-50}
1	16.95	18.39	18.54	18.26	0.54	0.36	-0.06
2	20.02	21.10	20.68	19.70	0.35	0.13	-0.19
3	2.47	2.14	1.92	1.55	-0.95	-1.02	-0.85
4	7.38	6.61	6.53	6.74	-0.73	-0.49	0.13
1-4	46.82	48.24	47.67	46.26	0.20	0.07	-0.12
5	6.12	4.98	4.66	4.36	-1.37	-1.09	-0.27
6	0.60	0.70	0.75	0.83	1.02	0.90	0.42
7	4.87	5.07	5.10	5.14	0.26	0.18	0.03
5-7	11.59	10.75	10.51	10.33	-0.50	-0.39	-0.07
8	5.01	4.19	3.72	2.93	-1.19	-1.19	-0.95
9	3.54	3.73	3.61	3.28	0.35	0.08	-0.39
8-9	8.55	7.92	7.33	6.21	-0.51	-0.61	-0.66
10	7.83	5.20	5.14	4.98	-2.73	-1.69	-0.12
11	1.51	1.38	1.35	1.32	-0.60	-0.45	-0.07
12	23.70	26.50	28.00	30.90	0.75	0.67	0.39
Gesamt	3419558	3801228	3932279	3972486	0.71	0.56	0.04

Frauen							
Status	**0**	**15**	**25**	**50**	ϕ_{0-15}	ϕ_{0-25}	ϕ_{25-50}
1	16.95	22.46	22.80	22.33	1.88	1.19	-0.08
2	9.85	10.06	9.76	9.25	0.14	-0.04	-0.21
3	1.07	1.06	0.97	0.80	-0.09	-0.41	-0.74
4	3.05	3.60	3.99	4.78	1.11	1.08	0.72
1-4	30.92	37.18	37.51	37.16	1.23	0.77	-0.04
5	5.82	5.38	5.20	4.96	-0.52	-0.45	-0.18
6	0.32	0.37	0.39	0.41	1.01	0.82	0.22
7	2.38	2.17	2.12	2.07	-0.63	-0.46	-0.10
5-7	8.52	7.92	7.71	7.45	-0.49	-0.40	-0.14
8	5.41	4.86	4.40	3.55	-0.71	-0.82	-0.86
9	3.09	3.78	3.82	3.59	1.34	0.85	-0.24
8-9	8.50	8.64	8.22	7.14	0.11	-0.13	-0.56
10	4.01	2.67	2.65	2.54	-2.70	-1.66	-0.17
11	16.66	13.34	12.63	12.16	-1.48	-1.11	-0.15
12	28.91	30.24	31.27	33.54	0.30	0.31	0.28
Gesamt	3667394	3883742	3939525	3869914	0.38	0.29	-0.07

Tabelle 7.4.6: Szenario: Arbeitsnachfrageschock I

Männer							
Status	**0**	**15**	**25**	**50**	ϕ_{0-15}	ϕ_{0-25}	ϕ_{25-50}
1	18.74	18.95	18.96	18.60	0.08	0.05	-0.08
2	22.80	21.49	20.97	19.96	-0.39	-0.33	-0.20
3	2.47	2.14	1.92	1.56	-0.96	-1.01	-0.83
4	7.38	6.74	6.68	6.91	-0.60	-0.40	0.14
1-4	51.39	49.33	48.54	47.03	-0.27	-0.23	-0.13
5	6.12	4.96	4.66	4.40	-1.40	-1.09	-0.24
6	0.60	0.70	0.76	0.85	1.07	0.94	0.44
7	4.87	5.07	5.13	5.19	0.27	0.21	0.05
5-7	11.59	10.74	10.56	10.43	-0.51	-0.37	-0.05
8	2.01	4.20	3.74	2.97	4.91	2.48	-0.92
9	3.54	3.74	3.63	3.32	0.36	0.10	-0.36
8-9	5.55	7.94	7.37	6.29	2.38	1.13	-0.64
10	4.30	5.08	5.02	4.86	1.11	0.62	-0.13
11	1.51	1.36	1.34	1.33	-0.70	-0.46	-0.05
12	22.66	25.56	27.17	30.06	0.80	0.73	0.40
Gesamt	3419558	3791942	3911651	3924772	0.69	0.54	0.01

Frauen							
Status	**0**	**15**	**25**	**50**	ϕ_{0-15}	ϕ_{0-25}	ϕ_{25-50}
1	21.48	23.07	23.21	22.62	0.48	0.31	-0.10
2	11.21	10.16	9.83	9.31	-0.66	-0.53	-0.21
3	1.07	1.05	0.97	0.81	-0.11	-0.41	-0.72
4	3.05	3.69	4.10	4.90	1.27	1.18	0.71
1-4	36.81	37.97	38.10	37.64	0.21	0.14	-0.05
5	5.82	5.36	5.20	4.99	-0.55	-0.45	-0.16
6	0.32	0.37	0.39	0.42	1.00	0.84	0.23
7	2.38	2.16	2.12	2.08	-0.66	-0.46	-0.09
5-7	8.52	7.89	7.72	7.49	-0.51	-0.40	-0.12
8	5.41	4.88	4.44	3.61	-0.68	-0.79	-0.83
9	3.09	3.79	3.85	3.65	1.37	0.88	-0.21
8-9	8.50	8.68	8.29	7.26	0.14	-0.10	-0.53
10	1.30	2.52	2.48	2.37	4.40	2.59	-0.18
11	16.66	13.32	12.65	12.21	-1.49	-1.10	-0.14
12	28.20	29.62	30.76	33.03	0.33	0.35	0.29
Gesamt	3667394	3865536	3905869	3806130	0.35	0.25	-0.10

Tabelle 7.4.7: Szenario: Arbeitsnachfrageschock II

7.5 Einfluss der wirtschaftlichen Dynamik

Die nächsten beiden Szenarien zeigen den Einfluss einer längerfristigen Änderung der wirtschaftlichen Dynamik. Nachdem in den vorhergehenden Szenarien mit den Durchschnittswerten der jeweiligen Parameter $\bar{\nu}_0$ und $\bar{u}_i$ gerechnet wurde, wird im Szenario, das in Tabelle 7.5.8 zu sehen ist, mit den Werten des Jahres 1993 gerechnet. Das Jahr 1993 war mit einer BIP-Wachstumsrate von nur 0.5 % das Jahr mit der geringsten wirtschaftlichen Dynamik. In diesem Szenario wird folglich eine langfristige Verlangsamung der wirtschaftlichen Entwicklung untersucht. Demgegenüber werden in Tabelle 7.5.9 die Parameterwerte des Jahres mit dem höchsten BIP-Wachstum (1990) angenommen. Dieses Jahr wies eine Wachstumsrate von 4.7 % auf. Während im Basisszenario II (Tabelle 7.2.1) der Anteil der unselbständig Erwerbstätigen bei den Männern leicht gesunken ist und nur aufgrund der Abnahme bei den Arbeitern (2), sinkt im Szenario mit der geringen wirtschaftlichen Dynamik der Anteil in allen vier Gruppen der unselbständig Beschäftigten, jedoch am stärksten wiederum in der Gruppe der Arbeiter (2). Insgesamt geht der Anteil der unselbständig Beschäftigten auf fast 40 % gegenüber 47 % im Basisszenario zurück. Bei den Frauen steigt der Anteil der unselbständig Beschäftigten vorerst leicht an, sinkt aber in der zweiten Periode wiederum, sodass das Niveau der Anteile langfristig konstant bleibt. Zuwächse verzeichnen die Anteile bei den Angestellten (1) und den Beamten (4), Rückgänge gibt es bei den Arbeiterinnen (2) und den Lehrlingen (3). In allen Gruppen sind jedoch die Veränderungen geringer als im Basisszenario II.

Im Szenario mit stärkerer wirtschaftlicher Dynamik steigt der Anteil der unselbständig Beschäftigten auf mehr als 50 % bei den Männern und mehr als 40 % bei den Frauen. Bei den Männern steigt dabei der Anteil der Arbeiter in der ersten Periode ebenfalls an; bei den Frauen sind die Zuwächse bei den Angestellten (1) größer, jedoch ist bei den Arbeiterinnen die Wachstumsrate ungefähr gleich wie im Szenario mit geringer wirtschaftlicher Dynamik.

Bei den selbständig Beschäftigten zeigt sich, dass die Abnahme in der Landwirtschaft bei den Männern um so größer ist, je stärker die wirtschaftliche Dynamik ist. Bei den Frauen ist das umgekehrt: die stärksten Abnahmen sind im Szenario mit geringer wirtschaftlicher Dynamik zu verzeichnen. Für den Status Gewerbe (7) ergibt sich, dass die Anteile im Szenario mit der geringeren Wirtschaftsdynamik bei den Männern stärker wachsen. Bei den Frauen sinkt der Anteil in dieser Statusgruppe jedoch stärker im Szenario mit starker Dynamik. Insgesamt sinkt der Anteil der selbständig Beschäftigten bei den Männern stärker im Szenario mit höherer wirtschaftlicher Dynamik. Das lässt sich auf einen verstärkten Rückgang in der Statusgruppe Landwirtschaft (5) und auf einen geringeren Anstieg der Anteile in der Statusgruppe

Männer							
Status	**0**	**15**	**25**	**50**	ϕ_{0-15}	ϕ_{0-25}	ϕ_{25-50}
1	17.84	17.18	16.86	16.23	-0.25	-0.23	-0.15
2	22.25	18.99	18.03	16.84	-1.05	-0.84	-0.27
3	2.47	2.42	2.19	1.81	-0.14	-0.48	-0.77
4	7.38	6.45	6.23	6.13	-0.90	-0.68	-0.06
1-4	49.94	45.04	43.32	41.01	-0.69	-0.57	-0.22
5	6.12	4.66	4.31	4.04	-1.81	-1.40	-0.26
6	0.60	0.74	0.82	0.94	1.41	1.23	0.55
7	4.87	5.57	5.72	5.86	0.89	0.64	0.10
5-7	11.59	10.97	10.85	10.84	-0.36	-0.26	0.00
8	5.01	4.54	4.12	3.36	-0.65	-0.78	-0.82
9	3.54	4.16	4.22	4.06	1.08	0.71	-0.16
8-9	8.55	8.71	8.34	7.42	0.12	-0.10	-0.47
10	5.75	4.91	4.73	4.49	-1.06	-0.78	-0.21
11	1.51	1.91	2.00	2.07	1.57	1.13	0.13
12	22.66	28.46	30.76	34.17	1.52	1.22	0.42
Gesamt	3419558	3762659	3844666	3767263	0.64	0.47	-0.08

Frauen							
Status	**0**	**15**	**25**	**50**	ϕ_{0-15}	ϕ_{0-25}	ϕ_{25-50}
1	20.45	21.45	21.46	20.85	0.32	0.19	-0.11
2	10.94	10.58	10.23	9.67	-0.22	-0.27	-0.23
3	1.07	1.04	0.96	0.80	-0.21	-0.45	-0.70
4	3.05	3.41	3.67	4.19	0.75	0.74	0.53
1-4	35.51	36.48	36.32	35.51	0.18	0.09	-0.09
5	5.82	4.61	4.25	3.88	-1.55	-1.26	-0.37
6	0.32	0.33	0.34	0.35	0.15	0.19	0.13
7	2.38	1.83	1.76	1.71	-1.74	-1.20	-0.12
5-7	8.52	6.77	6.35	5.94	-1.53	-1.18	-0.27
8	5.41	5.36	4.95	4.08	-0.06	-0.35	-0.77
9	3.09	4.01	4.19	4.13	1.73	1.22	-0.06
8-9	8.50	9.37	9.14	8.21	0.65	0.29	-0.43
10	2.60	2.71	2.67	2.55	0.27	0.10	-0.18
11	16.66	13.17	12.37	11.81	-1.57	-1.19	-0.19
12	28.20	31.50	33.15	35.98	0.74	0.65	0.33
Gesamt	3667394	3867179	3900442	3772241	0.35	0.25	-0.13

Tabelle 7.5.8: Prognoserechnung: Verminderte wirtschaftliche Dynamik

Männer							
Status	**0**	**15**	**25**	**50**	ϕ_{0-15}	ϕ_{0-25}	ϕ_{25-50}
1	17.84	18.64	18.62	18.07	0.29	0.17	-0.12
2	22.25	23.66	23.44	22.42	0.41	0.21	-0.18
3	2.47	1.98	1.76	1.41	-1.47	-1.35	-0.88
4	7.38	7.87	8.35	9.52	0.43	0.49	0.52
1-4	49.94	52.15	52.17	51.43	0.29	0.17	-0.06
5	6.12	4.39	3.96	3.60	-2.22	-1.74	-0.39
6	0.60	0.70	0.74	0.80	1.00	0.84	0.32
7	4.87	5.06	5.07	5.03	0.25	0.16	-0.03
5-7	11.59	10.14	9.77	9.44	-0.89	-0.68	-0.14
8	5.01	3.42	2.96	2.30	-2.55	-2.10	-1.02
9	3.54	3.28	3.01	2.62	-0.52	-0.64	-0.56
8-9	8.55	6.69	5.98	4.91	-1.63	-1.43	-0.78
10	5.75	5.85	5.84	5.64	0.12	0.06	-0.14
11	1.51	1.28	1.25	1.21	-1.09	-0.76	-0.11
12	22.66	23.88	24.99	27.37	0.35	0.39	0.36
Gesamt	3419558	3818393	3971305	4068140	0.74	0.60	0.10

Frauen							
Status	**0**	**15**	**25**	**50**	ϕ_{0-15}	ϕ_{0-25}	ϕ_{25-50}
1	20.45	24.40	24.97	24.65	1.18	0.80	-0.05
2	10.94	10.57	10.40	10.01	-0.23	-0.20	-0.16
3	1.07	0.96	0.86	0.70	-0.76	-0.87	-0.81
4	3.05	3.96	4.56	5.78	1.74	1.61	0.94
1-4	35.51	39.89	40.79	41.13	0.78	0.55	0.03
5	5.82	4.97	4.70	4.39	-1.05	-0.86	-0.27
6	0.32	0.44	0.48	0.52	2.16	1.63	0.30
7	2.38	1.73	1.66	1.60	-2.14	-1.44	-0.15
5-7	8.52	7.14	6.84	6.51	-1.18	-0.88	-0.20
8	5.41	4.04	3.57	2.79	-1.94	-1.67	-0.99
9	3.09	2.93	2.72	2.37	-0.36	-0.51	-0.55
8-9	8.50	6.97	6.29	5.16	-1.32	-1.21	-0.79
10	2.60	3.42	3.42	3.31	1.83	1.09	-0.13
11	16.66	15.70	15.66	15.74	-0.40	-0.25	0.02
12	28.20	26.88	27.01	28.16	-0.32	-0.17	0.17
Gesamt	3667394	3910811	4003456	4034240	0.43	0.35	0.03

Tabelle 7.5.9: Prognoserechnung: Erhöhte wirtschaftliche Dynamik

Gewerbe (7) zurückführen. Bei den Frauen sinkt der Anteil der selbständig Beschäftigten im Szenario mit geringerer Dynamik stärker, was hauptsächlich durch einen stärkeren Rückgang in der Landwirtschaft verursacht wird.

Der Anteil der Statusverhältnisse in den beiden Bildungsgruppen Schule (8) und Studium (9) sinkt wesentlich rascher bei starker Dynamik als bei schwacher Dynamik, wobei die Anteile im letzteren Fall beinahe konstant bleiben. Bemerkenswert ist, dass die Anteile in der Statusgruppe Studium (9) im Falle einer geringeren wirtschaftlichen Dynamik sogar ansteigen.

Bei der Arbeitslosigkeit (10) zeigt sich ein eher unerwartetes Muster. Bei den Männern sinkt der Anteil der arbeitslosen Personen stärker im Szenario mit geringerer Dynamik, während diese im Szenario mit höherer Dynamik sogar vorerst leicht ansteigt, jedoch langfristig relativ konstant bleibt. Bei den Frauen zeigt sich ein ähnliches Muster: Die Arbeitslosigkeit steigt stärker im Szenario mit höherer Dynamik als im Szenario mit geringerer Dynamik. Ein Grund für dieses Muster ist, dass bei hoher Dynamik mehr Personen in Beschäftigungsbereiche und kurzfristige Verfügbarkeit (Arbeitslosigkeit) drängen oder sind, während bei geringer wirtschaftlicher Dynamik ein Übergang in inaktiven Bereiche wahrscheinlicher wird.

Eine ähnlich überraschende Entwicklung sieht man bei den Frauen, wo der Anteil der Statusverhältnisse in Hausarbeit (11) im Szenario mit hoher Dynamik leicht sinkt, während dieser bei geringer Dynamik relativ stark sinkt. Eine mögliche Erklärung dafür ist, dass bei höherer Dynamik weniger Frauen in den Status Pension wechseln und gleichzeitig jedoch mehr Frauen von Bildung in Erwerbstätigkeit wechseln, wodurch die vermehrte Arbeitsnachfrage gedeckt wird. Bei dieser Interpretation ist jedoch zu beachten, dass die Jahre 1989-1991 gleichzeitig auch durch hohe Immigration gekennzeichnet waren, die die Schätzungen der Attraktivitäten des Jahres 1990 durch kurzfristige Migrationseffekte verzerren können, was weiterer Analysen bedarf. Der Anteil der Männer in Hausarbeit steigt bei geringer Dynamik leicht an, während dieser bei hoher wirtschaftlicher Dynamik leicht zurückgeht.

Schließlich ist ein wesentlicher Unterschied in der Entwicklung der Anteile im Status Pension (12) zwischen den beiden Szenarien zu erkennen. Bei geringerer Dynamik steigt der Anteil in beiden Subpopulationen wesentlich stärker an als im Basisszenario II, wobei jedoch der Unterschied bei den Männern größer ist. Bei höherer Dynamik ist der Anstieg wesentlich geringer als gegenüber dem Basisszenario, wobei in diesem Fall der Unterschied bei den Frauen größer ist. In letzterem Fall zeigt sich sogar ein leichter Rückgang des Anteils der Frauen im Status Pension (12) und erst ein späterer Anstieg, sodass der Anteil langfristig sogar ungefähr konstant bleibt.

7.6 Politische Maßnahmen

Schließlich können wirtschafts-, arbeitsmarkt- und sozialpolitische Maßnahmen in einer rudimentären Weise modelliert werden. Dabei können beispielsweise eine Anhebung des Pensionseintrittsalters, eine Verlängerung der Ausbildungszeit im Bereich Schule (8) und eine Aufnahmestopp im öffentlichen Sektor (Status Beamte) in Betracht gezogen werden. Die erste Maßnahme wird verstärkt zur Absicherung des Rentensystems gefordert, wobei es hauptsächlich um die Anhebung des tatsächlichen Eintrittsalters geht. Die Auswirkungen einer solchen Maßnahme beziehungsweise die Rückwirkungen auf das gesamte System (wie zum Beispiel auf Arbeitslosigkeit) können mit diesem Modell zumindest ansatzweise simuliert werden. Bei der zweiten Maßnahme kann eine Anhebung der Ausbildungszeit ebenfalls längerfristige Effekte auf den Arbeitsmarkt haben, die simuliert werden können. In beiden Fällen kann jedoch nicht die Maßnahme direkt in das Modell übersetzt werden, sondern wird als Verringerung oder Erhöhung der Anzahl der Übergänge in beziehungsweise von einem Sektor um einen bestimmten Prozentsatz modelliert. Diese Art der Spezifikation entspricht in beiden Fällen einer Veränderung der Werte in der Distanzmatrix $f_{ji}^{\alpha_s}$.

Im Folgenden wird für die erste dieser Maßnahmen eine Simulation gezeigt, wobei eine Erschwerung des Pensionseintrittes modelliert wird.[3] Die Annahme ist, dass die Anzahl der Übertritte von jeder der anderen Statusgruppen in Status Pension um 5 % verringert wird, was über eine Erhöhung der jeweiligen Werte in den Distanzen $f_{12i}^{\alpha_s}$ spezifiziert wird. Ausgedrückt in absoluten Zahlen heißt das, dass bei den Männern und bei den Frauen insgesamt im ersten Jahr ungefähr jeweils 2300 Personen weniger in den Status Pension wechseln. Die Ergebnisse einer derartigen Maßnahme sind in Tabelle 7.6.10 zu finden. Im Vergleich um Basisszenario II zeigt diese Maßnahme die erwünschte Wirkung auf den Anteil der Personen in Status Pension, der sowohl bei den Männern als auch bei den Frauen um ungefähr 1 Prozentpunkt unterhalb dem Wert im Basisszenario liegt. Allerdings zeigt sich, dass derartige Maßnahmen zwar den Anstieg an Pensionsbeziehern vermindern, jedoch nicht wirklich verhindern können. Weiters führt diese Maßnahme zu höheren Anteilen in den Erwerbsstatusgruppen und zu leicht höheren Anteilen im Status Arbeitslosigkeit.

[3]Die jeweiligen Maßnahmen könnten dabei eine Anhebung des gesetzlichen Pensionseintrittsalters, eine Verschärfung der Frühpensionsregelung oder beispielsweise Abschläge bei der Pensionszahlung bei frühzeitiger Pension sein.

Männer							
Status	**0**	**15**	**25**	**50**	ϕ_{0-15}	ϕ_{0-25}	ϕ_{25-50}
1	17.84	18.94	19.10	18.85	0.40	0.27	-0.05
2	22.25	21.76	21.27	20.28	-0.15	-0.18	-0.19
3	2.47	2.14	1.92	1.55	-0.95	-1.01	-0.85
4	7.38	6.79	6.77	7.11	-0.56	-0.34	0.19
1-4	49.94	49.63	49.07	47.79	-0.04	-0.07	-0.11
5	6.12	5.01	4.71	4.44	-1.33	-1.05	-0.24
6	0.60	0.71	0.77	0.86	1.11	0.98	0.47
7	4.87	5.14	5.21	5.28	0.36	0.27	0.06
5-7	11.59	10.86	10.69	10.58	-0.44	-0.32	-0.04
8	5.01	4.19	3.72	2.93	-1.19	-1.20	-0.95
9	3.54	3.73	3.61	3.28	0.34	0.08	-0.39
8-9	8.55	7.92	7.33	6.21	-0.51	-0.62	-0.66
10	5.75	5.26	5.22	5.07	-0.59	-0.39	-0.12
11	1.51	1.39	1.38	1.37	-0.53	-0.36	-0.04
12	22.66	24.94	26.32	28.99	0.64	0.60	0.39
Gesamt	3419558	3802777	3935094	3978465	0.71	0.56	0.04

Frauen							
Status	**0**	**15**	**25**	**50**	ϕ_{0-15}	ϕ_{0-25}	ϕ_{25-50}
1	20.45	23.10	23.44	23.02	0.81	0.55	-0.07
2	10.94	10.34	10.02	9.52	-0.38	-0.35	-0.21
3	1.07	1.06	0.97	0.80	-0.09	-0.41	-0.75
4	3.05	3.69	4.13	5.00	1.28	1.21	0.77
1-4	35.51	38.19	38.56	38.33	0.48	0.33	-0.02
5	5.82	5.41	5.26	5.05	-0.48	-0.41	-0.16
6	0.32	0.38	0.40	0.43	1.10	0.91	0.25
7	2.38	2.20	2.17	2.12	-0.52	-0.37	-0.09
5-7	8.52	7.99	7.83	7.60	-0.43	-0.34	-0.12
8	5.41	4.86	4.40	3.54	-0.72	-0.83	-0.87
9	3.09	3.78	3.82	3.58	1.34	0.84	-0.25
8-9	8.50	8.64	8.21	7.12	0.11	-0.14	-0.57
10	2.60	2.70	2.68	2.57	0.26	0.12	-0.16
11	16.66	13.47	12.83	12.42	-1.42	-1.05	-0.13
12	28.20	29.01	29.90	31.96	0.19	0.23	0.27
Gesamt	3667394	3885725	3944320	3883335	0.39	0.29	-0.06

Tabelle 7.6.10: Szenario: Anstieg des Pensionseintrittsalters

7.7 Zusammenfassung und Schlussfolgerungen

7.7.1 Zusammenfassung der Trends

Aus diesen Szenarienanalysen lassen sich mehrere Schlussfolgerungen destillieren und die wichtige Trends ableiten. Erstens zeigt sich, dass die langfristigen Trends sehr stabil gegenüber Variationen in den Anfangswerten sind. Das bezieht sich vor allem auf die langfristige Struktur am Ende der Prognoseperiode. Wie sich zeigte, haben starke Schocks (Arbeitsangebots- und -nachfrageschocks) am Beginn der Untersuchungsperiode kaum Auswirkungen auf die längerfristige Gesellschaftsstruktur. Ein zweites Ergebnis ist, dass langfristige Änderungen der Struktur durch langfristige Maßnahmen erreicht werden können. Das wurde insbesondere am Beispiel der Immigration als auch am Beispiel des Anstieges des Pensionseintrittsalters gezeigt.

Die wesentlichsten Trend, die sich in allen Szenarien zeigen, können in folgenden Punkten zusammengefasst werden:

1. Der Anteil der unselbständig Erwerbstätigen nimmt vor allem bei den Männern aber auch bei den Frauen tendenziell ab. Diese Abnahme ist insbesondere für die Statusgruppe Arbeiter (2) ausgeprägt, wobei der Rückgang bei den Männern wesentlich stärker ist als bei den Frauen, die in dieser Statusgruppe von vornherein geringere Anteile aufweisen.

2. Bei den selbständig Beschäftigten zeigt sich ebenfalls eine leichte relative Abnahme, die jedoch auf eine Abnahme im Status Landwirtschaft (5) zurückzuführen ist. Die beiden anderen Selbständigenbereiche verzeichnen langfristig leichte Zuwächse.

3. Der Anteil der arbeitslosen Personen ist relativ konstant bei den Frauen und sinkt leicht bei den Männern.

4. Bei den Frauen ist ein relativ konstanter Anteil an Erwerbstätigkeit (unselbständig und selbständig) bei etwas weniger als 45 % zu beobachten. Bei den Männern sinkt dieser Anteil von etwas weniger als 70 % auf knapp über 60 %.

5. Der konstante Anteil der Frauen bei den Erwerbstätigen wird vor allem durch ein Sinken des Anteils der Frauen im Haushaltsbereich (11) ermöglicht.

6. Der Anteil der Personen im Pensionsstatus steigt beträchtlich an, bei den Männern auf etwa 30 % und bei den Frauen auf ungefähr 33 %.

7. Insgesamt ergibt sich somit eine relative Angleichung der Struktur zwischen Männern und Frauen, wobei jedoch in manchen Bereichen (insbesondere Haushalt) noch große (jedoch längerfristig abnehmende) Differenzen erhalten bleiben.

8. Die absolute Anzahl an Statusverhältnissen ist zuerst ansteigend, beginnt jedoch ab Mitte der Prognoseperiode zurückzugehen.

9. Diese Trends hängen auch von den wirtschaftlichen Rahmenbedingungen ab und können bei geringerer oder verstärkter Wirtschaftsdynamik weniger oder stärker ausgeprägt sein und für einzelne Statusgruppen sogar in die andere Richtung gehen.

7.7.2 Weiterführende Aspekte

Aufgrund der speziellen Annahme über die postulierten und außer bei exogener Variation konstanten Übergangswahrscheinlichkeiten müssen diese Szenarien jedoch mit entsprechender Vorsicht interpretiert werden, da sie auch die Auswirkungen von (exogenen) demographischen Änderungen widerspiegeln. Aufgrund der zur Verfügung stehenden kurzen Zeitreihen sind jedoch keine weitergehenden Schlussfolgerungen möglich. In zukünftigen Forschungen wird daher eine verstärkte Einbindung (makro-)ökonomischer Variablen als Erklärungsfaktor der hier abgeleiteten Parameter unerlässlich sein. Jedoch ist generell festzustellen, dass die hier gefolgerten Trends mit den historischen Entwicklungen der Periode 1975-1994, die in Tabelle 4.3.2 gezeigt wurden, in der Größenordnung vergleichbar sind, wobei jedoch die unterschiedliche Datenbasis berücksichtigt werden muss.

Die oben gemachten Schlussfolgerungen müssen noch in zweifacher Hinsicht eingeschränkt werden: Die erste Einschränkung ist, dass in dieser Arbeit aggregierte Trends untersucht wurden. Die viel diskutierte Frage individueller Lebenslagen und -verläufe beziehungsweise deren Veränderungen wurde hier nicht behandelt. Das bedeutet, die Problematik der 'Fragmentierung von Lebensverläufen', vermehrter temporärer und Teilzeit-Beschäftigung, oder allgemeiner die Zunahme von Risikolagen konnte hier nicht diskutiert werden obwohl manche dieser Fragen durchaus im Rahmen des hier angewandten Modells untersucht werden könnten. Die zweite Einschränkung besteht in verschiedenen Variablen oder Faktoren, die nicht weiter berücksichtigt werden konnten. So wurde in den obigen Szenarien die Auswirkungen der Entwicklung der generellen Arbeitszeit, die langfristig kontinuierlich sinkt, nicht einbezogen. Weiters musste ein demographischer Aspekt in den Szenarien außer acht gelassen werden: Die Altersverteilung innerhalb jeder Statusgruppen wurde konstant gehalten, was sich auf altersabhängige Übergänge (insbesondere in Pension) und altersspezifische Sterberaten auswirkt. Dabei scheint jedoch vor allem interessant, wie sich die Unregelmäßigkeit von Jahrgangsstärken (Kohorten) in einem derartigen Modell verhalten (vergleiche dazu Zapf, 1994). Es soll jedoch der Hinweis genügen, dass derartige Faktoren bei entsprechend besserer Datenlage und erhöhtem Modellierungsaufwand im Rahmen des hier vorgestellten komplexen und dynamischen Netzwerkansatzes untersucht werden können. Ähnlich könnten weitere Aspekte wie längerfristige Verschiebungen der Bildungsstruktur, Entwicklung der Teilzeitarbeit und der Arbeitszeit allgemein, regionale Wanderungen, etc. einbezogen werden. Damit sind auch die zukünftigen Forschungsfelder, sowohl in theoretischer als auch in empirischer Hinsicht, benannt.

Die weiteren Möglichkeiten der Modellentwicklung liegen in einer Verbesserung und Weiterentwicklung des Datensatzes, mit dem die wesentlichen Determinanten des Übergangsverhaltens besser abgeschätzt werden können, was in dieser Arbeit nicht vollständig zufriedenstellend möglich war. Dabei ist darauf zu achten, dass eine entsprechende Kompatibilität mit anderen Datensätzen besteht. Das würde beispielsweise bedeuten, ähnliche Übergangsmatrizen für Sektoren, Regionen usw. aufzubauen, für die weitere aggregierte Daten (beispielsweise der Lohn-, Arbeitsnachfrage- und Produktivitätsentwicklung) zur Verfügung stehen. Ein entsprechender Vorschlag wurde schon von Stone (1971) (vergleiche dazu die Ausführungen von Biffl, 1994) in seinem Konzept der demographischen Gesamtrechnung gemacht. Eine weitere Möglichkeit ist, einen Bezug zu sozio-ökonomischen Panelerhebungen, die Daten auf mikrosozialer Ebene bereitstellen, herzustellen. Allgemein wird dabei mehr auf die Verfügbarkeit und Kompatibilität von Mikro- und Makrofaktoren bei Anwendung dieses Modellansatzes zu achten sein. Interessant wären weiters noch international vergleichbare Daten, die Aufschluss über länderspezifische Unterschiede geben würden. Modellmäßig sind ebenfalls Verbesserungen und Erweiterungen möglich. Zum Beispiel kann zwischen horizontalen und vertikalen Übergängen unterschieden werden. Vertikale Übergänge sind dabei Übergänge von Schule in Beschäftigung oder Beschäftigung in Pension, horizontale hingegen von Beschäftigung in Arbeitslosigkeit und umgekehrt. Ein damit verbundener Ansatz ist der Aufbau eines hierarchischen Modelles, wie in Aoki (1998) theoretisch gezeigt wird.

Dieser Teil der Arbeit sollte daher - auch wenn alle angesprochenen Unzulänglichkeiten nicht beseitigt werden konnten - zumindest das Potential gezeigt haben, dass komplexe dynamische Modellierungen gesellschaftlicher Transformationsprozesse möglich sind und fruchtbringend angewandt werden können, sowohl was die theoretische Arbeit aber vor allem auch die empirische Anwendung betrifft.

Teil III

Appendix

Anhang A

Mathematischer Anhang

A.1 Die Formulierung der Attraktivitäten

A.1.1 2 Zustände und 1 homogene Population

Aus Gleichung (5.3.2) ergibt sich für den einfachen Fall zweier Zustände und einer Subpopulation die Attraktivität für die Statusgruppe i mit

$$u_i = \delta_i + \kappa \left(\frac{n_i - \bar{N}}{\bar{N}} \right) + \sigma \left(\frac{n_i^2 - \bar{N}^2}{\bar{N}^2} \right) \tag{A.1.1}$$

Für die Differenz erhält man durch Umformen

$$\begin{aligned}
u_1(n) - u_2(n) &= (\delta_1 - \delta_2) + \\
&\quad + \kappa \left(\frac{(\bar{N} + n) - (\bar{N} - n)}{\bar{N}} \right) + \\
&\quad + \sigma \left(\frac{(\bar{N} + n)^2 - (\bar{N} - n)^2}{\bar{N}^2} \right) \\
&= (\delta_1 - \delta_2) + \kappa \left(\frac{2n}{\bar{N}} \right) + \sigma \left(\frac{4n}{\bar{N}} \right) \\
&= (\delta_1 - \delta_2) + (2\kappa + 4\sigma) \frac{n}{\bar{N}} \\
&\equiv \delta_0 + \kappa_0 x \equiv v(x) \\
&\equiv \delta_0 + \tilde{\kappa}_0 n \equiv v(n)
\end{aligned} \tag{A.1.2}$$

mit $\tilde{\kappa}_0 = \frac{1}{\bar{N}}(2\kappa + 4\sigma)$. Für den umgekehrten Fall erhält man

$$\begin{aligned}
u_2(n) - u_1(n) &= -(\delta_0 + \kappa_0 x) \equiv -v(x) \\
&= -(\delta_0 + \tilde{\kappa}_0 n) \equiv -v(n)
\end{aligned}$$

A.1.2 2 Zustände und 2 Subpopulationen

Erweitert man diese Formulierung auf 2 Subpopulationen ergibt sich aus Formel (5.3.2) die Attraktivitätsdifferenz

$$\begin{aligned} u_1^{\alpha_s}(\mathbf{n}) - u_2^{\alpha_s}(\mathbf{n}) &= (\delta_1^{\alpha_s} - \delta_2^{\alpha_s}) + \\ &+\kappa^{\alpha_s}\left(\frac{n_1^{\alpha_s} - \bar{N}^{\alpha_s}}{\bar{N}^{\alpha_s}} - \frac{n_2^{\alpha_s} - \bar{N}^{\alpha_s}}{\bar{N}^{\alpha_s}}\right) + \\ &+\sigma^{\alpha_s}\left(\frac{n_1^{\alpha_s 2} - \bar{N}^{\alpha_s 2}}{\bar{N}^{\alpha_s 2}} - \frac{n_2^{\alpha_s 2} - \bar{N}^{\alpha_s 2}}{\bar{N}^{\alpha_s 2}}\right) + \\ &+\kappa^{\alpha_s\alpha_t}\left(\frac{n_1^{\alpha_t} - \bar{N}^{\alpha_t}}{\bar{N}^{\alpha_t}} - \frac{n_2^{\alpha_t} - \bar{N}^{\alpha_t}}{\bar{N}^{\alpha_t}}\right) + \\ &+\sigma^{\alpha_s\alpha_t}\left(\frac{n_1^{\alpha_t 2} - \bar{N}^{\alpha_t 2}}{\bar{N}^{\alpha_t 2}} - \frac{n_2^{\alpha_t 2} - \bar{N}^{\alpha_t 2}}{\bar{N}^{\alpha_t 2}}\right) \end{aligned} \tag{A.1.3}$$

Ersetzt man für $n_i^{\alpha_s} \equiv \bar{N} \pm n^{\alpha_s}$ ergibt sich

$$\begin{aligned} u_1^{\alpha_s}(\mathbf{n}) - u_2^{\alpha_s}(\mathbf{n}) &= \delta_0^{\alpha_s} + \kappa^{\alpha_s}\left(\frac{2n^{\alpha_s}}{\bar{N}^{\alpha_s}}\right) + \left(\frac{4n^{\alpha_s}}{\bar{N}^{\alpha_s}}\right) + \left(\frac{2n^{\alpha_t}}{\bar{N}^{\alpha_t}}\right) + \left(\frac{4n^{\alpha_t}}{\bar{N}^{\alpha_t}}\right) \\ &= \delta_0^{\alpha_s} + (2\kappa^{\alpha_s} + 4\sigma^{\alpha_s})\frac{n^{\alpha_s}}{\bar{N}^{\alpha_s}} + (2\kappa^{\alpha_s\alpha_t} + 4\sigma^{\alpha_s\alpha_t})\frac{n^{\alpha_t}}{\bar{N}^{\alpha_t}} \\ &\equiv \delta_0^{\alpha_s} + \kappa_0^{\alpha_s} x^{\alpha_s} + \mu_0^{\alpha_s\alpha_t} x^{\alpha_t} \\ &\equiv v^{\alpha_s}(\mathbf{x}) \end{aligned} \tag{A.1.4}$$

Schließlich ist $u_2^{\alpha_s} - u_1^{\alpha_s} = -v^{\alpha_s}(\mathbf{x})$. Ersetzt man mit $\tilde{\kappa}_0^{\alpha_s} = \frac{1}{\bar{N}^{\alpha_s}}(2\kappa^{\alpha_s} + 4\sigma^{\alpha_s})$ und $\tilde{\mu}_0^{\alpha_s\alpha_t} = \frac{1}{\bar{N}^{\alpha_t}}(2\kappa^{\alpha_s\alpha_t} + 4\sigma^{\alpha_s\alpha_t})$ ergeben sich die äquivalenten Ausdrücke für $\pm v^{\alpha_s}(\mathbf{n})$.

A.1.3 2 Zustände und S Subpopulationen

Verallgemeinert man auf mehr als 2 Subpopulationen ergibt sich für die Attraktivitätsdifferenz analog zu vorher

$$u_1^{\alpha_s}(\mathbf{n}) - u_2^{\alpha_s}(\mathbf{n}) = \delta_0^{\alpha_s} + \sum_{t=1}^{S} \tilde{\kappa}^{\alpha_s\alpha_t} n^{\alpha_t} \equiv v^{\alpha_s}(\mathbf{n}) \tag{A.1.5}$$

und wiederum äquivalent für $v^{\alpha_s}(\mathbf{x})$.

A.1.4 L Zustände und S Subpopulationen

Für den allgemeinen Fall der Gleichung (5.3.2) ergibt sich als Differenz zwischen je zwei Statusgruppen

$$\begin{aligned} u_i^{\alpha_s}(\mathbf{n}) - u_j^{\alpha_s}(\mathbf{n}) &= (\delta_i^{\alpha_s} - \delta_j^{\alpha_s}) + \\ & \sum_{t=1}^{S} \left[\kappa^{\alpha_s\alpha_t} \left(\frac{n_i^{\alpha_t} - n_j^{\alpha_t}}{\bar{N}^{\alpha_t}} \right) + \sigma^{\alpha_s\alpha_t} \left(\frac{n_i^{\alpha_t 2} - n_j^{\alpha_t 2}}{\bar{N}^{\alpha_t 2}} \right) \right] \end{aligned} \tag{A.1.6}$$

mit $\bar{N}^{\alpha_s} = \frac{1}{L}\sum_{i=1}^{L} N_i^{\alpha_s}$. Ersetzt man die Terme mit

$$\frac{n_i^{\alpha_s}}{\bar{N}^{\alpha_s}} = \frac{\frac{n_i^{\alpha_s}}{N^{\alpha_s}}}{\frac{\bar{N}^{\alpha_s}}{N^{\alpha_s}}} = \frac{x_i^{\alpha_s}}{1/L} = L x_i^{\alpha_s}$$

und

$$\frac{n_i^{\alpha_s 2}}{\bar{N}^{\alpha_s 2}} = (L x_i^{\alpha_s})^2$$

ergibt sich für

$$\begin{aligned} &\kappa^{\alpha_s\alpha_s} \left(\frac{n_i^{\alpha_s} - n_j^{\alpha_s}}{\bar{N}^{\alpha_s}} \right) + \sigma^{\alpha_s\alpha_s} \left(\frac{n_i^{\alpha_s 2} - n_j^{\alpha_s 2}}{\bar{N}^{\alpha_s 2}} \right) = \\ &= L\kappa^{\alpha_s\alpha_s}(x_i^{\alpha_s} - x_j^{\alpha_s}) + L^2\sigma^{\alpha_s\alpha_s}(x_i^{\alpha_s} - x_j^{\alpha_s})(x_i^{\alpha_s} + x_j^{\alpha_s}) = \\ &= (x_i^{\alpha_s} - x_j^{\alpha_s}) \left[L\kappa^{\alpha_s\alpha_s} + L^2\sigma^{\alpha_s\alpha_s}(x_i^{\alpha_s} + x_j^{\alpha_s}) \right] \end{aligned}$$

Setzt man in (A.1.6) ein, ergibt sich

$$v_{ij}^{\alpha_s}(\mathbf{x}) = \delta_0^{\alpha_s} + L \sum_{t=1}^{S} \kappa^{\alpha_s\alpha_t} \left(x_i^{\alpha_t} - x_j^{\alpha_t} \right) + L^2 \sum_{t=1}^{S} \sigma^{\alpha_s\alpha_t} \left(x_i^{\alpha_t 2} - x_j^{\alpha_t 2} \right) \tag{A.1.7}$$

Der Index ij ist hier notwendig, da sich die Attraktivitäten nun auch zwischen zwei Statusgruppen innerhalb einer Subpopulation unterscheiden. Für den Fall $L = 2$ ergibt sich (A.1.5). Als alternative Formulierung der Attraktivitäten wird in verschiedenen Beiträgen (vergleiche insbesondere Haag, 1989) folgende Form verwendet:

$$u_i^{\alpha_s} = \delta_i^{\alpha_s} + \sum_{t=1, t\neq s}^{S} \left[\kappa^{\alpha_s\alpha_s\alpha_t} \left(\frac{n_i^{\alpha_t}}{N^{\alpha_t}} \right) + \sigma^{\alpha_s\alpha_s\alpha_t} \left(\frac{n_i^{\alpha_t 2}}{N^{\alpha_t 2}} \right) \right] \tag{A.1.8}$$

Als Differenz der Attraktivitäten ergibt sich daraus

$$v_{ij}^{\alpha_s}(\mathbf{x}) = \delta_0^{\alpha_s} + \sum_{t=1}^{S} \kappa^{\alpha_s\alpha_t} \left(x_i^{\alpha_t} - x_j^{\alpha_t} \right) + \sum_{t=1}^{S} \sigma^{\alpha_s\alpha_t} \left(x_i^{\alpha_t 2} - x_j^{\alpha_t 2} \right) \tag{A.1.9}$$

sodass bei entsprechender Dimensionierung der Agglomerations- und Sättigungsparameter diese äquivalent der hier verwendeten ist. Letztere ist allerdings in manchen analytischen Lösungen einfacher anzuwenden.

A.2 Stationäre Lösungen der Mastergleichung

A.2.1 2 Zustände und 1 homogene Population

Im Gleichgewicht müssen in der Mastergleichung (5.4.9) die Randbedingungen (5.4.8) für alle n erfüllt sein. Für $n = N$ lautet diese Bedingung

$$\begin{aligned} 0 &= [w_\downarrow(N+1)p^*(N+1) - w_\downarrow(N)p^*(N)] + \\ &\quad [w_\uparrow(N-1)p^*(N-1) - w_\uparrow(N)p^*(N)] \end{aligned}$$

Da definitionsgemäß $p(\bar{N}+1) = 0$ und $w_\uparrow(\bar{N}) = 0$ sind, reduziert sich diese zu

$$0 = -w_\downarrow(\bar{N})p^*(N) + w_\uparrow(\bar{N}-1)p^*(\bar{N}-1) \qquad \text{(A.2.10)}$$

beziehungsweise

$$w_\downarrow(\bar{N})p^*(\bar{N}) = w_\uparrow(\bar{N}-1)p^*(\bar{N}-1)$$

Für $n = \bar{N} - 1$ gilt nun weiter

$$\begin{aligned} 0 &= \left[w_\downarrow(\bar{N}-1+1)p^*(\bar{N}-1+1) - w_\downarrow(\bar{N}-1)p^*(\bar{N}-1)\right] + \\ &\quad \left[w_\uparrow(\bar{N}-1-1)p^*(\bar{N}-1-1) - w_\uparrow(\bar{N}-1)p^*(\bar{N}-1)\right] \end{aligned}$$

Unter Berücksichtigung der Gleichung (A.2.10) reduziert sich diese zu

$$0 = -w_\downarrow(\bar{N}-1)p^*(\bar{N}-1) + w_\uparrow(\bar{N}-2)p^*(\bar{N}-2)$$

beziehungsweise

$$w_\downarrow(\bar{N}-1)p^*(\bar{N}-1) = w_\uparrow(\bar{N}-2)p^*(\bar{N}-2)$$

Setzt man nun für $n = \bar{N} - 1$ ein ergibt sich die allgemeine Form, die der 'condition of detailed balance' entspricht.

$$\begin{aligned} w_\downarrow(n)p^*(n) &= w_\uparrow(n-1)p^*(n-1) \\ w_\downarrow(n+1)p^*(n+1) &= w_\uparrow(n)p^*(n) \end{aligned}$$

Durch weiteres rekursives Einsetzen kann man zeigen, dass dies für alle n mit $-\bar{N} \leq n \leq \bar{N}$ gilt. Beginnt man die Argumentation mit $n = -\bar{N}$ ergibt sich analog

$$w_\downarrow(n+1)p^*(n+1) = w_\uparrow(n)p^*(n)$$

Umformen von (A.2.10) führt zu

$$p(\bar{N}-1) = p(\bar{N})\frac{w_\downarrow(\bar{N})}{w_\uparrow(\bar{N}-1)}$$

und Einsetzen für $n = \bar{N}-1$ beziehungsweise $n+1 = \bar{N}$ ergibt

$$p^*(n) = p^*(\bar{N})\frac{w_\downarrow(n+1)}{w_\uparrow(n)}$$

Für $n = \bar{N}-2$ beziehungsweise $n+2 = \bar{N}$ erhält man

$$\begin{aligned} p^*(\bar{N}-2) &= p^*(\bar{N}-1)\frac{w_\downarrow(\bar{N}-1)}{w_\uparrow(\bar{N}-2)} \\ &= p^*(\bar{N})\frac{w_\downarrow(\bar{N})}{w_\uparrow(\bar{N}-1)}\frac{w_\downarrow(\bar{N}-1)}{w_\uparrow(\bar{N}-2)} \end{aligned}$$

Setzt man für $n = \bar{N}-2$ beziehungsweise $n+2 = \bar{N}$ ein, erhält man

$$p^*(n) = p^*(\bar{N})\frac{w_\downarrow(n+2)}{w_\uparrow(n+1)}\frac{w_\downarrow(n+1)}{w_\uparrow(n)}$$

Weitere Rekursion und Einführung des Produktzeichens führt schließlich zur entsprechenden Gleichung (5.4.11) im Text. Startet man die Rekursion mit $p^*(N)$ gelangt man analog zur zweiten Gleichung in (5.4.11).

Startet man die Rekursion mit $p^*(0)$ und $w_\downarrow(0)p^*(0) = w_\uparrow(-1)p^*(-1)$ erhält man

$$p^*(-1) = p^*(0)\frac{w_\downarrow(0)}{w_\uparrow(-1)}$$

Allgemein ergibt sich wiederum Gleichung (5.4.11)

$$\begin{aligned} p^*(-n) &= p^*(0)\frac{w_\downarrow(0)}{w_\uparrow(-1)}\frac{w_\downarrow(-1)}{w_\uparrow(-2)}\cdots\frac{w_\downarrow(-n+1)}{w_\uparrow(-n)} \\ &= p^*(0)\prod_{k=-n}^{-1}\frac{w_\downarrow(k+1)}{w_\uparrow(k)} \end{aligned}$$

$p^*(n)$ lässt sich analog ableiten. Setzt man die expliziten Übergangsformulierungen, die im Text verwendet werden, in (5.4.11) ein, erhält man

$$\begin{aligned} p^*(n) &= p^*(0)\prod_{k=1}^{n}\frac{w_\uparrow(k-1)}{w_\downarrow(k)} \\ &= p^*(0)\prod_{k=1}^{n}\frac{\nu_0\left(N-(k-1)\right)\exp^{\delta_0+\tilde{\kappa}_0(k-1)}}{\nu_0(N+k)\exp^{-(\delta_0+\tilde{\kappa}_0 k)}} \\ &= p^*(0)\prod_{k=1}^{n}\frac{N-k+1}{N+k}\exp^{2\delta_0+2\tilde{\kappa}_0 k-\tilde{\kappa}_0} \end{aligned}$$

Da

$$\prod_{k=1}^{n} \frac{N-k+1}{N+k} \frac{\frac{N!}{(N-n)!}}{\frac{(N+n)!}{N!}} = \frac{(N!)^2}{(N+n)!(N-n)!}$$

und der Summenterm im Exponenten von

$$\prod_{k=1}^{n} \exp^{2\delta_0+2\tilde{\kappa}_0 k-\tilde{\kappa}_0} = \exp^{\sum_{k=1}^{n}(2\delta_0+2\tilde{\kappa}_0 k-\tilde{\kappa}_0)}$$

vereinfacht werden kann,

$$\sum_{k=1}^{n}(2\delta_0 + 2\tilde{\kappa}_0 k - \tilde{\kappa}_0) = 2\delta_0 n + 2\tilde{\kappa}_0 \sum_{k=1}^{n} k - \tilde{\kappa} n =$$
$$2\delta_0 n + 2\tilde{\kappa}_0 \tfrac{n}{2}(n+1) - \tilde{\kappa} n = 2\delta_0 n + \tilde{\kappa}_0 n^2$$

ergibt sich daraus Gleichung (5.4.16) beziehungsweise

$$p^*(n) = p^*(0) \exp^{\left(2\delta_0 n+\tilde{\kappa}_0 n^2+\ln\left[\frac{(N!)^2}{(N+n)!(N-n)!}\right]\right)} \tag{A.2.11}$$

Die Fakultäten können mit der Stirling'schen Formel

$$\ln M! \approx M \ln M - M$$

abgeschätzt werden.

$$\ln\left[\frac{(N!)^2}{(N+n)!(N-n)!}\right] = 2\ln N! - [\ln(N+n) + \ln(N-n)] =$$
$$2(N \ln N - N) -$$
$$- [(N+n)\ln(N+n) - (N+n) + (N-n)\ln(N-n) - (N-n)] =$$
$$2N \ln N - 2N - (N+Nx)\ln(N+Nx) - (N-Nx)\ln(N-Nx) + 2N =$$
$$2N \ln N - N(1+x)\ln[N(1+x)] - N(1-x)\ln[N(1-x)] =$$
$$2N \ln N - N(1+x+1-x)\ln N -$$
$$-N[(1+x)\ln(1+x) + (1-x)\ln(1-x)] =$$
$$-N[(1+x)\ln(1+x) + (1-x)\ln(1-x)]$$

Einsetzen ergibt

$$p^*(n) = p^*(0) \exp^{N\left(2\delta_0 x+\kappa_0 x^2-[(1+x)\ln(1+x)+(1-x)\ln(1-x)]\right)} = p^* \exp^{NU(x)}$$

Ableiten und Nullsetzen, $\frac{\partial U(x)}{\partial x} = 0$, führt zu

$$\delta_0 + \kappa_0 x^* = \frac{1}{2} \ln \frac{1+x^*}{1-x^*} = \operatorname{arctanh}(x^*)$$

und somit

$$x^* = \frac{1}{\kappa_0}\left[\operatorname{arctanh}(x^*) - \delta_0\right] \tag{A.2.12}$$

Durch Umformen gelangt man zur Gleichgewichtslösung (5.4.20).

DER KRITISCHE WERT

Für $\kappa_0 > 1$ ergibt sich der kritische Wert $|\delta_0^{cr}|$ aus der ersten Ableitung der Gleichung (A.2.12) nach x^*

$$\frac{1}{\kappa_0}\left(\frac{1}{1-x^{*2}}\right) = 1$$

beziehungsweise

$$x^* = \pm\sqrt{\frac{\kappa_0 - 1}{\kappa_0}}$$

Einsetzen in die erste Ableitung der Gleichung (5.4.20) nach x^* ergibt

$$1 = \frac{\kappa_0}{\cosh^2(\delta_0 + \kappa_0 x^*)} \tag{A.2.13}$$

Umformen unter Beachtung der symmetrischen Eigenschaften der Funktionen ergibt schließlich Gleichung (5.4.21).

A.2.2 2 Zustände und 2 Subpopulationen

In diesem Fall gelangt man über die Kette

$$\Gamma\left((0,0),(1,0),\ldots,(n^{\alpha_1},0),(n^{\alpha_1},1)\ldots,(n^{\alpha_1},n^{\alpha_2})\right)$$

und wie vorher durch Rekursion zu folgender Gleichung:

$$p^*(n^{\alpha_1},n^{\alpha_2}) = p^*(0,0)\prod_{k^{\alpha_1}=1}^{n^{\alpha_1}}\frac{w_\uparrow^{\alpha_1}(k^{\alpha_1}-1,0)}{w_\downarrow^{\alpha_1}(k^{\alpha_1},0)}\prod_{k^{\alpha_2}=1}^{n^{\alpha_2}}\frac{w_\uparrow^{\alpha_2}(n^{\alpha_1},k^{\alpha_2}-1)}{w_\downarrow^{\alpha_2}(n^{\alpha_1},k^{\alpha_1})} \tag{A.2.14}$$

Setzt man für $w^{\alpha_s}(\cdot)$ aus Gleichung (5.4.28) ein, ergibt sich zunächst

$$p^*(n^{\alpha_1},n^{\alpha_2}) = p^*(0,0)\prod_{k^{\alpha_1}=1}^{n^{\alpha_1}}\frac{\nu_0^{\alpha_1}\left(N^{\alpha_1}-(k^{\alpha_1}-1)\right)\exp^{v^{\alpha_1}(k^{\alpha_1}-1,0)}}{\nu_0^{\alpha_1}\left(N^{\alpha_1}+k^{\alpha_1}\right)\exp^{-v^{\alpha_1}(k^{\alpha_1},0)}}$$
$$\prod_{k^{\alpha_2}=1}^{n^{\alpha_2}}\frac{\nu_0^{\alpha_2}\left(N^{\alpha_2}-(k^{\alpha_2}-1)\right)\exp^{v^{\alpha_2}(n^{\alpha_1},k^{\alpha_2}-1)}}{\nu_0^{\alpha_2}\left(N^{\alpha_2}+k^{\alpha_2}\right)\exp^{-v^{\alpha_2}(n^{\alpha_1},k^{\alpha_2})}}$$

Ersetzen für

$$\prod_{k^{\alpha_s}=1}^{n^{\alpha_s}}\frac{(N^{\alpha_s}-(k^{\alpha_s}-1))}{N^{\alpha_s}+k^{\alpha_s}} = \binom{2N^{\alpha_s}}{N^{\alpha_s}+n^{\alpha_s}}$$

und explizites Anschreiben der Formulierung für die Attraktivitäten ergibt

$$\prod_{k^{\alpha_s}=1}^{n^{\alpha_s}}\exp^{2\delta_0^{\alpha_s}+2\tilde{\kappa}_0^{\alpha_s}k^{\alpha_s}-\tilde{\kappa}_0^{\alpha_s}+2\tilde{\mu}_0^{\alpha_s\alpha_t}n^{\alpha_t}}$$

Dieser Ausdruck kann analog zu vorher vereinfacht werden, sodass man für die Summenterme im Exponenten

$$\sum_{k^{\alpha_1}=1}^{n^{\alpha_1}} (2\delta_0^{\alpha_1} + 2\tilde{\kappa}_0^{\alpha_1} k^{\alpha_1} - \tilde{\kappa}_0^{\alpha_1} + \tilde{\mu}_0 n^{\alpha_2}) + \sum_{k^{\alpha_2}=1}^{n^{\alpha_2}} (2\delta_0^{\alpha_2} + 2\tilde{\kappa}_0^{\alpha_2} k^{\alpha_2} - \tilde{\kappa}_0^{\alpha_2} + \tilde{\mu}_0 n^{\alpha_1})$$

erhält, mit $\tilde{\mu}_0^{\alpha_1\alpha_2} = \tilde{\mu}_0^{\alpha_2\alpha_1} \equiv \tilde{\mu}_0$, was gelten muss, damit die *condition of detailed balance* erfüllt ist. Auswerten der beiden Summenterme unter Berücksichtigung, dass im ersten Term $n^{\alpha_2} = 0$, ergibt schließlich

$$\phi(\mathbf{n}) = 2\delta_0^{\alpha_1} n^{\alpha_1} + 2\delta_0^{\alpha_2} n^{\alpha_2} + \tilde{\kappa}_0^{\alpha_1} n^{\alpha_1 2} + \tilde{\kappa}_0^{\alpha_2} n^{\alpha_2 2} + 2\tilde{\mu}_0 n^{\alpha_1} n^{\alpha_2} \tag{A.2.15}$$

Wenn diese Bedingung nicht erfüllt ist, wird folgende Approximation der letzten Gleichung herangezogen:

$$\phi(\mathbf{n}) = 2\delta_0^{\alpha_1} n^{\alpha_1} + 2\delta_0^{\alpha_2} n^{\alpha_2} + \tilde{\kappa}_0^{\alpha_1} n^{\alpha_1 2} + \tilde{\kappa}_0^{\alpha_2} n^{\alpha_2 2} + (\tilde{\mu}_0^{\alpha_1\alpha_2} + \tilde{\mu}_0^{\alpha_1\alpha_2}) n^{\alpha_1} n^{\alpha_2} \tag{A.2.16}$$

A.3 Detailed Balance

Wenn die *condition of detailed balance* erfüllt ist, lässt sich über jeden Pfad Γ eine Gleichgewichtslösung finden. Das gilt auch für sogenannte geschlossene Pfade die wieder zum ursprünglichen Zustand zurückführen. Diese Charakteristik lässt sich nützen, um zu überprüfen, ob für bestimmte Formulierungen der Übergangswahrscheinlichkeiten, diese Bedingung erfüllt ist.

Für zwei Zustände und zwei Subpopulationen muss beispielsweise folgender einfacher geschlossener Pfad Γ_{closed} erfüllt sein:

$$\Gamma_{closed}((0,0),(1,0),(1,1),(0,1),(0,0))$$

Für die vier möglichen benachbarten Zustände können die Bedingungen angeschrieben werden:

$$\begin{aligned}
w_\uparrow^{\alpha_s}(n^{\alpha_s}, n^{\alpha_t}) p^*(n^{\alpha_s}, n^{\alpha_t}) &= w_\downarrow^{\alpha_s}(n^{\alpha_s}+1, n^{\alpha_t}) p^*(n^{\alpha_s}+1, n^{\alpha_t}) \\
w_\uparrow^{\alpha_t}(n^{\alpha_s}+1, n^{\alpha_t}) p^*(n^{\alpha_s}+1, n^{\alpha_t}) &= w_\downarrow^{\alpha_t}(n^{\alpha_s}+1, n^{\alpha_t}+1) p^*(n^{\alpha_s}+1, n^{\alpha_t}+1) \\
w_\downarrow^{\alpha_s}(n^{\alpha_s}+1, n^{\alpha_t}+1) p^*(n^{\alpha_s}+1, n^{\alpha_t}+1) &= w_\uparrow^{\alpha_s}(n^{\alpha_s}, n^{\alpha_t}+1) p^*(n^{\alpha_s}, n^{\alpha_t}+1) \\
w_\downarrow^{\alpha_t}(n^{\alpha_s}, n^{\alpha_t}+1) p^*(n^{\alpha_s}, n^{\alpha_t}+1) &= w_\uparrow^{\alpha_t}(n^{\alpha_s}, n^{\alpha_s}) p^*(n^{\alpha_s}, n^{\alpha_t})
\end{aligned}$$

Einsetzen der Übergangswahrscheinlichkeiten $w(\cdot)$ in die Rekursionsgleichung ergibt die Bedingung für das *detailed balance*

$$\frac{w_\uparrow^{\alpha_s}(n^{\alpha_s}, n^{\alpha_t}) w_\uparrow^{\alpha_t}(n^{\alpha_s}+1, n^{\alpha_t}) w_\downarrow^{\alpha_s}(n^{\alpha_s}+1, n^{\alpha_t}+1) w_\downarrow^{\alpha_t}(n^{\alpha_s}, n^{\alpha_t}+1)}{w_\downarrow^{\alpha_s}(n^{\alpha_s}+1, n^{\alpha_t}) w_\downarrow^{\alpha_t}(n^{\alpha_s}+1, n^{\alpha_t}+1) w_\uparrow^{\alpha_s}(n^{\alpha_s}, n^{\alpha_t}+1) w_\uparrow^{\alpha_t}(n^{\alpha_s}, n^{\alpha_t})} = 1$$

Daraus ergibt sich

$$\frac{\exp^{v^{\alpha_s}(n^{\alpha_s},n^{\alpha_t})}\exp^{v^{\alpha_t}(n^{\alpha_s}+1,n^{\alpha_t})}\exp^{-v^{\alpha_s}(n^{\alpha_s}+1,n^{\alpha_t}+1)}\exp^{-v^{\alpha_t}(n^{\alpha_s},n^{\alpha_t}+1)}}{\exp^{-v^{\alpha_s}(n^{\alpha_s}+1,n^{\alpha_t})}\exp^{-v^{\alpha_t}(n^{\alpha_s}+1,n^{\alpha_t}+1)}\exp^{v^{\alpha_s}(n^{\alpha_s},n^{\alpha_t}+1)}\exp^{v^{\alpha_t}(n^{\alpha_s},n^{\alpha_t})}}=1$$

Anschließendes Umformen und Logarithmieren ergibt

$$\begin{aligned}&v^{\alpha_s}(n^{\alpha_s},n^{\alpha_t}) - v^{\alpha_s}(n^{\alpha_s}+1,n^{\alpha_t}+1) + v^{\alpha_s}(n^{\alpha_s}+1,n^{\alpha_t}) - v^{\alpha_s}(n^{\alpha_s},n^{\alpha_t}+1) = \\ &-v^{\alpha_t}(n^{\alpha_s}+1,n^{\alpha_t}) + v^{\alpha_t}(n^{\alpha_s},n^{\alpha_t}+1) - v^{\alpha_t}(n^{\alpha_s}+1,n^{\alpha_t}+1) + v^{\alpha_t}(n^{\alpha_s},n^{\alpha_t})\end{aligned}$$

Einsetzen der expliziten Formulierung der $v^{\alpha_s}(\cdot)$ ergibt schließlich die Bedingung für das *detailed balance*:

$$\mu_0^{\alpha_s\alpha_t} = \mu_0^{\alpha_t\alpha_s} \qquad \text{für} \qquad t \neq s \tag{A.3.17}$$

A.4 Stationäre Lösungen der Mittelwertsgleichungen für L Statusgruppen

A.4.1 Eine Subpopulation

Ausgehend von der Mittelwertsgleichung (5.4.37) lässt sich die Bedingung berechnen, der jede stationäre Lösung genügen muss. Das *detailed balance* ist gegeben durch

$$\begin{aligned}\bar{x}_i^* \exp^{u_j(\bar{\mathbf{x}}^*)-u_i(\bar{\mathbf{x}}^*)} &= \bar{x}_j^* \exp^{u_i(\bar{\mathbf{x}}^*)-u_j(\bar{\mathbf{x}}^*)} \\ \bar{x}_i^* \exp^{2u_j(\bar{\mathbf{x}}^*)} &= \bar{x}_j^* \exp^{2u_i(\bar{\mathbf{x}}^*)}\end{aligned}$$

Summation über alle Statusgruppen $i = 1 \ldots L, (i \neq j)$ führt zu

$$\exp^{2u_j(\bar{\mathbf{x}}^*)} \sum_{i=1,i\neq j}^{L} \bar{x}_i^* = \bar{x}_j^* \sum_{i=1,i\neq j}^{L} \exp^{2u_i(\bar{\mathbf{x}}^*)}$$

Einsetzen für $\sum_{i=1,i\neq j}^{L} \exp^{2u_i(\bar{\mathbf{x}}^*)} = \left(1 - \exp^{2u_j(\bar{\mathbf{x}}^*)}\right)$ ergibt schließlich

$$\bar{x}_j^* = \exp^{2u_j(\bar{\mathbf{x}}^*)} \sum_{i=1}^{L} \bar{x}_i^* = \exp^{2u_j(\bar{\mathbf{x}}^*)} \tag{A.4.18}$$

da in diesem Fall definitionsgemäß $\sum_{i=1}^{L} \bar{x}_i^* = 1$ ist.

A.4.2 S Subpopulationen

Bei mehreren Subpopulationen gilt die analoge Bedingung für das *detailed balance*:

$$\bar{x}_i^{\alpha_s *} \exp^{2u_j^{\alpha_s}(\bar{\mathbf{x}}^*)} = \bar{x}_j^{\alpha_s *} \exp^{2u_i^{\alpha_s}(\bar{\mathbf{x}}^*)}$$

für alle $i = 1 \ldots L$ und $s = 1 \ldots S$. Summation über alle Statusgruppen ergibt

$$\bar{x}_i^{\alpha_s *} \sum_{j=1}^{L} \exp^{2u_j^{\alpha_s}(\bar{\mathbf{x}}^*)} = \exp^{2u_i^{\alpha_s}(\bar{\mathbf{x}}^*)} \sum_{j=1}^{L} \bar{x}_j^{\alpha_s *}$$

Da $\sum_{j=1}^{L} \bar{x}_j^{\alpha_s *} = 1$ ist folgt

$$\bar{x}_i^{\alpha_s *} = \exp^{2u_i^{\alpha_s}(\bar{\mathbf{x}}^*)} \left[\sum_{i=1}^{L} \exp^{2u_j^{\alpha_s}(\bar{\mathbf{x}}^*)} \right]^{-1} \qquad \text{(A.4.19)}$$

Die Bedingung für die absoluten Werte lautet entsprechend

$$\bar{n}_i^{\alpha_s *} = \exp^{2u_i^{\alpha_s}(\bar{\mathbf{n}}^*)} \left[\frac{N^{\alpha_s}}{\sum_{i=1}^{L} \exp^{2u_j^{\alpha_s}(\bar{\mathbf{n}}^*)}} \right] \qquad \text{(A.4.20)}$$

Literaturverzeichnis

Abraham, K.G. und L.F. Katz (1986). Cyclical unemployment: Sectoral shifts or aggregate disturbances. *Journal of Political Economy 86*(3), 507–522.

Aghion, P. und P. Howitt (1994). *Endogenous Growth Theory*. CUP.

Aoki, M. (1998). *New Approaches to Macroeconomic Modeling. Evolutionary Stochastic Dynamics, Multiple Equilibria, and Externalities as Field Effects*. CUP.

Appelbaum, E. und P. Albin (1990). Differential characteristics of employment growth in service industries. In E. Appelbaum und R. Schettkat (Eds.), *Labour Market Adjustments to Structural Change and Technological Progress*. Praeger, New York.

Barro, R.J. und X. Sala-i-Martin (1995). *Economic Growth*. McGraw-Hill, NewYork.

Bean, C.R. (1994, June). European unemployment: A survey. *Journal of Economic Literature XXXII*, 573–619.

Beck, U. (1986). *Risikogesellschaft. Auf dem Weg in eine andere Moderne*. Suhrkamp.

Beck, U. (2000). *Die Zukunft von Arbeit und Demokratie*. Suhrkamp.

Biffl, G. (1994). *Theorie und Empirie des Arbeitsmarktes am Beispiel Österreich*. Springer.

Blanchard, O.J. und P.A. Diamond (1989). The Beveridge curve. *Brookings Papers on Economic Activity 1*, 1–60.

Blanchflower, D.G. (1998). Self-employment in OECD countries. Präsentiert auf der 'Canadian International Labour Network (CILN) Conference', Burlington, September 1998.

Borjas, G.J. (1994, December). The economics of immigration. *Journal of Economic Literature XXXII*, 1667–1717.

Borjas, G.J. (1995, Spring). The economic benefits of immigration. *Journal of Economic Perspectives 9*(2), 3–22.

Borjas, G.J., R.B. Freeman, und L.F. Katz (1992). On the labour market effects of immigration and trade. In G. Borjas und R. Freeman (Eds.), *Immigration and the Work Force*, Kapitel 7, S. 213–244. NBER.

Calvo, G. (1978). Urban unemployment and wage determination in LDC's: Trade unions in the Harris-Todaro model. *International Economic Review 19*, 65–81.

Chenery, H.B. und M. Syrquin (1975). *Patterns of Development.* Oxford University Press, London.

Clark, C. (1957). *The Conditions of Economic Progress.* Macmillan, New York.

Davidson, P. (1998, May). Post Keynesian employment analysis and the macroeconomics of OECD unemployment. *The Economic Journal 108*, 817–831.

de Wit, G. (1993). *Determinants of Self-Employment.* Physica-Verlag.

Doering, C.R. (1990). Modeling complex systems: Stochastic processes, stochastic differential equations, and Fokker-Planck equations. In L. Nadel und D. Stein (Eds.), *1990 Lectures in Complex Systems*, Band III, Kapitel 1, S. 1–90. Addison-Wesley.

Elmeskov, J. und K. Pichelmann (1989). Unemployment and labour force participation. Trends and cycles. *OECD Working Paper 130.*

Evans, D.S. und B. Jovanovic (1989). An estimated model of entrepreneurial choice under liquidity constraints. *Journal of Political Economy 97*(4), 808–827.

Evans, D.S. und L.S. Leighton (1989). Some empirical aspects of entrepreneurship. *American Economic Review 79*(3), 519–535.

Faini, R., J. deMelo, und K. Zimmermann (1999). *Migration. The Controversies and the Evidence.* Cambridge University Press.

Feistel, R. und W. Ebeling (1989). *Evolution of Complex Systems. Selforganization, Entropy, and Development.* Kluwer Academic Publishers.

Fourastié, J. (1949). *Le grand espoir du XXe siècle.* P.U.F., Paris.

Gorz, A. (2000). *Arbeit zwischen Misere und Utopie.* Suhrkamp.

Haag, G. (1989). *Dynamic Decision Theory: Applications to Urban and Regional Topics*, Band 6 in *Studies in Operational Regional Sciences.* Kluwer.

Haag, G. (1994). Mastergleichungen als dynamische Netzwerkmodelle. In K. Müller und G. Haag (Eds.), *WISDOM*, Kapitel 3, S. 23–37. Wien.

Hackl, P. (1989). *Statistical Analysis and Forecasting of Economic Structural Change*. Springer.

Haken, H. (1982). *Synergetik. Eine Einführung*. Berlin.

Haken, H. (1983). *Advanced Synergetics. Instability Hierarchies of Self-Organizing Systems and Devices*. Berlin.

Harris, J.R. und M.P. Todaro (1970). Migration, unemployment and development: A two-sector analysis. *American Economic Review 60*, 126–142.

Helbing, D. (1995). *Quantitative Sociodynamics. Stochastic Methods and Models of Social Interaction Processes*. Kluwer Academic Publishers.

Hicks, J.R. (1973). *Capital and Time*. Oxford University Press.

Hofinger, C. (1994). Das Politik-Modell: Attraktivitäten als Determinanten von Wählerbewegungen in Österreich 1970-1990. In K. Müller und G. Haag (Eds.), *WISDOM*, Kapitel 6, S. 79–89. Wien.

Hosios, A.J. (1994). Unemployment and vacancies with sectoral shifts. *American Economic Review 84*(1), 124–144.

Johnston, J. und J. DiNardo (1997). *Econometric Methods* (4 ed.). McGraw-Hill.

Kirman, A. (1992). Whom or what does the representative individual represent? *Journal of Economic Perspectives 6*, 117–136.

Kirman, A. (1993). Ants, rationality and recruitment. *Quarterly Journal of Economics 108*, 137–156.

Landesmann, M.A. und R. Stehrer (1999). The European unemployment problem: A structural approach. In L. Soete und P. Petit (Eds.), *Technology and the Future of European Employment*. forthcoming.

Landesmann, M.A. und R. Stehrer (2000). Industrial specialisation, catching-up and labour market dynamics. *Metroeconomica 51*(1), 67–101.

Leijonhufvud, A. (1993). Towards a not-too-rational macroeconomics. *Southern Economic Journal 60*, 1–30.

Lilien, D.M. (1982). Sectoral shifts and cyclical unemployment. *Journal of Political Economy 90*(4), 777–792.

Lowe, A. (1976). *The Path of Economic Growth*. Cambridge University Press.

Maddala, G.S. und I.-M. Kim (1998). *Unit Roots, Cointegration, and Structural Change*. Cambridge University Press.

Martin, H.P. und H. Schumann (1996). *Die Globalisierungsfalle. Der Angriff auf Demokratie und Wohlstand.* Reinbek.

McDonald, I.M. und R.M. Solow (1985). Wages and employment in a segmented labour market. *Quarterly Journal of Economics 100*, 1115–1141.

Medio, A (1992). *Chaotic Dynamics. Theory and Application to Economics.* CUP.

Müller, K.H. und Haag, G. (1994a). Einladung an die Sozialwissenschaften. In K. Müller und G. Haag (Eds.), *WISDOM*, Kapitel 1, S. 1–7. Wien.

Müller, K.H. (1990). *Modell zur Analyse des österreichischen Beschäftigungssystems. Prognose- und Szenarieninstrument der branchenspezifischen Beschäftigungsentwicklung.* IHS-Forschungsbericht, Wien.

Müller, K.H. (1994b). Komplexe Modelle für die Sozialwissenschaften. In K. Müller und G. Haag (Eds.), *WISDOM*, Kapitel 2, S. 7–22. Wien.

Müller, K.H. (1998). *Sozioökonomische Modelle und gesellschaftliche Komplexität: Vermittlung und Designs.* Beiträge zur Sozioökonomie 5. Metropolis.

Müller, K.H. und G. Haag (1994a). Der Strukturwandel von Beschäftigungssystemen. In K. Müller und G. Haag (Eds.), *WISDOM*, Kapitel 4, S. 39–59. Wien.

Müller, K.H. und G. Haag (1994b). Der Strukturwandel von Beschäftigungssystemen. In K. Müller und G. Haag (Eds.), *WISDOM*, Kapitel 4, S. 38–59. Wien.

Müller, K.H. und G. Haag (1994c). Langfristige Entwicklungen im Bildungsbereich. In K. Müller und G. Haag (Eds.), *WISDOM*, Kapitel 5, S. 60–78. Wien.

Münz, R. (1995). Where did they all come from? Typology and geography of European mass migration in the twentieth century. *Demographie aktuell 7.*

Nickell, S. (1997, Summer). Unemployment and labour market rigidities: Europe versus North America. *Journal of Economic Perspectives 11*(3), 55–74.

Nickell, S. (1998, May). Unemployment: Questions and some answers. *The Economic Journal 108*, 782–816.

OECD (1994). *Job Study. Evidence and Explanations*, Band I and II. Paris.

OECD (1999). *Trends in International Migration.* Paris.

Offe, H. (1982). *Arbeitsgesellschaft. Strukturprobleme und Zukunftsperspektiven.* Campus.

Pasinetti, L.L. (1981). *Structural Change and Economic Growth. A Theoretical Essay on the Dynamics of the Wealth of Nations.* Cambridge University Press.

Pasinetti, L.L. (1993). *Structural Economic Dynamics.* Cambridge University Press.

Pfeiffer, F. (1994). *Selbständige und abhängige Erwerbstätigkeit.* Campus.

Phelps, E.S. und G. Zoega (1998, May). Natural-rate theory and OECD unemployment. *The Economic Journal 108*, 782–801.

Pissarides, C.A. (1990). *Equilibrium Unemployment Theory.* Oxford University Press.

Poirier, D.J. (1991). The econometrics of structural change: A retrospective view. *Structural Change and Economic Dynamics 2*(2), 395–404.

Quetélet, L.A.J. (1835). *Sur l'homme et le dévelopement de ses facultés, ou essai de physice sociale.* Paris.

Rifkin, J. (1995). *Das Ende der Arbeit und ihre Zukunft.* Campus.

Rosser, J.B. (1999, Fall). On the complexities of complex economic dynamics. *Journal of Economic Perspectives 13*(4), 169–192.

Rowthorn, B. und A. Glyn (1990). The diversity of unemployment experience since 1973. *Structural Change and Economic Dynamics 1*(1), 57–89.

Rowthorn, R. und J. Wells (1987). *Deindustrialisation and Foreign Trade.* CUP, Cambridge.

Samson, L. (1990). Sectoral shifts and aggregate unemployment. *Applied Economics 22*, 331–346.

Sandbothe, M. (1998). *Die Verzeitlichung der Zeit. Grundtendenzen der modernen Zeitdebatte in Philosophie und Wissenschaft.* Wissenschaftliche Buchgesellschaft.

Scharpf, F.W. (1990). Structures of the postindustrial society or does mass unemployment disappear in the service and information economy. In E. Appelbaum und R. Schettkat (Eds.), *Labour Market Adjustments to Structural Change and Technological Progress.* Praeger, New York.

Schettkat, R. und B. Bangel (1989). Innovation und Anpassungsprozesse am Arbeitsmarkt. In R. Schettkat und M. Wagner (Eds.), *Technologischer Wandel und Beschäftigung. Fakten - Analysen - Trends.* Springer, Berlin.

Schmid, G. (1990). Institutions regulating the labour market. Support or impediments for structural change. In E. Appelbaum und R. Schettkat (Eds.), *Labour Market Adjustments to Structural Change and Technological Progress.* New York.

Schmid, G. (1994). *Labour Market Institutions in Europe.* London.

Sen, A. und R.K. Pruthi (1983). Least squares calibration of gravity model parameters when intrazonal flows are unknown. *Environment and Planning A 15*, 1545–1550.

Sengenberger, W. (1987). *Struktur und Funktionsweise von Arbeitsmärkten. Die Bundesrepublik im internationalen Vergleich.* Frankfurt/Main.

Sengenberger, W. (1990). Flexibility in the labour market - internal versus external adjustment in international comparison. In E. Appelbaum und R. Schettkat (Eds.), *Labour Market Adjustments to Structural Change and Technological Progress.* New York.

Stadler, M. (1999). Dual labour markets, unemployment, and endogenous growth. *ifo-Studien. Zeitschrift für empirische Wirtschaftsforschung 45*, 283–301.

Stone, R. (1971). *Demographic Accounting and Model Building.* OECD, Paris.

Troitzsch, K.G. (1990). *Modellbildung und Simulation in den Sozialwissenschaften.* Westdeutscher Verlag.

Tuma, N.B. und M.T. Hannan (1984). *Social Dynamics. Models and Methods.* New York.

Weidlich, W. und G. Haag (1983). *Concepts and Models of a Quantitative Sociology. The Dynamics of Interacting Populations.* Springer.

Weidlich, W. und G. Haag (1988). *Interregional Migration. Dynamic Theory and Comparative Analysis.* Springer.

Zapf, W. (1994). *Modernisierung, Wohlfahrtsentwicklung und Transformation.* edition sigma.

Zimmermann, K.F. (1992). *Migration and Economic Development.* Springer, Berlin.

FSC
www.fsc.org
MIX
Papier | Fördert gute Waldnutzung
FSC® C083411

Kolibri 360 GmbH
Ferdinand-Jühlke-Straße 7
99095 Erfurt, Deutschland
produktsicherheit@kolibri360.de

Druck:
CPI Druckdienstleistungen GmbH
im Auftrag der
Kolibri 360 GmbH
Ferdinand-Jühlke-Str. 7
99095 Erfurt